信用金庫論
制度論としての整理

成城大学教授
村本 孜 [著]

一般社団法人 金融財政事情研究会

はじめに

　協同組織金融機関である信用金庫は、金融制度のなかでも異色の業態である。協同組織という側面からすると純粋の協同組合ではない。というのは、信用金庫の協同組織性を担保する会員制度は、融資を受ける際に機能し、その預金について地域的制約はなく、預入れに際して会員になる必要はない。すなわち、会員外預金には制限がない。一方で、信用金庫からの借入れに際しては会員になることが必要となる、という制度になっているからである。預金者にとって、預金のみの取引であれば、会員制度にかかわることはない。協同組合としては、半分というか、片肺というか、非対称で不完全なものである。この点で、預金・借入れの両面で基本的にメンバーであることが必要な、他の協同組織金融機関である信用組合・労働金庫・農協（JAバンク）とは異なる[1]。

　このようにメンバーシップ性が他の協同組織金融機関に比べて弱いことは、信用金庫制度が発足した戦後の資金不足時代において、広く預金を集めて、会員である中小企業者に融資するという役割を発揮するうえでは相応の効果があったと理解される。預金面で地域や預入額の制約がないためか、信用金庫業界の預金量は時系列で増加し、2014（平成26）年9月末のデータでは、全金融機関568機関のうち、上位100機関のなかに12金庫が入っており、1兆円超の金庫（兆円金庫）は34金庫に及び、全金庫（267）のうちの13％を占める。

　各業態別にみると、都市銀行（主要行）は294.2兆円で直近の10年間に19.8％の伸びであるのに対して、信用金庫は128.1兆円でこの10年間に21.4％の増加を示した。地方銀行の預金残高は235.7兆円でこの10年間の増加率は29.1％、同じく第二地銀は61.5兆円・11.4％増であるから、そのプレゼンスの増大がわかる。一方、信金業態のなかでは規模にかなりの格差があり、最上位の金庫と最下位の金庫の格差は約100倍である。これは主に各信

---

[1] いうまでもないことであるが、これらの協同組織にはメンバー以外にも員外取引がある。

用金庫の位置する地域経済の景況を反映するもので、小規模だから問題があるということではない。

　全金融業態のなかでは、2014年3月末現在、預金で12.5%、貸出で12.5%のシェアを有し、主要行・地方銀行に次ぐ水準で、第二地銀などよりも大きいシェアを誇り、協同組織金融機関のなかでは最も大きいプレゼンスである。店舗数は地方銀行とほぼ同じで、全業態のなかで最も多い。機関数でみると、2001（平成13）年3月末に371金庫だったのが、14（平成26）年3月末には267まで100金庫ほど減少しており、ピーク時に比べて約4割減少した。店舗数も同じ時期に8,480カ店から7,451カ店に減少したが、他業態の減少幅が大きかったので、相対的には減少の度合いは少ない。この事実は、信金業界が合併・統合しても店舗網を維持してきたことを意味する。不良債権比率は2000年代を通じて下落してきたが、直近では微増の状況にある。半面、自己資本比率は高い水準を維持している（図表1～図表5参照）。

　このように信用金庫は金融機関として成長し、銀行に比して業務的にも差

図表1　業態別預金・貸出（2014年3月末）

	預金(兆円)	シェア(%)	貸出(兆円)	シェア(%)	預貸率(%)	機関数
都市銀行	294.2	28.7	186.6	36.2	63.4	6
地方銀行	235.7	23.0	172.1	33.4	73.0	64
第二地銀	62.5	6.1	46.2	9.0	73.9	41
信用金庫	**128.1**	**12.5**	**64.5**	**12.5**	**50.4**	**267**
信用組合	18.6	1.8	9.8	1.9	52.7	157
労働金庫	18.0	1.8	11.9	2.3	66.1	13
農　協	91.9	9.0	21.3	4.1	23.2	731
ゆうちょ銀行	176.6	17.2	3.1	0.6	1.8	1
合　計	1,025.6	100.0	515.5	100.0	50.3	1,280

（出所）　全国銀行協会「全国銀行財務諸表分析」、信金中央金庫　地域・中小企業研究所「信用金庫統計」、全国信用組合中央協会「全国信用組合主要勘定」、全国労働金庫協会「全国労働金庫預金・貸金残高」、農林水産省「農協についての統計」、JAバンク「全国JA貯金・貸出金残高速報」

異は大きくは存在しない[2]。こうした規模面の伸張を背景に、信用金庫は金融制度改革のなかで幾度か俎上に載り、普通銀行への転換論に見舞われてきたという特異な側面をもつ。

　金融制度改革の歴史を戦後だけでみても、1967（昭和42）年の金融効率化行政のなかでの議論、89（平成元）年の金融制度改革論議のなかでの議論、2009（平成21）年の協同組織金融機関のあり方をめぐる議論、といったものがあり、20年に1度のペースで制度そのもののあり方が議論されてきた。このほか、金融制度調査会の審議でみても、1973（昭和48）年の中小企業金融

図表2　国内店舗数の業態別比較

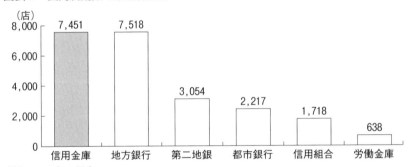

（注）　2014年3月末。
（出所）　図表1に同じ

図表3　信用金庫の自己資本比率の推移

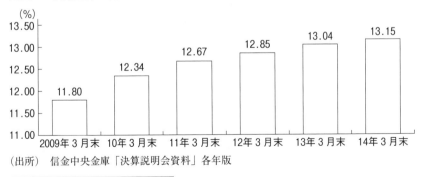

（出所）　信金中央金庫「決算説明会資料」各年版

2　中小企業向け金融機関なので、事業地区の制限、融資先（会員資格）の資本金規模、1先当りの貸出額などに制約がある。

図表4　信用金庫の不良債権比率の推移

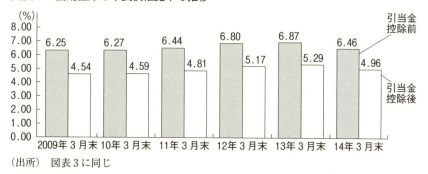

(出所)　図表3に同じ

図表5　信用金庫の機関数と店舗数の推移

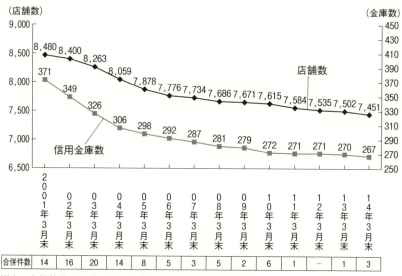

(注)　合併件数には事業譲渡を含む。
(出所)　信金中金　地域・中小企業研究所「信用金庫統計」

制度の整備答申、80（昭和55）年の中小企業金融専門機関等のあり方答申がある一方、93（平成5）年の優先出資導入、96（平成8）年の協同組織の役員の兼業・兼職禁止、外部監査・外部監事導入等の際に議論が行われた経緯がある。

　協同組織性と金融機関性を併せ持つ信用金庫が、なぜこのように制度問題

として扱われるのかは、金融機関として普通銀行との同質化や協同組織としての会員制度の希薄化という側面が信用金庫のアイデンティティと齟齬をきたしている可能性があるからであろう。

　そこで、過去何度か行われた制度改革論を整理して、信用金庫のあり方をめぐる議論が今後行われる際の備忘としておきたい[3]。このような趣旨から信用金庫をめぐる計量分析的な諸点についてはあまり取り上げず、諸説の紹介にとどめることにする。

---

[3] 2008（平成20）年3月～09（平成21）年6月に16回にわたって行われた金融審議会「協同組織金融機関のあり方に関するワーキング・グループ」の議論は、その成果として「中間論点整理報告書」を取りまとめているが、大きな制度改革を提示しているものにはなっていない。08年9月のリーマン・ショックが影響し、制度改革を行う時期ではないという状況であったことが大きな理由である。この報告書は、現状の協同組織金融機関（この場合、信用金庫・信用組合）の存在意義を確認したことにとどまっている。信金業界側も制度改革には消極的で、現状から一歩も譲らないという姿勢であったため、目立った提案もなく、制度はそのまま維持されている。そのためか、議論も協同組織の存在意義を前提としたガバナンスの強化・中間決算・半期開示等の論点に傾斜した印象があり、リレーションシップバンキングの議論の延長で終わっている。少なくとも組織論としての整理は未完である。

目　次

第1章　協同組織金融機関の理念と最近の議論

1　協同組織金融機関の理念………………………………………………… 2
　(1)　地域金融機関………………………………………………………… 2
　(2)　協同組織金融機関の理念・協同組織性…………………………… 4
2　2000年代末の議論………………………………………………………… 5
3　繰り返される同質化論…………………………………………………… 8
　(1)　同質化論……………………………………………………………… 8
　(2)　信用金庫の融資対象の特性…………………………………………11

第2章　相互扶助性

1　金融制度調査会・金融審議会の報告……………………………………16
　(1)　金融制度調査会報告（1989年）……………………………………16
　(2)　リレーションシップバンキング報告（2003・2007年）…………16
　(3)　協同組織金融機関のあり方に関するワーキング・グループ報告
　　　（2009年）………………………………………………………………17
2　法　　制……………………………………………………………………18
　(1)　各業態法………………………………………………………………18
　(2)　独占禁止法の規定―協同組合の適用除外規定―…………………19
3　公式文書―各種審議会報告―……………………………………………21
　(1)　最高裁判決（1977年6月20日）……………………………………22
　(2)　金融制度調査会「協同組織形態の金融機関のあり方について」
　　　1989年中間報告………………………………………………………23
　(3)　金融審議会「リレーションシップバンキングのあり方に関する
　　　ワーキング・グループ」2007年報告………………………………23
　(4)　金融審議会「協同組織金融機関のあり方に関するワーキング・
　　　グループ」2009年中間論点整理報告書……………………………24

4　非営利性…………………………………………………………26
　　(1)　法制上の理解……………………………………………………26
　　(2)　非営利法人………………………………………………………28
　　(3)　利益対立…………………………………………………………28
　　(4)　適正利潤と内部留保……………………………………………29

第3章　信用金庫の相互扶助性

　1　相互扶助―内部補助―……………………………………………32
　　(1)　信用金庫の経済学的基礎………………………………………32
　　(2)　内部補助の理論―相互扶助―…………………………………32
　　(3)　相互会社の相互扶助性―リスクシェアリング―……………36
　　(4)　協同組織金融機関の内部補助…………………………………36
　2　クラブ財……………………………………………………………39
　　(1)　「クラブ財」の考え方……………………………………………39
　　(2)　クラブ財と金融業務（金融機関）……………………………40
　　(3)　協同組織というクラブ財………………………………………42
　　(4)　信用金庫の融資先………………………………………………43
　3　密度の経済性………………………………………………………47
　　(1)　密度の経済………………………………………………………47
　　(2)　ネットワーク経済性……………………………………………48
　4　比較制度論的視点…………………………………………………50
　　(1)　経路依存性と制度補完性………………………………………50
　　【コラム】制度補完性 …………………………………………………50
　　　　　　　経路依存性 …………………………………………………51
　　(2)　市場主義を埋めるもの…………………………………………54

第4章　信用金庫の淵源

　1　産業組合法、市街地信用組合法、中小企業等協同組合法………62

(1)　前　　史……………………………………………………………62
　(2)　信用組合法から産業組合法へ………………………………………71
 2　信用金庫法制定に至る経緯……………………………………………75
　(1)　市街地信用組合の信用協同組合への改組の動き……………………75
　(2)　中小企業金融機関設立期成同盟会による協同組合からの脱出運動…77
　(3)　金融業法から単独法制定へ……………………………………………78
　(4)　信用金庫法案の胚胎……………………………………………………79
　(5)　信用金庫法案をめぐる期成同盟と反対期成同盟の対立………………80
　(6)　法案の審議と信用金庫への改組………………………………………81

第5章　信用金庫制度の変遷

 1　信用金庫制度の議論……………………………………………………86
 2　1967年金融制度調査会——金融二法の制定——……………………87
　(1)　中小企業金融専門機関と銀行の「同質化」…………………………87
　(2)　中小企業金融制度問題…………………………………………………90
　(3)　金融制度調査会答申「中小企業金融制度のあり方」の内容………97
　(4)　「金融二法」………………………………………………………………99
　(5)　「金融二法」後の金融再編成…………………………………………102
 3　1973年金融制度調査会「中小企業金融制度の整備に関する答申」…103
 4　金融制度調査会答申「中小企業金融専門機関等のあり方と制度の
　　改正について」（1980年）……………………………………………104
 5　金融制度改革と協同組織(1)——1980年代後半——………………105
　(1)　時代背景…………………………………………………………………105
　(2)　協同組織金融機関をめぐる論議………………………………………106
　(3)　中間報告（1989年5月）の内容………………………………………108
 6　金融制度改革と協同組織(2)——1990年代初頭——………………110
　(1)　「協同組織金融機関の業務及び組織のあり方について」報告
　　　（1990年7月13日、金融制度調査会第一委員会作業部会報告）……110
　(2)　「協同組織金融機関の優先出資について」（1992年12月11日、協

同組織金融機関の優先出資に関する研究会報告）……………………… 111
　（3）金融制度調査会「新しい金融制度について」答申（1991年6月）… 112
　（4）金融制度調査会「金融システムの安定化のための諸施策」答申
　　　（1995年12月）……………………………………………………………… 113
7　2000年代の議論………………………………………………………………… 113
　（1）「金融システムと行政の将来ビジョン―豊かで多彩な日本を支え
　　　るために―」（日本型金融システムと行政の将来ビジョン懇話会報告
　　　（2002年7月12日））……………………………………………………… 114
　（2）金融審議会「中期的に展望した我が国金融システムの将来ビジ
　　　ョン」報告（2002年9月30日）…………………………………………… 119
　（3）リレーションシップバンキングに関する3報告………………………… 123
　（4）金融審議会「協同組織金融機関のあり方に関するワーキング・
　　　グループ「中間論点整理報告書」」（2009年6月29日）………………… 124

第6章　信用金庫の税制

1　法人税制………………………………………………………………………… 126
　（1）現行法制…………………………………………………………………… 126
　（2）歴史的整理………………………………………………………………… 127
　（3）軽減税制の根拠…………………………………………………………… 129
2　諸外国の税制…………………………………………………………………… 130
　（1）税制優遇のケース………………………………………………………… 130
　（2）日本の場合………………………………………………………………… 132

第7章　相互組織

1　相互扶助組織としての相互会社……………………………………………… 140
　（1）相互会社形態……………………………………………………………… 140
　（2）相互会社の基本的属性の意味…………………………………………… 142
　（3）相互会社の税制…………………………………………………………… 143

2　相互会社の株式会社化……………………………………………… 144
- (1)　相互組織の株式会社化（ディミューチュアリゼーション）………… 144
- 【コラム】S&Lの仕組み………………………………………………… 145
- (2)　生保相互会社の組織変更……………………………………………… 147
- (3)　株式会社化……………………………………………………………… 149
- (4)　「保険相互会社の株式会社化に関するレポート」（1999年7月6日）に関連して ……………………………………………………… 153

3　持株相互会社……………………………………………………………… 154
- (1)　持株相互会社…………………………………………………………… 154
- (2)　持株相互会社の課題…………………………………………………… 155

4　日本での株式会社化 …………………………………………………… 156
- (1)　相互会社の株式会社化………………………………………………… 156
- (2)　日本の協同組織金融機関の株式会社化―八千代銀行へのヒアリング― …………………………………………………………………… 157

5　株式会社化の課題……………………………………………………… 159
- (1)　ウィンドフォールの発生……………………………………………… 159
- (2)　S&Lの株式会社化の問題……………………………………………… 161
- (3)　生保株式会社の存在の意義…………………………………………… 161

第8章　信用金庫のガバナンス

1　相互会社のガバナンス―エージェンシー問題― ……………………… 166
- (1)　コーポレートガバナンス……………………………………………… 166
- (2)　相互会社のガバナンス構造―外部からのチェック― ……………… 168
- (3)　ステークホルダー間の利害衝突問題―相互組織対株式組織― …… 170
- (4)　相互組織の株式会社化との関連……………………………………… 173

2　協同組織でのコーポレートガバナンス ………………………………… 176
- (1)　外部からのチェック…………………………………………………… 176
- (2)　ステークホルダー間の利害衝突問題………………………………… 176
- (3)　信用金庫の内部統制…………………………………………………… 179

3 協同組織金融とライン型資本主義 ……………………………………… 180
 (1) EU諸国の協同組織金融機関 …………………………………………… 180
 (2) ライン型資本主義 ………………………………………………………… 181
 (3) ポラニー『大転換』と協同組織金融 ………………………………… 184
4 宮村〔2008〕の所論 ………………………………………………………… 189
 (1) 信用金庫の最適規模 ……………………………………………………… 189
 (2) ガバナンスの問題 ………………………………………………………… 191
 (3) ガバナンスの強化 ………………………………………………………… 193
 (4) 宮村説へのコメント ……………………………………………………… 195
5 家森〔2008〕の所論 ………………………………………………………… 195
 (1) 信用金庫の存在意義 ……………………………………………………… 196
 (2) 信用金庫の課題—経営改善支援とアドバイス提供能力— …………… 199
 (3) ガバナンスの問題 ………………………………………………………… 200
 (4) 信用金庫の再編 …………………………………………………………… 205
 (5) 家森説へのコメント ……………………………………………………… 205

第9章 信用金庫の地区

1 事業地区の制限 ……………………………………………………………… 208
 (1) 地区制限 …………………………………………………………………… 208
 (2) 歴史的側面 ………………………………………………………………… 209
 (3) 行政監督上の必要性 ……………………………………………………… 211
 (4) 中小企業金融の円滑化 …………………………………………………… 212
2 地区に関する議論 …………………………………………………………… 213
 (1) 神吉〔2006〕の所論 ……………………………………………………… 213
 (2) 神吉説への若干の疑義 …………………………………………………… 223

第10章 中央組織・中央機関

1 中央組織・中央機関の存在 ………………………………………………… 226

(1) 協同組織金融機関の特色—中央組織による規模の利益の実現— …… 226
　(2) 日本の協同組織金融機関の中央機関—信金中央金庫を中心に— … 227
　(3) セーフティネット機能………………………………………………… 233
 2　中央機関のあり方をめぐる長期的課題………………………………… 248
　(1) 信用金庫の場合………………………………………………………… 248
　(2) 信用組合の場合………………………………………………………… 251

第11章　市場経済・市場主義・グローバリズムと株式組織・協同組織

 1　市場主義……………………………………………………………………… 256
　(1) 市場主義………………………………………………………………… 256
　(2) 経済思想の嚆矢………………………………………………………… 256
　(3) 経済思想の系譜………………………………………………………… 257
　(4) 現代の経済思想………………………………………………………… 258
 2　グローバリズムへの批判………………………………………………… 258
　(1) グローバリズム………………………………………………………… 258
　(2) グローバリズムへの懐疑……………………………………………… 259
　(3) ギデンズの整理………………………………………………………… 260
 3　地域金融機関・中小金融機関…………………………………………… 261
　(1) 地域金融機関…………………………………………………………… 261
　(2) 「中小金融機関」という表現………………………………………… 263
 4　ソーシャル・イノベーションとしての協同組織金融………………… 264
　(1) ソーシャル・イノベーション………………………………………… 264
　(2) 信用金庫のソーシャル・イノベーションへの取組み……………… 266
 5　結び—ライン型資本主義との関連—…………………………………… 268

第12章　繰り返される課題

 1　繰り返される同質化論…………………………………………………… 272

(1)　同質化論 ·· 272
　(2)　信用金庫の融資対象の特性 ··· 273
2　会員制度の形骸化 ·· 274
　(1)　会員制度の実態 ··· 274
　(2)　会員制度によるガバナンス ·· 276
　(3)　会員制度によらないガバナンス ··· 280

第13章　結び―信用金庫の存在意義の確認―

1　プロシクリカリティ（Procyclicality）の問題 ································ 282
　(1)　プロシクリカリティ（Procyclicality） ······································· 282
　(2)　バーゼル合意―自己資本比率規制― ··· 282
　(3)　バーゼル合意とプロシクリカリティ ··· 285
　(4)　協同組織金融機関とプロシクリカリティ問題 ··························· 286
2　ゲーム理論による説明―協同組織金融機関の存在意義― ··············· 287
　(1)　異なる目的関数をもつ経済主体の存在 ····································· 287
　【コラム】クールノー＝ナッシュ均衡とシュタッケルベルグ均衡 ········· 288
　(2)　協同組織金融機関と金融システム ·· 288
　(3)　ゲーム理論と協同組織金融機関 ··· 291
3　リレーションシップバンキングと信用金庫―非効率性― ··············· 292
　(1)　地域金融の担い手 ·· 292
　(2)　信用金庫のリレーションシップバンキング① ·························· 293
　(3)　信用金庫のリレーションシップバンキング② ·························· 294
　(4)　脱相互化と中央機関の存在 ·· 295
　(5)　中央機関や郵便局との連携 ·· 296
　(6)　信用金庫の非効率性 ·· 297
4　法的起源論と協同組織 ··· 299
　(1)　法的起源論 ··· 299
　(2)　大陸法（シビル・ロー）と英米法（コモン・ロー） ················· 300
　(3)　法的起源論―LLSV仮説― ··· 303

(4)　世界銀行の研究……………………………………… 306
　5　神田〔2007〕の整理 …………………………………… 312
　　(1)　神田教授の所説……………………………………… 312
　　(2)　神田所説に関連して①―税制との関連― ……………… 314
　　(3)　神田所説に関連して②―ガバナンス― ……………… 316
　6　総　　括………………………………………………… 316

おわりに………………………………………………………… 319
参考文献………………………………………………………… 321
事項索引………………………………………………………… 339
人名索引………………………………………………………… 358

第1章

協同組織金融機関の理念と最近の議論

1 協同組織金融機関の理念

(1) 地域金融機関

　地域銀行は、メガバンクとは異なるミッションをもつ。主要行のミッションは、国際業務・証券業務等を含むあらゆる金融ニーズに対応することであり、最先端の金融業務を展開することにより、グローバル経済のなかで日本を代表する金融機関としての機能が期待される。

　これに対して、地域銀行は都道府県を営業基盤とし、地方自治体の指定金融機関としての機能をもつとともに、地域企業の大都市圏・海外進出の支援、大都市圏での資金ニーズへの対応等のミッションを有するが、それぞれの都道府県のニーズを最優先にする。全国地方銀行協会のディスクロージャー誌には「地域とともに発展する銀行として、……今後とも、一層信頼される金融機関を目指し、地域密着型金融サービスの継続的な向上・強化により、幅広い金融ニーズに的確に応えることを通じ、地域の活性化に積極的

図表1-1　金融機関のミッション

	経営目的・取引対象 （個人を除く）	ステークホルダー	自己資本比率規制・地区規制
主要行	全金融ニーズへの対応 大企業・政府部門中心	株主・預金者・借り手	国際基準 融資対象制限なし 地区規制なし
地域銀行	主として地域の金融ニーズへの対応、地域の活性化、地域密着型金融 大企業・中堅・中小企業・自治体	株主・預金者・借り手・自治体・地域社会	国際基準と国内基準 地区規制・融資対象制限なし
協同組織金融機関	狭域の地域の金融ニーズへの対応、地域の活性化 地域密着型金融 中小企業中心	出資者・預金者・借り手・自治体・コミュニティ	国内基準 地区規制・融資対象制限あり

に取組」むとしている。

一方、地域金融機関としての協同組織金融機関は、地域銀行に比してより狭域の地域を対象とし、地域中小企業・地域住民・地域社会の金融ニーズに応え、狭域高密度的な経営を行うというミッションをもつ（図表1－1参照）。

地域銀行は、1980年代後半のバブル期には東京支店の積極的な設置・活動や海外支店の開設など地元を離れた展開も行われたが、その結果、不良債権問題の顕在化などに遭遇した経緯がある。その反省もあり、90年代以降、地域銀行では「地元回帰」が指向された結果、金融機関全体の貸出が伸び悩むなかで、地方銀行については地元における貸出シェアが上昇するという傾向がみられた。ただし、この点は都銀など大手行の地域からの撤退が相対的なシェア上昇につながったという、他の金融機関の行動変化が影響していたことにも注意を要する。他方、第二地銀の地元におけるシェア上昇指向は、地方銀行ほどではなかった。

2000（平成12）年以降は、地方銀行を中心に大都市圏向けの貸出ウェイトが上昇したが、これは不動産向け融資等の再開ではなく、シンジケートローンへの取組増加によるものと考えられる[1]。第4章で論じるように、地域銀行は、過去20年間の貸出行動から「大都市進出（地元離れ）→地元回帰→大都

---

[1] 村本〔2005①〕第6章参照。堀江〔2005②〕は、シンジケートローンの増加の背後には、地域経済の立直りの遅れと、従来型の企業向け貸出量の確保には限界があることを指摘している。さらに、従来型の企業向け貸出以外の資金運用方法として、①短期金融市場での運用、②国債等の有価証券投資、③大都市圏でのシンジケートローンの取組み、④小口（クイック）ローンの取組み、⑤預貸率維持のための資金吸収の抑制、をあげている。このうち①および②は、都銀等の預貸率の低下や低金利の持続、あるいはキャピタルロスのおそれ等を考慮すれば、これ以上の運用増加はむずかしく、結果的に③および④による運用が重視され、現実にもシンジケートローンの増加や小口ローン関係商品開発の活発化が生じている。

同報告では、シンジケートローンについては、資金運用上の位置づけが必ずしも明確ではないままに残高が増えており、金利リスクが主体である余資運用の一環として扱うか、信用リスクが主体である貸出の一部門として扱っていくかについては、今後明確にしていく必要があることを指摘している。また、シンジケートローンおよび小口ローンの金利は、いずれも従来行われてきた金利差の大きくない方式ではなく、信用リスクを明示的に織り込む方式で形成されているので、中期的には、そうした影響が従来型の企業向け貸出にも波及していく可能性があるとした。なお、⑤については理論的なものではあるが、第二地銀については地元における預貸率が高いことを考慮すると、地元向け貸出に徹していくことが1つの可能性を示唆するものであるとしている（http://www.soc.nii.ac.jp/jsme/kinyu/pdf/05s/05s211-horie.pdf参照）。

市志向」を繰り返した。08（平成20）年3月末の県外貸出比率は28％に及ぶが、地元経済の疲弊がこのような動きを生じさせている。したがって、地域銀行への期待は「新経済成長戦略」にあるように"地域活性化の担い手"として行動することに尽きる。

　いずれにせよ、地域銀行は"リレーションシップバンキングの徹底・浸透"を第一義に経営を行い、収益性の向上を、
・貸出強化、貸出収入の確保、たとえば地元企業の発掘・支援、住宅ローンへの深耕など
・地理的広域化による営業エリアの拡大と経済活性地域での営業展開
・コストの削減（外部人材活用による人件費抑制、金融ITの活用による物件費抑制）
・店舗の効率化
・フィービジネスの志向（投信の販売強化など）
によって追求するというビジネスモデルに徹することである。

　地域銀行は地域経済の景況・活性度によって大きく制約されるので、地理的広域化はやむをえないものではある。しかし地理的広域化によって、よって立つ地域の活性化をないがしろにすることは、地域金融機関としての使命放棄につながるので回避しなければならない。地銀の消費者ローン比率といってもバラつきがあり、地域銀行の経営・ビジネスモデルは多様性をもつものとして理解されるものであろう。

(2) 協同組織金融機関の理念・協同組織性

　協同組織金融機関は、基本的には「市場の失敗」を補完する機能をもつ（「市場の補完」。したがって、税制上の軽減措置がある）。つまり市場が失敗するようなところでは、規模だけがすべての条件ではないこともある。合併による規模利益の実現は、かえってマイナスになることもあろう（離れた地域での合併などによって、片方の地域が犠牲になることなど地理的要因もある）。

　さらに、地域によって規模格差が生じる。これは地域の経済力が異なるから当然であるが、東京の1兆円規模の信金と地方の3,000億円規模の信金が、経済的には同じくらいの効果をもつことがありえよう。規模格差がある

からといって、すべて合併によって解決できるものでもない。地域における適正規模が問題である。したがって、規模が小さいから即非効率ということにはならない。あくまでも地域での役割に対応した規模が問題なのであって、組織の効率がそれを支えるのである。

　金融機関における協同組織性というのは、協同組合性と同じともいえるが、金融機関の公共性や員外取引の存在を考えると、金融システムとしては株式組織の金融機関に比べて"閉鎖的組織"ないし"自己完結的組織"になっているといったほうがよいかもしれない。それは、金融機関としてある種の特性をもっているということであり、具体的には、地域密着、地縁、人縁、知縁、金融サービスや相対取引のキメの細かさなどであるといえよう。

　ところが、協同組織金融機関は金融機関でもあるので、株式組織と同様に銀行業務を行っており、この点では収益をあげ、倒産・破綻などによる信用リスクに対応する体力をもつことを要求されている。金融自由化・金融ビッグバンなど金融サービス業における規制緩和はこの点を前面に出すもので、自己責任原則を迫るものといえよう。協同組織金融機関は、個別ないし単位の機関としては小規模であり、株式組織金融機関に比べて体力が劣る。したがって、事業中央機関がいわばホールセール業務も行うことによって補完することが不可欠となる。たとえば個別金融機関の資金集中機関となって、その運用を効率的に行うことが、規制緩和のもとではきわめて重要である一方、個々の協同組織金融機関に対するガバナンス機能を発揮することも重要となっている。

2　2000年代末の議論

　2008〜09（平成20〜21）年にかけて金融審議会で協同組織金融機関のあり方が議論されたが、そのきっかけは規制改革・民間開放推進会議からの問題提起であった。

　2006（平成18）年12月、規制改革・民間開放推進会議はその第3次答申で「協同組織金融機関（信用金庫・信用組合）に関する法制の見直し」を記載した。同答申には1990（平成2）年7月の金融制度調査会報告以来16年間も本

格的な見直しが行われておらず、「協同組織金融機関(信用金庫・信用組合)が果たすべき今日的な役割を踏まえ、その業務及び組織の在り方につき、総合的な観点から見直しを検討する必要がある」こと、「今後、銀行と同一の条件で業務を行っていくのであれば、税制上の優遇措置の根拠を何に求めるのか再検討が必要になる」とともに、「株式会社の金融機関に比べれば、ガ

図表1-2　規制改革・民間開放推進会議答申の検討事項

事項名	措置内容	前計画等との関係	実施予定時期 平成19年度	平成20年度	平成21年度
⑱ 協同組織金融機関(信用金庫・信用組合)に関する法制の見直し(金融庁)	協同組織金融機関(信用金庫・信用組合)が、今後、我が国金融システムにおいてどのような役割を果たしていくべきか、及びその役割を果たすために、例えば、員外取引制限や資金調達手段やガバナンスなど、業務及び組織の在り方につき、総合的な視点から見直しを検討する。	重点・金融② ク	検討開始		
⑲ 信用金庫等による劣後債の発行(金融庁)	自己資本の充実を通じた経営基盤の強化を図る観点から、協同組織金融制度の理念の範囲内での信用金庫等による劣後債の発行等の可否について検討する。	計画・金融イ①	検討		
⑳ 信用金庫の会員資格の見直し(金融庁)	信用金庫が地域経済において引き続きその役割を発揮する観点から、信用金庫の会員資格の資本金基準を引き上げることについて検討する。	計画・金融イ②	検討		
㉑ 会員の法定脱退事由の拡大(金融庁)	信用金庫について、協同組織としての性格を踏まえつつ所在不明会員を法定脱退させるための制度の創設が可能か、検討する。	計画・金融イ⑦	検討		

(出所)「規制改革推進のための3カ年計画」(2007年6月22日閣議決定) Ⅲ 措置事項8.イ (224頁)

バランスが十分に機能していないとの指摘もあり、業務面と合わせて組織面での制度の整備も必要である」とした（図表1－2参照）。

　この規制改革・民間開放推進会議の答申は翌年度中に主務官庁が検討を行うこととされており、2008（平成20）年3月（平成19年度中）から金融審議会第二部会に「協同組織金融機関のあり方に関するワーキング・グループ」が設置され、途中、金融危機対応のため中断もあったものの16回の会合を開催し、翌09（平成21）年6月に「中間論点整理報告書」が取りまとめられた。

　審議の途中中断は、リーマン・ショック後の世界金融危機の混乱がわが国にも波及し、協同組織金融機関をめぐる環境が検討開始当時よりも厳しい方向に変化したため、金融機能強化法の改正などの緊急対応の帰趨を待ったためでもある。しかし、この中断を挟んで確認されたことは、「協同組織金融機関は、従来は必ずしも十分に取り組んでいなかったような分野を含め、地域経済や中小企業に対する金融仲介機能の担い手としてその重要性をますます増してきている」という点である[2]。

　無論、無条件で制度の存続を確認したわけではない。この中間論点整理報告書では、①現行制度で対応可能であり、自主的に早期に取り組むべき事項、②法改正による制度改正の必要な事項、に区分している。さらに②については、(ⅰ)早期に実現することが必要だが法改正を伴う事項（方向性についてはほぼ合意されたが制度化が必要な事項）と、(ⅱ)制度の抜本的な改正が必要な事項（今後、時間をかけて議論する事項）、に整理している。また②について、報告書では「金融を巡る情勢が安定してきた段階で、……さらに具体的な議論・検討が深められ、……環境整備と制度設計等を図られていくことを期待する」と結んでいる。したがって、信用金庫と信用組合の区分などの抜本的な制度改革について、今回の報告書では結論を出していない。

　しかし、報告書で文末が「望まれる」とされた事項は、先の①に対応し、現行法・現行制度のもとで業界ないし個別の機関が自主的にかつ早期に取り組むべきもので、業界に課せられたところは大きい。これに対し、報告書で「検討を行っていくことが望ましい」と「検討していくことが考えられる」

---

[2] この金融審議会の審議とその答申については、村本〔2010〕第8章で詳細に論じているので、参照されたい。

と結ばれた事項は先の②に該当し、今後議論が行われることになろう。

　2000年代の議論では、多重債務問題との関連も重要であった。2000年代を通じて、多重債務問題は各方面で課題として認識され、金融当局のみならず、政府全体の課題であった。07（平成19）年4月20日の多重債務者対策本部決定の「多重債務問題改善プログラム」は、その解決に向けたプログラムを整理しているが、そのなかの「3．借りられなくなった人に対する顔の見えるセーフティネット貸付けの提供」のなかの「⑵「顔の見える融資」を行うモデルを広げていく取組み」において、「②　こうした貸付けを行う主体としては、きめ細かい相談対応が前提となることから、各地域に根付いた非営利機関（生活協同組合、NPO、中間法人等）や民間金融機関（労働金庫、信用金庫、信用組合等）を想定する。民間金融機関の場合にも、地域の住民に対して適切な貸付けを行っていくことができるよう、創意工夫を凝らしていくことを期待する」と記載しており、多重債務問題に対して信用金庫も一定の役割を果たすことが期待されている。

　多重債務問題というと、ギャンブル好きな者や遊興にのめり込んだ者への貸出をイメージしがちであるが、決してそうではない。事業資金に充てている場合や生活費に困窮した場合もあり、そのような者に対して適切な相談に基づき「おまとめ融資」などの活用を行う場合もある。あくまでも、このような対象への対応が期待されているのである。

3　繰り返される同質化論

⑴　同質化論

　信用金庫をめぐる制度論議の中心の1つは、株式組織金融機関（普通銀行）との同質化論である[3]。金融業務面で普通銀行とほとんど遜色がなくなり、同じ貸出市場で競争している以上、協同組織である信用金庫が税制上で優遇されているのは不公平であるとの論は根強い。『中小企業白書2008年』は図表を掲げ、「ほとんどの地域金融機関は中小企業向け貸出の競合は厳しい」と認識していると指摘した。近年、このような競合は激化の傾向にあり、協

図表1-3　地域金融機関の中小企業向け貸出の実態

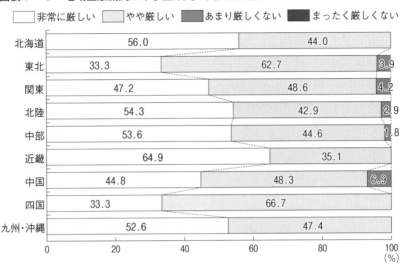

（注）　ここでいう地域金融機関とは地方銀行、第二地方銀行、信用金庫、信用組合を指す。
（資料）　東京商工リサーチ「中小企業の資金調達環境に関する実態調査」（2007年12月）
（出所）　金融審議会第二部会「協同組織金融のあり方に関するワーキング・グループ」（2008年7月4日）資料6-3、34頁（http://www.fsa.go.jp/singi/singi_kinyu/dai2/siryou/20080704/03.pdf）

同組織金融機関に対する優遇措置を批判する論拠にもなっている（図表1-3参照）。

1960年代央の金融効率化論議のなかでは、開放経済体制にふさわしい金融制度を再構築するためには、

3　金融制度に関する教科書でも、協同組織金融機関について記載した部分に、同質化についての記述があるものがある。鹿野〔2013〕は、「協同組織金融機関の場合、これまでの間、預金および貸出を除くその他の金融業務について各種の制限が課されてきたが、……1981年以降、その業務範囲は漸次拡大されている。その際には、相手先に対する制限を撤廃するという形で取引対象の拡大を図る措置も合わせて実施されており、制度的にも銀行との業務の同質化が進んでいる」（409～410頁）と書いている。また、杉山〔2006〕は、「協同組織金融機関は、出資者に対する利益還元を主要目的とする団体ではなく、会員や組合員である中小・零細企業や個人の育成・発展への貢献を大きな目的とした団体である。ただし、近年では、業務面では銀行との同質化が進んでおり、銀行と同じような商品を取り扱うとともに、同じようなマーケットをめぐって競争を繰り広げています」（82頁）と記述している。

・金融機関が同じ土俵で自由に競争できること
・金融機関の業務の同質化が進んでいるために、その調整と充実のための制度改善が必要なこと

が普通銀行、特に都市銀行から主張されており、金融「効率化」のための制度改編を強く求めていた。同じ普通銀行でも地方銀行は、むしろ地銀の特殊性から、中小企業金融機関制度については他の制度（普通銀行、長期金融、農林金融、政府金融）と切り離して単独で大幅改正を行うことに反対を表明していた。

当時の金融制度調査会の議論では、信用金庫、相互銀行などの中小企業金融専門機関についての制度と実態が次第に適合しなくなってきているために業務分野の調整が必要であり、中小企業金融専門機関の経営合理化が必要であることから、中小企業の立場からみて中小企業の健全な成長に必要な資金を今後とも確保するために制度の再検討が必要である、とされた。そこで、①信用金庫における会員組織の形骸化、相互銀行における相互掛け金のシェアの減少や地域性の減退などにみられる、これら金融機関の「銀行化」について、業務分野調整という切り口からの問題、②信用金庫と信用組合の同質化の問題、が取り上げられ、ポイントは信用金庫、相互銀行、信用組合の3業態にかかわる問題にあった。

このような観点から、信用金庫の株式会社化論が出て、相互銀行と同一の中小企業銀行とする「末松試案」、信用金庫を株式会社化するグループと協同組織にとどめる2分割論の「滝口試案」は、まさに同質化論から出ているものであった。

1980年代末のグローバル化に向けた金融制度改革論議では、専門金融機関の見直しが課題となり、協同組織金融機関の存在意義が問われたが、この背景にも同質化論があり、協同組織の株式組織化論は前面には出なかったが、税制軽減（優遇）の撤廃が議論され、制度面での均一化が議論された。論議のなかで、①協同組織金融機関には「対象の専門性」があり、他の分野には展開できないこと、②地域金融機関として地域から離れられず、地域と運命共同体にあり、地域集中リスクを抱えることなどから、税制軽減（優遇）措置も維持されたのである。

(2) 信用金庫の融資対象の特性

注意すべき点は、業務面での同質化が進んだとしても、融資の対象がきわめて小規模企業で、情報の非対称性が大きく、財務体質が脆弱で、信用リスクの高い分野であることから、普通銀行が参入しにくい分野であることである。普通銀行のリスクテイク能力を超えていること、店舗の稠密性から、信用金庫でなければできない情報生産機能が存在するのである。いわばリレー

図表1－4　従業員規模別貸出先構成比（2008年3月末現在）

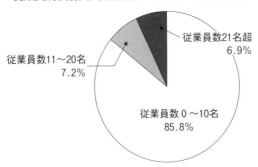

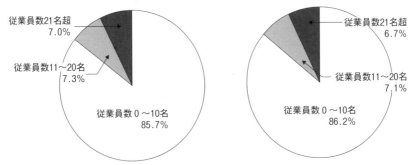

（注）　集計対象は、地方公共団体および住宅ローン・消費性ローンのみの先を除く法人・個人事業主（2008年3月末時点）。
　　　従業員数0～10名には、システム上に従業員データのない先（主として簡易査定先等の小規模かつ延滞のない先）を含む。
（資料）　全信協調べ（有効回答256金庫）
（出所）　図表1－3に同じ、36～37頁

ションシップバンキングとの親和性が高い信用金庫に固有な貸出分野・貸出層が存在しているわけである。このことは、地域金融機関のなかでも店舗網が充実していることがこれの傍証になっている。

　図表1－4にみるように、信用金庫の貸出先のうち、従業員が0～10人の層は85％強であり、規模の大きい信金でも規模の小さい信金でも同様の結果となっている。また全国信用金庫協会調査（2007（平成19）年10月）によると、従業員10人以下の小規模企業を対象とした調査によると、信用金庫と継続的な取引を行っている層が61％、メインバンクとしている層が43％となっている（図表1－5参照）。この数値は地域銀行よりも高く、全業態のなかで

図表1－5　小規模企業（従業員10人以下）の金融機関取引

(単位：％)

	継続取引金融機関	メインバンク
信用金庫	**60.9**	**43.0**
都市銀行	26.1	16.6
地銀・第二地銀	49.6	34.3
信託銀行	0.5	0.1
外資系	0.2	0.0
信用組合	6.6	2.5
労働金庫	1.0	0.1
郵便局	10.3	0.1
農中・商中	2.6	0.8
農協・漁協	8.4	1.4
インターネット銀行	1.5	0.1
政府系金融機関	5.2	0.6
その他	0.4	0.5

（注）　複数回答あり。
（資料）　全信協外部委託「金融機関取引に関するアンケート調査」
（出所）　図表1－3に同じ、6頁

も最も高い。すなわち、信用金庫は小規模企業層を支える存在となっており、金融業務の同質化があるとしても、情報の非対称性が大きく、財務体質が脆弱であり、経営相談機能が重要でかつ高リスクの分野に特化して独自性を発揮しているのである。

第2章

相互扶助性

1　金融制度調査会・金融審議会の報告

(1)　金融制度調査会報告 (1989年)

　協同組織金融機関の特質は相互扶助性、非営利性にあるとされる。1989（平成元）年の金融制度調査会「協同組織形態の金融機関のあり方について」報告では、協同組織金融機関を「会員又は組合員の相互扶助を基本理念とする非営利法人」と認識し、「業務及び組織の運営上、会員・組合員の利益が第一義的に考慮される」として、その理念を「対象の専門性」に求めた。これは経済学的にいえば、対象によって十分な資金供給がなされない可能性のある分野があるという市場の失敗の認識であり、それに特化する金融機関として協同組織金融機関の存在は有効」との認識であった。

(2)　リレーションシップバンキング報告 (2003・2007年)

　2003（平成15）年3月の金融審議会報告「リレーションシップバンキングの機能強化に向けて」では、リレバンが「事業地区や会員・組合員資格について法令上の制約があり、相互扶助（非営利）のもと、地域の小規模事業者を主要な顧客としている協同組織金融機関は、リレーションシップバンキングが相対的にあてはまりやすい存在であり、今後とも小規模事業者を対象とするリレーションシップバンキングの重要な担い手であることが期待される」として、協同組織金融機関の意義を認めている。

　さらに2007（平成19）年4月のリレバン報告「地域密着型金融の取組みについての評価と今後の対応について―地域の情報集積を活用した持続可能なビジネスモデルの確立を―」では「（補論）協同組織金融機関について」において「相互扶助・非営利」が強調され、「株式会社組織である銀行と比べ、相互扶助・非営利という特性を有する協同組織金融機関は法令上も取引先（会員・組合員資格）を原則として自らの地区内の小規模事業者に限定されている等、ビジネスモデル、対象とする顧客層、ガバナンスの仕組み等が異なっている」と指摘した。

(3) 協同組織金融機関のあり方に関するワーキング・グループ報告（2009年）

　2009（平成21）年6月、金融審議会第二部会「協同組織金融機関のあり方に関するワーキング・グループ」の中間論点整理報告書は、「平成以降に見られる、信用金庫・信用組合数の減少、預貸率の低下、預証率の上昇等の協同組織金融機関の変化、他業態との競合、当局による監督・検査のあり方の変化等を踏まえ、聖域なく抜本的に制度のあり方を考察することが重要であり、当ワーキング・グループはそのような認識の中で、基本的な制度論と実際に対応が求められている諸課題への取組みとの双方について幅広く議論を進めてきた」のが基本的スタンスである。

　その検討の視座は、「協同組織金融機関は、本来、相互扶助を理念とし、非営利という特性を有するもの」で「このような協同組織金融機関の基本的性格や、その背景にある相互扶助という理念は、地域金融及び中小企業金融の専門金融機関としての協同組織金融機関に求められる役割を最大限発揮するために活かされる必要がある。このことは、金融・資本市場の発展が見られる今日においてもなお、また、地域経済の疲弊や格差の問題が指摘される今日であるからこそより一層、あてはまるものと考えられる」とし、報告書として協同組織金融機関の相互扶助・非営利という理念を確認した点が基本認識となっている。

　さらに、「協同組織金融機関の本来的な役割は、相互扶助という理念の下で、中小企業及び個人への金融仲介機能を専ら果たしていくことであり、この役割を十全に果たすべく、協同組織金融機関には、税制上の軽減措置が講じられている。協同組織金融機関は、この本来的な役割を果たし、地域経済・中小企業に対する円滑な資金提供を通じて地域の資本基盤整備や雇用の確保に積極的に貢献していくことが重要である」として、税制上の軽減措置の有効性を報告書は確認している。

2　法　制

(1)　各業態法

　協同組織金融機関の相互扶助性については各業態の根拠法に示されているが、その内容は微妙に異なる。信用組合に関しては、中小企業等協同組合法（中企法）の目的規定に、「この法律は、中小規模の商業、工業、鉱業、運送業、サービス業その他の事業を行う者、勤労者その他の者が<u>相互扶助の精神に基き</u>協同して事業を行うために必要な組織について定め、これらの者の公正な経済活動の機会を確保し、もつてその自主的な経済活動を促進し、且つ、その経済的地位の向上を図ることを目的とする」（筆者注：下線は筆者。以下同じ）という規定があり、相互扶助性が明記されている。さらに、第5条（基準及び原則）には、「組合は、この法律に別段の定めがある場合のほか、次の各号に掲げる要件を備えなければならない」として、

「一　組合員又は会員（以下「組合員」と総称する。）の<u>相互扶助を目的とすること</u>。
　二　組合員が任意に加入し、又は脱退することができること。
　三　組合員の議決権及び選挙権は、出資口数にかかわらず、平等であること。
　四　組合の剰余金の配当は、主として組合事業の利用分量に応じてするものとし、出資額に応じて配当をするときは、その限度が定められていること。」

をあげている。

　労働金庫法は、第1条の目的に「この法律は、労働組合、消費者生活協同組合その他労働者の団体が共同して組織する労働金庫の制度を確立して、これらの団体の行う福利共済活動のために金融の円滑を図り、もつてその健全な発達を促進するとともに労働者の経済的地位の向上に資することを目的とする」と規定しているが、相互扶助は明記されていない。

　農業協同組合法は、第1条の目的で「この法律は、農業者の協同組織の発

達を促進することにより、農業生産力の増進及び農業者の経済的社会的地位の向上を図り、もつて国民経済の発展に寄与することを目的とする」と規定しているが、相互扶助性は明記されていない。

信用金庫法は、第1条の目的で「この法律は、国民大衆のために金融の円滑を図り、その貯蓄の増強に資するため、協同組織による信用金庫の制度を確立し、金融業務の公共性にかんがみ、その監督の適正を期するとともに信用の維持と預金者保護に資することを目的とする」と規定しているが、相互扶助性は明記されていない。

(2) 独占禁止法の規定―協同組合の適用除外規定―

日本では、事業内容ごとに個別の法律（特別法）で種々の協同組合が規定されており[1]、協同組合に関する一般的な規定は存在しない。法人税法では、協同組合等に分類され（法人税法第2条第7号）、全所得に対して軽減税率の適用を受ける。また、事業分量配当金の損金算入が認められている。協同組合等に含まれるものは、法人税法の別表第3に掲げられており、信用金庫も掲げられている[2]。

日本には、一般的な協同組合法は存在しないが、一般的な規定としては独

---

[1] 個別法に基づく協同組合またはこれに類する組織には、たとえば以下のものがある。生活衛生関係営業の運営の適正化及び振興に関する法律（生活衛生同業組合・生活衛生同業小組合・生活衛生同業組合連合会）、農業協同組合法（農業協同組合（農協・JA）・農業協同組合連合会）、水産業協同組合法（漁業協同組合（漁協・JF）・漁業生産組合・漁業協同組合連合会・水産加工業協同組合・水産加工業協同組合連合会・共済水産業協同組合連合会）、森林組合法（森林組合・生産森林組合・森林組合連合会）、たばこ耕作組合法（たばこ耕作組合）、消費生活協同組合法（生活協同組合（生協）・生活協同組合連合会）、中小企業等協同組合法（事業協同組合・事業協同組合連合会・事業協同小組合・火災共済協同組合・火災共済協同組合連合会・信用協同組合・信用協同組合連合会・企業組合）、中小企業団体の組織に関する法律（協業組合・商工組合・商工組合連合会）、商店街振興組合法（商店街振興組合・商店街振興組合連合会）、商工組合中央金庫法（商工組合中央金庫）、信用金庫法（信用金庫・信金中央金庫）、船主相互保険組合法（船主相互保険組合）、内航海運組合法（内航海運組合・内航海運組合連合会）、輸出入取引法（輸出組合・輸入組合）、輸出水産業の振興に関する法律（輸出水産業組合）、労働金庫法（労働金庫・労働金庫連合会）。
[2] 法人税法第66条第3項は、「公益法人等（一般社団法人等を除く。）又は協同組合等に対して課する各事業年度の所得に対する法人税の額は、各事業年度の所得の金額に100分の19の税率を乗じて計算した金額とする」と規定し、協同組合である信用金庫の軽減税率を規定している。

占禁止法（私的独占の禁止及び公正取引の確保に関する法律）第22条が、協同組合原則を明記しており、わが国の各種協同組織法制に共通の原則である。第22条は独占禁止法の適用除外の条文であるが、そこには「組合」を規定している。すなわち、「この法律の規定は、次の各号に掲げる要件を備え、かつ、法律の規定に基づいて設立された組合（組合の連合会を含む。）の行為には、これを適用しない。ただし、不公正な取引方法を用いる場合又は一定の取引分野における競争を実質的に制限することにより不当に対価を引き上げることとなる場合は、この限りではない」とし、その要件として、

「 1 小規模の事業者又は消費者の相互扶助を目的とすること。

　 2 任意に設立され、かつ、組合員が任意に加入し、又は脱退することができること。

　 3 各組合員が平等の議決権を有すること。

　 4 組合員に対して利益分配を行う場合には、その限度が法令又は定款に定められていること。」

として、組合が相互扶助性を有することを明記している。これは、先の中企法第5条の規定と平仄を合わせるもので、協同組合原則として共通のものである。

　各業態法は、独占禁止法との関係を規定して、第22条に基づく適用除外の組合であることを規定している。

　たとえば、信用金庫法は第7条では、

「次に掲げる金庫は、私的独占禁止法の適用については、私的独占禁止法第22条第1号に掲げる要件を備える組合とみなす。

　一 信用金庫であつて、その会員である事業者が次のいずれかに掲げる者であるもの

　　イ その常時使用する従業員の数が300人を超えない事業者

　　ロ その資本金の額又は出資の総額が政令で定める金額を超えない法人である事業者

　二 （略）

2 （略）

3 第1項第1号ロの規定に基づき政令で金額を定める場合には、小規模の

事業者の相互扶助に資するとともに公正かつ自由な競争の確保を図る見地から定めるものとする。」
と規定して、信用金庫が独占禁止法の適用除外であることを確認している。また、相互扶助性についても明示している。中企法、労働金庫法、農業協同組合法にも同様の確認規定がある[3]。

このように独占禁止法の規定する組合であることを各業態法で確認することにより、信用金庫等の協同組織金融機関が相互扶助性を有することが法的に確認できる。すなわち、相互扶助を理念とすることについて、各協同組織金融機関法に明確な規定のない場合があり、そのための手当がこのように行われているのである。

このように協同組織金融機関の考え方は、「相互扶助」が重要な要件であり、非営利性が示されている。なお、協同組織である労働金庫法（第5条）・農業協同組合法（第8条）は、法律で営利を目的としてその事業を行ってはならないと規定している。

このように協同組織金融機関は、銀行法でいう「公共性」と独占禁止法や各根拠法で示された「相互扶助」が重要な目的なのであり、銀行よりも非営利という制約を受けているのである。さらに、協同組織は、「相互」ないし「組合」で表されるようにメンバーシップが前提であり、その営業範囲も限定的なのである。

3 公式文書―各種審議会報告―

信用金庫をはじめとする協同組織金融機関の相互扶助性は、金融制度審議会・金融審議会などの報告・答申といった公式文書に盛られており、法令で

---

[3] 労働金庫法第9条は、労働金庫法に基づいて設立された労働金庫をもって、独占禁止法第22条第1号および第3号に掲げる要件を備える組合とみなすと規定している。さらに、農業協同組合法第9条および水産業協同組合法第7条もまた、これらの法律に基づいて設立される組合が、独占禁止法第22条第1号および第3号に掲げる要件を備える組合とみなすと規定している。したがって、それぞれの協同組織金融機関法に、それぞれの組合が組合員または会員の相互扶助を目的とする旨の明確な規定がない場合も、これらの組合が相互扶助を基本理念とする点で共通している。

はないが、正当性を示す記載である。

(1) 最高裁判決（1977年6月20日）

1977（昭和52）年6月20日、最高裁判所第二小法廷判決（金銭消費貸借契約無効確認事件）は、中小企業等協同組合について次のように触れている。

「思うに、中小企協組合（筆者注：中小企業等協同組合）は、中小企業者の個別収益の助成促進を目的として組織される人的結合体であり、資本主義社会における経済的弱者である中小企業者の自己防衛<u>相互扶助団体</u>であり、協同組合の一形態として、消費生活協同組合、農業協同組合、漁業協同組合、森林組合等と同様、1844年ロッチデール衡平開拓者組合以来の「<u>組合員の相互扶助</u>」、「組合の組合員に対する直接奉仕」、「一人一票主義」等の協同組合理念に基づき設立されているのである。中小企業等協同組合法5条が、<u>組合は、組合員の相互扶助を目的とすべきこと（1項1号、以下「相互扶助性」という。）</u>、組合の行う事業によって組合員の直接の奉仕をすることを目的とすべきこと（2項、以下「直接奉仕の原則」という。）、組合の議決権及び選挙権は、出資口数にかかわらず平等であるべきこと（1項3号、以下「一人一票主義」という。）等を中小企協組合の基本原則として揚げていることは、わが国の中小企協組合も、右の歴史的・伝統的な組合理念に基づいて設立され、この理念に則って行為すべきことを明らかにしたものにほかならない。その結果、中小企協組合について、一般金融機関と異なる制約・特典などの諸制度が法定されている」[4]。

この最高裁判決にある「相互扶助性」は、法律用語としても意味のある表現である。

---

[4] 岐阜の信用協同組合とその組合員の間の金銭消費貸借契約をめぐる事案で、いわゆる拘束された即時両建預金を取引条件とする信用組合の貸付が独占禁止法第19条に違反するとされた事例で、歩積両建や手数料・利息等をめぐり紛争になった訴訟の上告審判決。最高裁昭和52年6月20日 第二小法廷判決・民集第31巻4号449頁（http://www.courts.go.jp/hanrei/pdf/js_20100319121407221196.pdf）。

(2) 金融制度調査会「協同組織形態の金融機関のあり方について」1989年中間報告

　協同組織金融機関のあり方を真正面から検討した1989（平成元）年5月15日の金融制度調査会第一委員会中間報告「協同組織形態の金融機関のあり方について」では、「協同組織金融機関は、「会員又は組合員の<u>相互扶助を基本理念とする非営利法人</u>」とし、対象の専門性に注目して「そもそも中小企業、農業漁業者及び個人など、一般の金融機関から融資を受けにくい立場にある者が構成員となり、<u>相互扶助の理念に基づき</u>、これらの者が必要とする資金の融通を受けられるようにすることを目的とする」「協同組織金融機関は、地縁・人縁を基盤としていることから、利用者である会員・組合員のニーズの把握が容易であり、また<u>非営利の相互扶助組織</u>であって、業務及び組織の運営上、会員・組合員の利益が第一義的に考慮されることから、利用者ニーズに即したきめ細かな金融サービスの提供が可能である」「<u>相互扶助組織として税制等の面で</u>一般の金融機関に比べて有利な扱いがなされている」と記述した。

(3) 金融審議会「リレーションシップバンキングのあり方に関するワーキング・グループ」2007年報告

　金融審議会第二部会「リレーションシップバンキングのあり方に関するワーキング・グループ」の2007（平成19）年報告では、「（補論）協同組織金融機関について」を掲げ、協同組織金融機関の機能を確認している。すなわち、

　「株式会社組織である銀行と比べ、<u>相互扶助・非営利</u>という特性を有する協同組織金融機関は法令上も取引先（会員・組合員資格）を原則として自らの地区内の小規模事業者に限定されている等、ビジネスモデル、対象とする顧客層、ガバナンスの仕組み等が異なっている。また、規模の格差や地域密着型金融への取組みに二極化傾向がみられるとの指摘がある。

　このような制度的制約の下、地域の小規模事業者を主要な顧客としている協同組織金融機関は、地域密着型金融のビジネスモデルが相対的に当てはま

りやすい存在であり、今後とも、小規模事業者を対象とする地域密着型金融の重要な担い手となることが期待される」「今後の地域密着型金融の取組みにおいては、各金融機関が、顧客や地域のニーズを的確に把握し、「選択と集中」の徹底・深耕を図る必要がある中、協同組織金融機関に対しては、<u>相互扶助・非営利といった特性</u>をより一層活かした取組みを求めることが適当である」

「地域の小規模事業者が置かれている状況は引き続き厳しく、これらに対して地域銀行に次ぐ取引シェアを有する協同組織金融機関は、<u>相互扶助・非営利という特性</u>を活かしつつ、会員・組合員でもある取引先の身の丈・ニーズに合った地域密着型金融への取組みが必要と考えられる」「協同組織金融機関は、<u>相互扶助・非営利という特性</u>を活かし、会員・組合員でもある取引先の身の丈・ニーズに合った地域密着型金融への取組みが必要であり」、「個別機関への対応のみならず、<u>相互扶助の特性</u>を業態内でも十分発揮するべく、中央機関・業界団体のネットワークを積極的に活用しつつ、その機能充実を通じた総合的な取組みの推進を図ることも必要である」
という記載があり、相互扶助・非営利という表現を繰り返し掲げている。

(4) 金融審議会「協同組織金融機関のあり方に関するワーキング・グループ」2009年中間論点整理報告書

本章1で指摘したように、規制改革・民間開放推進会議の答申を受けた金融審議会第二部会「協同組織金融機関のあり方に関するワーキング・グループ」は2009（平成21）年6月に「中間論点整理報告書」を取りまとめたが、そのなかに協同組織金融機関のアイデンティティについて相互扶助性を明記している。すなわち、「検討の視座」のなかで、
「協同組織金融機関は、本来、<u>相互扶助を理念とし、非営利という特性を有する</u>ものと位置づけられており、その基本的性格は、中小企業及び個人など、一般の金融機関から融資を受けにくい立場にある者が構成員となり、これらの者が必要とする資金の融通を受けられるようにすることを目的として設立されたという点にある。このような協同組織金融機関の基本的性格や、その背景にある<u>相互扶助という理念</u>は、地域金融及び中小企業金融の専門金

融機関としての協同組織金融機関に求められる役割を最大限発揮するために活かされる必要がある。このことは、金融・資本市場の発展が見られる今日においてもなお、また、地域経済の疲弊や格差の問題が指摘される今日であるからこそより一層、あてはまるものと考えられる。

　協同組織金融機関の本来的な役割は、相互扶助という理念の下で、中小企業及び個人への金融仲介機能を専ら果たしていくことであり、この役割を十全に果たすべく、協同組織金融機関には、税制上の軽減措置が講じられている。協同組織金融機関は、この本来的な役割を果たし、地域経済・中小企業に対する円滑な資金提供を通じて地域の資本基盤整備や雇用の確保に積極的に貢献していくことが重要である」
として、相互扶助・非営利を確認している。

　そのほかにも、協同組織と地域銀行の比較の項で、
「協同組織金融機関と地域銀行とは、特定の地域で金融サービスを提供する点において共通するものの、過去においては、前者は一般の金融機関から融資を受けにくい中小企業や個人、後者は中堅企業以上や地方自治体との取引が中心であるという違いがあった。一方、昭和50年代以降の業務範囲の見直しにより、現状では、協同組織金融機関は地域銀行とほぼ同様の業務を営むことが可能となっている。また、大規模化した協同組織金融機関も出現しており、協同組織金融機関と地域銀行の差異は相対化しているとの指摘がなされている。

　金融機関の利用者の視点からは、同様のサービスを同様の方法で提供する主体が複数あるよりも、サービスやその提供方法の選択肢が多様である方が、利便性が高い。協同組織金融機関と地域銀行が横並びで発展していくのではなく、協同組織金融機関としての本来の強みを十分に活かすべく、協同組織金融機関の側でも、例えば、地域の中小企業のニーズに対応した資金融通、情報提供、コンサルティング等のきめの細かいサービスの提供に経営資源を投入するなど、業務の「選択と集中」が図られていくことが期待される」
と記載し、地域金融の担い手の多様性に注目して、協同組織の役割を確認している。

このように、判決、審議会報告等で協同組織金融機関の相互扶助性と非営利性は、種々のかたちで確認されており、協同組織を特徴づけるものと理解できよう。

4　非営利性

(1)　法制上の理解

　信用金庫を理解するには、地域金融機関の2つのカテゴリーである地域銀行と協同組織を比較し、その相違を理解することが重要であり、株式組織（営利目的）と協同組織（非営利目的）という組織形態の相違の理解がポイントとなる。株式組織というのは、株式会社形態をとる企業形態であるということで、営利を目的とする組織である。旧商法は、第52条で、
「第52条　本法ニ於テ会社トハ商行為ヲ為スヲ業トスル目的ヲ以テ設立シタル社団ヲ謂フ
　2　営利ヲ目的トスル社団ニシテ本編ノ規定ニ依リ設立シタルモノハ商行為ヲ為スヲ業トセザルモ之ヲ会社ト看做ス
　第53条　会社ハ合名会社、合資会社及株式会社ノ3種トス」
と規定しているように、商行為ないし営利目的が株式会社の目的といえるのである。すなわち、株式会社は商法に基づいて設立され、構成員である株主の利益を目的とした営利法人である。

　したがって、地域銀行は営利を目的とする企業であるというのが第一義であるが、銀行法は目的規定の第1条で、「この法律は、銀行の業務の公共性にかんがみ、……」と規定し、営利目的企業であるが、公共性の強い企業であるとも規定しているのである。つまり、銀行はメガバンクであっても、新規参入銀行であっても、公共性が求められていることに変わりはない。

　2005（平成17）年6月に成立した会社法は、会社を営利目的とする社団と定めてはいないが、これは会社法上、会社の株主・社員には、利益配当請求権・残余財産分配権が認められていることは明らかなので、会社が対外的活動を通じてあげた利益を社員に分配することを意味する「営利を目的とす

る」という用語を用いる必要がないためである。営利企業は、利益を獲得し追求するが、この利益追求とは、営利企業の所有者は株主であるため、株主である資本家・出資者への利益還元、配当を高めることである。

商法の第4条第1項は、「この法律において「商人」とは、自己の名をもって商行為をすることを業とする者をいう」と規定している。ここでいう「業とする者」というのは、営利の目的で同種の行為を、継続的・計画的に行うこと、とされる[5]。

このような会社法・商法上の規定から営利性を捕捉できるが、これらの営利性の条件からみて、協同組織の員外規制・配当制限・相互扶助性から非営利性が把握できる。信用金庫の非営利性については最高裁の判決がある。最高裁第三小法廷の1988（昭和63）年10月18日の手形金取立金返還等請求事件の判決で、信用金庫の商人性が争われ、次のような指摘がある。

「信用金庫法に基づいて設立された信用金庫は、国民大衆のために金融の円滑を図り、その貯蓄の増強に資するために設けられた協同組織による金融機関であり、その行うことのできる業務の範囲は次第に拡大されてきているものの、それにより右の性格に変更を来しているとはいえず、<u>信用金庫の行う業務は営利を目的とするものではない</u>というべきであるから、<u>信用金庫は商法上の商人には当たらない</u>と解するのが相当である（最高裁昭和46年（オ）第781号同48年10月5日第二小法廷判決・裁判集民事110号165頁参照）」[6]

この指摘に従えば、信用金庫の行う業務は非営利性ということになる。

信用金庫ではないが、信用組合について、最高裁第二小法廷の2006（平成18）年6月23日判決（預金払戻請求事件）では、

「中小企業等協同組合法に基づいて設立された信用協同組合は、今日、その事業の範囲はかなり拡張されてきているとはいえ、なお組合員の事業・家計の助成を図ることを目的とする共同組織であるとの性格に基本的な変更はないとみるべきであって、その業務は営利を目的とするものではないというべ

---

5 落合誠一・大塚龍児・山下友信〔2013〕
6 最高裁昭和46年（オ）第781号同48年10月5日第二小法廷判決（貸金請求事案）には、「中小企業等協同組合法に基づいて設立された信用協同組合は、商法上の商人にあたらないと解すべきである」とある。

きであるから、商法上の商人には当たらないと解するのが相当であり（最高裁昭和46年（オ）第781号同48年10月5日第二小法廷判決・裁判集民事110号165頁、最高裁昭和59年（オ）第557号同63年10月18日第三小法廷判決・民集42巻8号575頁参照）」
と指摘している。

このように、信用金庫・信用組合は、商法上の商人ではないので、非営利性を有することと法的には整理できる。

(2) 非営利法人

非営利法人というのは、①営利法人でない非営利法人、②利潤獲得を第一義的な目的としない法人、③メンバー相互へのサービス提供のために利潤を獲得している法人、という定義がある。

NPO法人（特定非営利活動法人）は「営業を目的としない」組織であるが、NPO法人には収益事業が認められていることから、剰余金も発生している。ただ、NPO法人には出資という概念がないことから、構成員に対する剰余金の分配は認められていない。また、「中間法人法」による中間法人も「剰余金を社員に分配しないことを目的とする社団」であり、その非営利性を徹底するため、社員に出資する義務を課さず、また、法人の財産に対する持分や剰余金の分配請求権も認めていない。ヨーロッパでは非営利について広くとらえており、利益の分配の可否での区別はなく、非営利組織を、利潤極大を目的とせず、社会的な使命（ミッション）の実現を事業活動の目的とする組織としている。

(3) 利益対立

組織面での利益対立問題がいわゆる"ガバナンス"であるが、株式組織の場合、出資者である株主の満足度は株主配当の最大化である。配当の最大化を突き詰めると、その株式組織の提供する商品・サービスの価格の上昇となるため、顧客満足度は低下する。顧客満足を追求すると、配当が減少して株主満足度は低下するので、株式組織では株主と顧客の利益対立が生じる。ガバナンスはその分緊張関係にある。

協同組織の場合、出資者は協同組織の提供する商品・サービスの利用者であり、出資者と利用者（顧客）との利益対立は発生しない。いわゆるガバナンスは内在化されている。信用金庫の出資者は、配当以外のサービスの享受に関心があり、配当目的の銀行の株主とは目的関数が異なる。無論、信用金庫の出資者でも、市中金利以上の配当率を期待する場合がある。しかし信用金庫は、出資の配当率の上限をあらかじめ定款で定めており、その制限の範囲でしか配当を行うことができない。この点は制度上、銀行とは異なる。

(4) 適正利潤と内部留保

非営利性というと、無利益（利益を得ない）という理解もありうるが、そうではない。組織を形成・維持して、金融サービス業を営むには適正な利潤が必要である。信用金庫が利益を獲得して剰余金を計上するのは、地域との長期にわたる関係を維持し、組織の活動目的を遂行するために必要な費用を内部に留保するためで、非営利性と矛盾するわけではない。

このような組織維持のための内部留保は、会員に対する円滑な資金供給に対応するため十分な水準である必要があり、自己資本比率の維持にとって重要である。ただし、一定水準以上の内部留保は、会員に対する利便性の阻害要因にもなるので、バランスが重要である[7]。

---

[7] 滝川〔2014〕は、協同組合の特性である非営利性について「「営利は利潤を獲得することをめざし、非営利は利潤を獲得することをめざさない」としばしば解釈されているが、それは大きな誤解であり、営利は利益獲得をめざし、その利益を非人格的資本の論理で資本家に分配し、非営利は利益獲得をめざし、その利益を人格的利用の論理で利用者（組合員）に分配すると解釈されるべきである」（12～13頁）と指摘した。非営利も利潤獲得を前提にする点を明確にしている。

第3章

信用金庫の相互扶助性

1 相互扶助―内部補助―

(1) 信用金庫の経済学的基礎

協同組織金融機関を理論的に理解すべく、経済学的なアプローチを整理するうえで、いくつかの視点がある。協同組織を相互扶助性(非営利)と理解すると、相互扶助はある組織内で扶助を行うことである。単純化すれば、「内部補助の理論」「保険の理論」がその典型である。また、協同組織をメンバー制として考えれば「クラブ財」の考え方が適用可能であるし、協同組織が限定された地域での事業展開を迫られていることに注目すれば、「密度の経済性の理論」「ネットワーク経済性の理論」が有効になる。

相互扶助性は内部補助の理論によって説明可能で、①信用金庫内での相互扶助が低リスク層と高リスク層の間と世代間での内部補助として整理可能であること、②信用金庫が情報の非対称性の大きい分野でのインフラとして機能し、クラブとしての把握可能であること、③信用金庫の狭域高密度経営が密度の経済の理論で分析可能なことを整理する。そのうえで、協同組織のガバナンス問題と相互会社との比較などを行うことによって整理する。

(2) 内部補助の理論―相互扶助―

協同組織を支える考え方は、相互扶助― "One for all, all for one." ―である。"One for all, all for one." で表される理念は、スポーツのラグビーや生命保険で一般的であり、協同組織においても共通である[1]。理念としての相互扶助― "One for all, all for one." ―は、スポーツの世界だけでなく、経済行

---

[1] "One for all, all for one." は、ドイツの保険学者Alfred Manes (1877~1963) の言葉であるという(近見ほか〔2006〕37頁)が、彼以前からも使用されていたと思われる。ある生命保険会社のホームページには、「生命保険事業は「一人は万人のために、万人は一人のために」を基本思想とする相互扶助機能を本質としています」とある。長濱〔1992〕は、保険加入は「相互会社の社員になることによって、まさに協同組合加入時のようなメリットとともに生命保険事業への投資に対するリターンを得ることが可能となる」(65~66頁)とし、相互会社と協同組織の類似性を指摘している。

為としても十分な存在意義を有している。無論、保険における相互扶助についても多くの議論があり、近代的保険の理念に関しては種々の解釈がある[2]。

相互扶助というと理念論的なイメージがあるが、これは経済学的に内部（相互）補助（cross subsidization）と考えてもよい。内部補助は、「複数の需要部門ないし事業部門を有する企業が「一方の部門における黒字をもって、他方の部門の赤字を補填すること」をいう」とされる[3]。たとえば、航空事業でみると、儲かる路線の収益によって赤字路線を維持することとか、高速道路の料金プール制にみられるように黒字路線からの収益で高速道路を延伸するというのが、内部補助である。不採算部門を切り捨てるのではなく、高採算部門の剰余で穴埋めを行うことによって全体の収益を維持するのが内部補助といえよう。内部補助は、規制や独占によって可能とされるが、相互扶助でも可能である。

保険は、その本質について種々の議論があるが、通常は「保険とは同様なリスクにさらされた多数の経済主体による、偶然な、しかし評価可能な金銭的ニーズの相互的充足」という定義がされる[4]。単なる相互扶助ではなく、多数の経済主体が存在し、リスクが存在し、偶然ではあるが評価可能な金銭的ニーズを相互的に充足するという要件が必要で、より具体的には、大数の法則、収支相等原則[5]、給付反対給付金均等の原則[6]がなければならない。その意味で相互性というのは、保険の数理的あるいは技術的仕組みが存在し、大数の法則が適用され、収支相等の原則、および給付反対給付の原則が妥当するような運営がなされる保険システムのことなのである[7]。

保険（や共済）を支える保険原理（ないし共済原理）は、種々のリスクにつ

2　堀田〔2003〕など。本章（注8）参照。
3　植草〔1991〕224頁。
4　近見ほか〔2006〕8頁。これはManesによるものという。
5　集団の構成員数をn、保険料をP、事故に遭遇して保険金を受領する者の数をr、その受領保険金額をZとすると、$nP=rZ$　の成立する場合を収支相等原則という。
6　$P=(r/n)Z=wZ$。すなわち、支払保険料は受領するかもしれない保険金の期待値に等しい。
7　近見ほか〔2006〕37～38頁。保険の相互扶助は、①保険給付を受ける者が、他の保険加入者の保険料からの分配を受けるという広義での相互扶助と、②保険数理的観点からの厳密な（狭義の）相互扶助、を区別すべきであろう。

いて保険（ないし共済）を通じて集団でシェアすることにより、個人が確実に責任を負える程度のリスクに収めることを可能にするリスクシェアリングがその根幹である。個人で負担しきれないリスクを集団でカバーし、内部補助によって補てんするのである[8]。

共済は同じ職業、同じ地域に居住する者が組合をつくり、組合員の死亡や所有財産の損害をカバーするもので、保険に類似する。しかし、加入者の範囲が職業・地域という限定的なもので、大数の法則が当てはまるほどの規模でないという点で保険とは異なる、とされる。とはいえ、共済でも規模が大きくなると保険と変わらない状況が発生する[9]。

金融業務の面からみても、このような趣旨で実施されるのが協同組織金融機関であり、そもそもは借入困難者が集まり、相互に出資を行って順番に融資を受けるというのが相互金融ないし組合金融である[10]。これが高度化し今

---

[8] 堀田〔2003〕は、「保険事業は相互扶助の制度である」という主張は、「近代的保険には正確に当てはまらない」とし、「保険には構造的に相互扶助性が存在」し、事故に遭わなかった者の保険料が事故に遭った者に再分配される点は相互扶助であるが、保険加入者は他人を助ける目的で保険に加入するわけでなく、生活保障・賠償資力の確保のために加入するのであり、保険金受取りは確率的結果にすぎないと、としている（112頁）。さらに同書では、「近代的保険における相互扶助は、同質のリスクで構成されている保険集団の間で、確率的計算を根拠として結果的に発生する相互扶助である。その点で、加入者どうしの精神的連帯に基づく原始的保険や共済制度あるいは社会的連帯に基づいた社会保険とは異なる。したがって、純粋な民間保険において、低リスク者が高リスク者の保険料を負担すること、つまり内部補助は保険原理的には生じてはならないことになる」とする（112～113頁）。

[9] 刀禰ほか〔1993〕は、危険（リスク）への対応として、危険の回避、危険の軽減、危険の保有、危険の移転をあげ、危険の移転が保険だとする。危険を引き受ける者（保険会社）は同種の危険を多数を集める（危険のプール）ことにより、その危険の発生度合いの変動を少なくすることが可能になり、危険発生に伴う損失をほぼ正確に予測でき、その予測損失を多数の保険加入者に分担させ、その分担金（保険料）総額が危険発生に伴う損失を補償するに十分な水準になるようにすれば、保険会社は保険加入者の損失補償に困ることはないし、保険加入者は多数で分担するので少額の負担で危険を移転可能となる、という（6～9頁）。さらに同書では、共済についても、職業・地域を共通にする者が組合を組織して、組合員やその家族の疾病・死亡、損害などを蒙ったときに、一定の給付を行う相互扶助制度であるとし、純粋危険を対象とする点で保険に類似しているとする（加入者が多くない場合には、偶然的出来事の発生割合の変動が大きく、その予測が困難だが、大規模集団になると保険に近くなる。JA共済などでは、相互扶助による共済資金の還元融資、剰余金の割戻しなどがある）（19～20頁）。

[10] 全員が融資を受ければ解散する方式で、解散組合という。発足当初のイギリスのBuilding Societyが典型だが、やがて永続組合に発展した。

日の協同組織金融に発展したと考えると、内部補助をメンバー間で実現する仕組みとも考えうる。たとえば、低リスクの企業がその信用リスクに比して高い金利を負担することで、高信用リスク企業の金利負担をカバーし、協同組織全体としてのローンポートフォリオでの収益性を確保して、協同組織金融機関の経営を維持することが可能になる。あるいは同じ企業に対してでも、創業期や経営が厳しいときには低い金利で融資する一方、収益環境が良好になって金利負担が可能になった段階では、多少高い金利で融資し、信用リスク以上の金利負担を求めることで、長期にみると相応の金利負担になることがありうるのである。強いていえば、同一企業の中長期的なローンポートフォリオと考えることができよう[11]。

この点は、協同組織金融機関の経営者のインタビューなどで語られる点であるが、実証研究例をあげると、安孫子〔2006〕〔2007〕のCRDデータを利用した研究が存在し、これによれば、業歴の短い（信用リスクが高い）企業の金利は相対的に低く、それに対して業歴の長い（信用リスクの低い）企業の金利は相対的に高いという結果が得られた、とされている[12]。これは、CRD参加の金融機関では、金利負担が内部補助という意味で相互扶助的に

---

[11] ローンポートフォリオによる相互扶助ないし内部補助については、信用金庫の実務者からは多くの批判がある。すなわち、①金利設定については、個々の企業リスク等を勘案して決定していること、②リスク管理の高度化の要請のなかで、信用格付に基づく適正なプライシングルールが求められる状況では、ローンポートフォリオによる相互扶助は妥当しないこと、③実態にあわない論で競合が激しい都市部では低リスクの企業が高い金利を負担することは考えにくいこと、④顧客取引の公正確保、金利設定を顧客に説明する際の論拠にできないこと、経営管理上顧客間リスク負担をコントロールすることは困難なこと、⑤低リスクの顧客は他行との競合も厳しく、低い金利設定になりがちなこと、⑥金利設定の背景にある引当金や保全状況との関連が重要なこと、などの理由による。この点は、より広くアンケート調査などによる検証が必要であろう。

ただし、信用金庫では顧客同士の会を組織して中小企業者の交流の場をつくっているが、このような非価格面の活動は会員間の研鑽・交流を含めた相互扶助の要素も多いとされる。このような活動は地域銀行にもあり、信用金庫に固有なものではない。ローンポートフォリオ的な内部補助が実務的には不合理というのは、リスク管理手法が普通銀行と同じような手法になっており、必ずしも協同組織性ないし非営利性を反映した融資判断になっていない印象を受ける。真に創業期の企業、新分野に進出しようとするイノベーティブな企業への対応がなされているかが疑問である。地域イノベーションの担い手を支援する役割が希薄化していないか、が検証されなければならない。クラウドファンディングなどが必要とされるのは、信用金庫の与信に目利き機能が十分ではないからかもしれないからである。

行われている可能性を示すものである。

CRDは230万社のデータを有しており、信用保証協会のデータが基本である。信用保証協会利用企業の場合、業歴の長い企業でも信用リスクが高い可能性があるなど、データバイアスを排除できないという問題はある。また金融機関ごとに集計していないので、業態という視点では厳密性は欠けるものの、信用保証協会の利用が協同組織金融機関では高いことを勘案すると、信用金庫の融資の特性を反映している可能性もある。

(3) 相互会社の相互扶助性―リスクシェアリング―

相互会社とは、日本では保険業法により保険会社にだけ認められた経営形態である。そもそも保険（insurance）は、契約者の払った保険金が、万が一の事態に直面した人に支払われるという相互扶助の仕組みで成り立っている。この相互扶助の精神を最大限に活かそうという発想から生まれているのが相互会社とされる。保険を株主主権のもとに置くと、保険加入者の利益よりも株主利益が優先する可能性があるので、保険加入者を社員とする相互組織のほうが保険制度に適していると考えられた。

保険は、将来のリスクに対処する仕組みの1つであり、リスクの顕現に応じて金銭等の受渡しを行う契約である。あらかじめ保険料をプールしておき、リスクの顕現に応じて保険金をそこから支払うシステムであり、リスクのプール（pool）とシェア（share）を行うものである。同じようなリスクに直面しているグループ（リスクの顕現値はもちろん異なる）で保険を形成し、リスク実現後の所得分布などを均等化させることを「グループでリスクをプールする」「メンバー間でリスクをシェアする」と呼ぶが、その実現を図るのが相互組織である相互会社なのである[13]。

(4) 協同組織金融機関の内部補助

協同組織金融機関は、株式組織ではないという点で相互組織ないし相互会

---

12 安孫子〔2006〕15頁、同〔2007〕177〜178頁。信用リスクが低いはずの業歴の長い企業が相対的に高金利というのは、直感的には反対の結果であるが、安孫子は暗黙の契約仮説によって業歴の長い企業の相対的高金利を説明している。

社と共通点も多く、総代会を通じるガバナンス等参考になる事例が多い。その1つがリスクシェアリングであるが、協同組織金融機関は1先当り融資額が小額で、小規模企業―いわば高収益を期待できない、むしろ採算性の低い分野―に特化し、営利金融機関が参入しにくい分野を顧客層としている。なぜ、このような分野に対応できるのかの理由の1つは、ある種の内部補助ないしリスクシェアリングによるものではないかと思われる。

前述のように、低リスクの企業がその信用リスクに比して高い金利を負担することで、高信用リスク企業の金利負担をカバーして、協同組織金融機関全体としてのローンポートフォリオでの収益性を確保していれば、採算性の低い分野へも対応できる。協同組織金融機関にすれば、業歴の浅い段階では信用リスクに見合った金利が徴求できなくても、企業ステージが成長・安定期になって適正な金利を徴求できれば、長期的に安定した適正金利を維持で

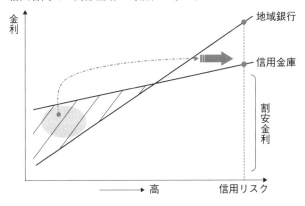

図表3-1 内部補助の考え方

信用金庫の金利は、地銀に比べてフラットで、信用金庫は信用リスクに見合った金利徴求になっていない。これは、借入者間での内部補助の可能性を示す。

---

13 長濱〔1992〕は、積極的な利益追求行動を相互会社にも認め、その剰余あるいは利益を可能な限り衡平に分配することで、社員への賦課を極力少なくしていくことを求めるとともに、閉鎖集団としての相互会社がありうるとしている。さらに、保険料が相互会社への出資という側面には、保険事業が保証の提供だけではなく、アセットマネジメント事業を営んでいるので、これへの投資である（生命保険事業への投資である）と主張している（66頁）。

きると考えることになるが、これはリスクシェアリングの一形態でもある。

図表3－1は、信用金庫の内部補助を概念的に示したものである。信用リスクに見合った金利徴求が金融機関にとっては基本であるが、信用金庫の場合、株式会社の銀行に比べて信用リスクに対応した金利徴求となっていない可能性が高く、割安な金利設定になっていると考えられる。図表3－1に示したように、信用リスクが低い層への相対的に割高な金利徴求（収益）で、信用リスクの高い層での割安な金利徴求（損失）をカバーしていることが考えられるのである。すなわち、個々の融資の信用リスク対応の金利徴求ではないが、ローンポートフォリオ全体で信用リスクをカバーする行動をとっていると考えられる。これは、借入者間での内部補助が行われていることを示すものといえる。

このような事実上の内部補助が行われることが経営的に意識されていたのが、「短期利益よりも長期利益の訴求」という協同組織金融機関の行動につながるものと考えられ、リスクシェアリングという点で相互会社の理念ともあい通じるものがある。信用金庫は自己資本を調達する際、出資によるか、内部留保によることがその基本であるが、従来は出資による資本増強よりも内部留保の蓄積によってきた。この内部留保の蓄積は、次世代のためないしは次世代への移転であり、いわば世代間相互扶助ないし異時点間の内部補助である。また、借り手が相互補助の結果として内部留保を蓄積し、その原資の信頼性、すなわち自己資本比率の充実が信用金庫の格付を高め、その信用が利用者に還元されていると考えれば、内部留保を通じた相互扶助ないし内部補助が実現しているともいえる[14]。

---

14 Sandler and Tschirhart〔1980〕は、後述のクラブ財のコンテクストで世代間クラブ財を論じ、世代間クラブ財では、メンバーのコスト負担が通時的ないし恒久的になるので、現在のみならず将来のメンバーも考慮して議論すべきことを論じている（p.1513）。貸し手はリレーションシップの初期段階では借り手を支援する条件で融資し、後のこの支援分を回収する行動をとるというGreenbaum et al.〔1989〕などの議論は、まさに協同組織の融資行動にフィットする。

2 クラブ財

(1) 「クラブ財」の考え方

協同組織を理解する場合、公共経済学における「クラブ財」の考え方も示唆に富むものである。

クラブ財というのは、同じ関心をもつ者がクラブをつくることで効率的に経済活動・文化活動を行うための財である[15]。たとえば、ゴルフ・テニスクラブ、劇場、お稽古クラブなどがその事例とされる（古典芸能・文化を維持してきた家元制。茶道や華道のように全国的に水準の高い組織（クラブ）など）。このほかに高速道路など公共性の高い財も含まれる。ゴルフ・クラブのメンバーになることは、プレーの権利を確保し、希望する日時に何時でもプレーすることができるし、予約なしのプレーや同伴者なしのプレーも可能になるほか、メンバー同士の交流・交歓も可能になる。

協同組織金融機関の場合、会員ないし組合員になることによって、協同組織金融機関というクラブに加入し、融資という金融商品・サービスの提供を享受することになる。協同組織金融機関は、会員・組合員にはできるだけ共

---

[15] クラブ財は、Buchanan〔1965〕〔1971〕、Tiebout〔1956〕の議論が嚆矢であるが、PigouやFrank Knightにも淵源があるという（Sandler and Tschirhart〔1980〕p.1481）。Sandler and Tschirhart〔1980〕によれば、クラブとは生産費用、メンバー制、排除可能財の特色をもつmutual benefit追求のvoluntary groupとされる（p.1482）。以下では、柴田・柴田〔1988〕190〜191頁、207〜216頁、田中ほか〔1999〕100〜103頁、井堀〔2005〕271〜272頁、360〜362頁など参照。

また、「クラブ財とは、加入メンバーであるクラブ員のみにその利用を認めることができる（排除性）が、その消費にあたっては一定水準まで競合しない（非競合性）というものである。そしてこのクラブ財の供給は、1人のみの負担では賄えないため、複数のクラブ員を募ることになる。このとき、クラブ財供給費用は、クラブ員が平等に負担することとすると、その1人当り供給費用は、クラブ員数の増加に伴い低下する。この費用構造は規模の経済と呼ばれる。他方、クラブ財は、利用水準が低い場合には競合なく受益することができるが、ある一定水準を超えると利用に関する混雑が発生する。この混雑現象は、クラブ員の受益水準を低下させるので、クラブ財の質が悪化することを意味している。すなわちクラブ財は、供給における規模の経済と、受益における混雑現象のトレード・オフに注目して、その最適なクラブ員数やクラブ財規模、そしてその負担方法を考察するモデルである」といった整理もある（澤野〔2006〕232〜233頁）。

通のサービス提供を行おうとする。金融サービスであるから、信用リスク等に応じて金利などの条件は相違するが、営利金融機関とは同じ条件にはしないような工夫を行ったり、金利は多少高くても営利金融機関では融資を受けられない者にも融資を行ったりすることがある。労働金庫では、間接構成員という個々の労働者がいつ借りても一定期間での金利負担が同じになるように、住宅ローンの変動金利制をその住宅ローン商品の導入当初から設定してきた。

協同組織金融機関は、営利金融機関では融資を受けられない層への融資をクラブへの加入によって保証しているとも考えられ、クラブ加入によって継続的に融資を受ける可能性を担保しているのである。無論、協同組織金融機関はいたずらに融資を実行するのではなく、融資に伴う経営相談・支援等をキメ細かく行ったり、融資実行可能なような状況をつくりだすような相談・支援を事前的に行ったりするのである[16]。

さらに、協同組織金融機関のメンバーになることによって、情報の交換、ビジネスマッチング、販路開拓、種々の情報提供・交歓なども可能になり、融資という金融サービス以外の便益を享受可能になる。協同組織金融機関にとっても、メンバーになってもらうことにより、長期的な信頼関係（リレーションシップ）の構築はより可能になるので、情報の非対称性を緩和し、情報生産コストを軽減することが可能になる。

(2) クラブ財と金融業務（金融機関）

近年、金融業務ないし金融機関の問題をクラブ財のアイデアを活用した議論が展開されている。特に、情報の非対称性問題や公的金融の問題の理解において、そのアイデアが活用されている。以下では、塩澤〔2000〕、折谷〔2004〕、大滝〔2006〕の主張を整理したい。

a 塩澤〔2000〕の主張

塩澤〔2000〕は、中堅中小・新興企業における多様性・情報生産における

---

[16] 協同組織がクラブ財であるかの議論は本章（注15）を参照されたいが、Sandler and Tschirhart〔1980〕は、クラブ財としての協同組合の研究事例を指摘しているほか（p.1512）、世代間クラブ財の例としてprofessional associationsをあげている（p.1513）。

困難性・小規模性などの存在から、「期待される収益に対して、審査・調査費用が相対的に高く、個別企業に対し銀行などからの融資という形では、一般には事業として採算が取りにくい」として、「市場参加者にとって公共財的な、あるいは限定された主体が共同消費するクラブ財的な役割をもつ社会的なインフラストラクチャー整備が、きわめて重要な社会的意義をもつ」と主張している。

特に、それらを対象とする貸出市場では"逆選択（逆選抜）"問題が発生することを理論的に分析しており、貸出市場で同一金利が適用されるとその金利水準では割高に感じる優良企業が市場から退出し、その市場には非優良企業ばかりが残ってしまう現象が発生することになる。これは、企業の質に関する情報を金融機関がまったく保有していないために、貸出市場で同一金利の設定を行うことによるもので、結局市場が衰退することになる。これを回避するには「公共財あるいはクラブ財としての情報を提供する、もしくは各金融機関の情報獲得の費用を低下させるような社会的インフラの整備が必要」と主張し、これに替わる方法はメインバンク制が考えられるとしている[17]。

b　折谷〔2004〕の主張

折谷〔2004〕は、中央銀行のガバナンス・ストラクチャーの考察のなかで、中央銀行の「銀行の銀行」としてのサービスをクラブ財として分析している。民間金融機関は中央銀行に「預金口座を開設しており、民間金融機関はこの預金口座間で資金を移動することによって、民間金融機関相互間の決済を行うことができる（インターバンク決済サービス）ほか、この預金口座から現金を引き出すこともできる。

また、民間金融機関は中央銀行が認めた場合、中央銀行から資金の借入れを行うこともできる。これらのサービスについては、中央銀行の取引先となった金融機関に供給されるが、民間金融機関などが中央銀行と取引するかどうかは、民間金融機関側に拒否する権利があり、強制ではない（中央銀行側も取引を拒否できる）。その意味で、中央銀行の取引先は中央銀行制度とい

---

[17] 塩澤〔2000〕3、14〜15頁。

うクラブのメンバーとみなされる。

現に、アメリカ連邦準備銀行の取引先は、「メンバーバンク（member bank）と呼ばれている」としている。さらに、「銀行券は純粋公共財と分類されるが、クラブ財とみられる側面もある。というのは、ハイパー・インフレなどによって大多数の国民が銀行券を使用しなくなった状況でも、銀行券を使っている人々は、いわばその銀行券を使うことを受け入れたクラブのメンバーであり、そこでの銀行券はクラブ財とみなしたほうが適当とみられる」としている[18]。

c　大滝〔2006〕の主張

大滝〔2006〕は、日本政策投資銀行の存在意義を分析するなかで、公的金融が「多くの民間金融機関に広く共有されるべき情報・金融インフラを生産し」ており、強い外部性をもつので、「全金融機関の共通財産として作り出すことには社会的意義がある」と指摘している。日本政策投資銀行の協調融資に参加することは、クラブ財である協調融資に参加することになり、その意味で民間金融機関が公的金融の顧客になれば自由に情報を引き出せるという意味で共同消費（等量消費）が可能になると指摘している[19]。

(3) 協同組織というクラブ財

協同組織である農協を対象として公共経済学の視点を適用したのが朽木〔1977〕〔1978〕〔1980〕の一連の業績である。朽木〔1977〕は、農協活動全般について公共財理論による整理の必要性を論じ、同〔1978〕はクラブ理論の不分割消費財にアイデアを得たとする「プラント・プール理論」によって農協の共同利用施設の分析を行っている[20]。ただし、農協の信用事業についての分析はない。

非競合性（共同消費・等量消費）は、ある人が財・サービスを消費・利用しても、他の人々の消費・利用が妨げられないということであり、これは同時に同一の財・サービスが多数の個人によって消費・利用されることを意味

18　折谷〔2004〕85〜87頁。
19　大滝〔2006〕149〜150頁。
20　朽木〔1980〕185頁。

する。協同組織である信用金庫についてこの非競合性を当てはめると、会員は信用金庫から融資を受けることができ、相互扶助的な観点から、営利金融機関から排除される層でも融資を受けることが可能になる場合もある。信用リスクが高いという理由で営利金融機関では排除されたとしても、協同組織であれば、その資金余力の範囲内で、必要な条件さえ満たせば、融資される可能性は高く、排除されないという意味で非競合性が成立する。これは、先の塩澤〔2000〕が指摘した「限定された主体が共同消費するクラブ財的な役割」を信用金庫が担っていることを意味する。

信用金庫というクラブに加入すると、融資というサービス（クラブ財）を享受できるが、営利金融機関から排除される層でも共同消費が可能になるという意味で、信用金庫は非競合性を満たしている。その意味で、クラブ財なのである。しかも信用金庫は相互扶助性を併せ持ち、高リスク企業であっても、そのリスクに対応した金利水準よりも低い金利で融資を享受可能になる。

先に指摘したように、高リスク企業からの低い金利収入を、低リスク企業からの高めの金利収入によって補てんすることによって、収支相等を図る工夫（相互扶助）もありうるし、内部蓄積による世代間の移転も行われる。これは、単に相互扶助ないし内部補助によるだけでなく、クラブに加入してもらうことによって、塩澤〔2000〕が指摘するように、情報獲得の費用を低下させる（情報生産コストの軽減）ので、徴求金利の軽減化に資する効果もありうるからでもある。このように、信用金庫は、民間の組織ではあるが、準公共財であるクラブ財であるとも理解できる[21]。

(4) 信用金庫の融資先

信用金庫の融資先・顧客は小規模企業であるといわれる。鹿野〔2006〕〔2007〕〔2008〕のCRDデータを活用した分析によれば、中小企業の中央値による平均的な状況は、従業員で6名、資本金で1,000万円、売上高1億2,500万円程度である。その平均的な借入残高は5,092.7万円である。小規模企業

---

[21] 信用金庫のクラブ財性には、金融機関自体がクラブであるという面と、そのサービスとしての融資がクラブ財という面がある。

に焦点を当てると、従業員1～4人の企業では2,500万円弱、5～9人で4,400万円弱、10～19人で8,200万円、20～49人で2億円弱である（図表3－2参照）。CRDデータには信用保証協会を利用する企業のデータが多いので、多少借入残高が多いとしても、小規模企業全体の傾向はさほど大きくは変わらないと思われる。

　これを信用金庫の貸出構造と対比させてみると、図表3－3にあるように、信用金庫の融資残高が最も多いのは1,000万～1億円未満の層で全体の44.6％強である。1億～3億円未満の層も19.4％である。つまり信用金庫の融資残高は、1,000万～3億円未満の層で64.0％を占める。図表3－2①の従業員数別借入残高では、1～20人未満のいわゆる小規模企業層の借入残高にちょうど信用金庫の44.6％強が対応しているし、同じく20～49人の層に信用金庫の19.4％弱の融資層が重なっているといえよう。

　信用金庫の融資対象が小規模層で、その借入残高に対応するということはほぼ確認できる。図表3－3①にあるように、信用金庫の1先当り融資額は、300万円未満が3分の2以上を占め、小口の融資が大半である。このように、小規模企業にクラブ財を提供しているのが信用金庫なのである。信用金庫の小規模企業1先当り融資額は300万円として預貸金利鞘を1％とすると、年間粗利益は3万円にしかならないが、これは信用金庫がクラブ財だからこそ成立し、営利金融機関は参入しえない領域なのである。残高ベースで

図表3－2　小規模企業の借入残高

① 　CRDデータ（中央値）　　　　　　　　　　　　　　　　　（単位：万円）

従業員数	中小企業全体	1～4人	5～9人	10～19人	20～49人
長短期借入金	5,092.7	2,461.4	4,385.4	8,200.0	19,429.8

② 　国民生活金融公庫総研調査　　　　　　　　　　　　　　　（単位：万円）

売上高	全体	5,000万円未満	5,000万～1億円	1億～5億円
借入金	4,963 (1,500)	1,355 (620)	2,887 (1,800)	7,354 (4,694)

（注）　カッコ内は中央値。
（出所）　①は鹿野〔2006〕〔2008〕、②は「小企業の金融機関借入に関する調査」2006年8月

みても、小規模企業の借入残高を2,500万円として年1％の利鞘をとるとしても年間金利収入は25万円にすぎず、営利金融機関の収益構造からすると対応は困難であろう。

国民生活金融公庫総合研究所の2006年調査（『小企業の金融機関借入に関する調査』2006年8月）によると、小規模企業の借入頻度は低く（年に1回が40％、2～3年に1回が30％）、借入額も平均4,963万円・中央値1,500万円で、売上高が5,000万円未満層では借入平均1,355万円・中央値620万円である。小規模層では1,500万円の借入れでも年間金利収入はネットで15万円だったり、最小の層では6万円だったりすることになる。このような小規模層に営利金融機関が参入することはほとんど困難である。

無論、営利金融機関もスコアリング活用ローンによって参入しており、みずほ総研の調査では20～50人層では活用が進んでいるといわれるものの、国民生活金融公庫総研調査の小規模企業では、利用は6％程度で、売上高5,000万円未満層では2.7％、5,000万～1億円未満層でも4.1％にすぎない。『中小企業白書2006年版』は、クイックローン（スコアリング活用ローン）が20人以下の層で全体利用の40％を占めるとしたが、これは20人以下といっても5人

図表3－3　信用金庫の貸出構造

① 1先当り融資額の規模別構成　　　　　　　　　　　　　　　（単位：％）

1先当り融資額	2002年3月末	2004年3月末	2006年3月末
300万円未満	70.4	69.0	66.6
300万～1,000万円未満	12.8	13.0	13.3
1,000万円以上	16.8	18.0	19.8

② 融資残高別構成　　　　　　　　　　　　　　　　　　　　（単位：％）

融資残高別構成	2002年3月末	2004年3月末	2006年3月末
1,000万円未満	12.3	11.9	11.2
1,000万～1億円未満	41.7	43.4	44.6
1億～3億円未満	20.1	19.5	19.4
3億円以上	25.9	25.2	24.8

（出所）　全国信用金庫協会『信用金庫金融統計』2006年版

以下層などへの浸透度は小さいものと想像される。

　信用金庫の主たる顧客は図表３－３が示すように小規模企業であり[22]、メガバンクや地域銀行は情報の非対称性などの問題もあり、この分野に本格的には参入できない状況にある（この分野について業務規制は特に存在しない）。小規模企業の特性は、①情報の非対称性が大きい（定性情報の評価が困難、定量情報の低い信頼性、少ない開示情報など）、②信用リスクが高い、③採算性が低い、などの市場特性があり、この点で金融機関の情報生産機能はきわめて重要である。そのため、参入障壁は事実上ないとはいえ、メガバンク等の参入は限定的である[23]。

---

[22] 小規模企業者層の６割が信用金庫と取引をしているほか、４割強が信金をメインバンクにしており、信金業界平均でみるとその貸出先は、従業員数10人以下の層が85％を超えている（金融審議会第二部会協同組織金融機関のあり方に関するワーキング・グループ第６回（2008年７月４日）資料。

[23] これは交通事業における、在来の輸送機関では対応しきれていない需要の存在というトランスポーテーション・ギャップに類似する。これは、次の図のＡ（歩くにはちょっと長い距離を大量に輸送する）、Ｃ（バスでは大きいがタクシーでは小さい輸送の領域）の領域を指す。さらに地下鉄ほどではないが、在来のバスよりも大きい輸送が必要な領域であるＢが相当する。

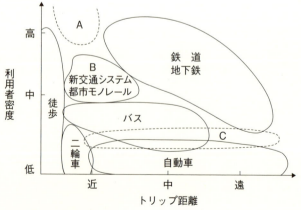

（出所）　建設省都市局資料

3 密度の経済性

(1) 密度の経済

　経済学では「規模の経済」「範囲の経済」などが知られているが、「密度の経済」という概念も注目されている。規模の経済は、スケール(規模)ないしネットワークの大きさが増大する場合に、生産量増加に伴い費用が低下することであるのに対し、密度の経済は、スケール(規模)ないしネットワーク設備一定(不変)を前提に、生産量増加に伴い費用が低下することをいう[24]。

　密度の経済は、一定のネットワークのもとで、仮に需要増加があって供給増加になると、平均費用が低下することを意味している。密度の経済は交通産業でその存在が知られており、多くの実証研究がその存在を示している。たとえば鉄道の場合、路線が敷かれれば、その路線を旅客用と貨物用に使用することで範囲の経済が生じることが知られている一方で、1編成の車両の増結やその座席の増大が費用低下をもたらし、密度の経済を実現する。同様な事例は航空運輸サービスや水道事業などでもみられる[25]。

　このほかにも、近年、「密度」が商品価値を決めるケースが多くなっているといわれる。たとえば半導体分野で技術「密度」の高いCPUは、比較的単純な構造や技術であるメモリーよりも付加価値があることや、情報化やサービス化が進んでくるとコンテンツ(中身)の密度が重要になることが知

---

[24] Caves et al. 〔1984〕pp.471〜475. ネットワーク密度の経済性は、規模の経済性の概念をより精緻にするために考え出された概念であるといわれ、交通産業や水道・電力・ガス事業など、生産設備がネットワークとして構築される場合、何が具体的に「規模」を意味するかとらえにくい。鉄道事業では、路線の規模を旅客数(旅客人キロ)で測った場合と路線長(営業キロ数)で測った場合とで異なった結果が得られる。輸送量と路線長が同じ割合で増加した場合が規模の経済性で、路線長が変わらず輸送量が増加した場合が密度の経済性である。

[25] 交通産業での密度の経済の分析については、須田・依田〔2004〕、村上〔2005〕、高橋〔2006〕など参照。航空業であれば、使用機材の大型化・座席スペースの稠密化などによる座席数の増加が密度の経済をもたらすことになる(Caves et al.〔1984〕p.474)。水道事業での密度の経済については高田・茂野〔1998〕参照。

られている。配送業における密度の経済は、宅配便ビジネスにみられる。配送業において、路線便は線の太さとどれだけの基地をつないでいるかという長さを競う一方、顧客は1つの荷物しか出さないし受け取らないので、宅配便では1つの地域でどれだけの顧客を取り込むかが重要で、それによって効率が決まることになる。

　信用金庫業界でも、密度の経済という概念が用いられることがある。これも1つの地域にどれだけの顧客をもつか、1つの軒先といかなる取引を行うかという密度の濃さが効率性をもたらすというもので、交通産業や配送業と類似の側面がある。

　地域金融機関・協同組織金融機関は、規模の経済を追求するわけではない。地域における最適な規模がありえよう。これを経済学では「最小最適規模」という。しかし地域金融機関、特に協同組織金融機関のテリトリーは「狭域高密度」に典型的に示されるとおり、密度の経済性の発揮される領域である。ヒューマン・コミュニケーションを重視し、非価格サービスと信頼・親近感に支えられた、効率性のみでは説明されないメリットである。

　ノウ・フー（know who）というヒューマン・コミュニケーションに立脚した経済性は、たとえば1件の取引先（軒先）についてヒューマンな付合いを通じて、総合取引ないしメイン化することが可能になり、ある種のスコープ・エコノミーが働くのである。これは「点あるいは線」の密着ではなく、「面」の密着によって実現されよう。信用金庫でいわれる狭域高密度はまさに密度の経済の別表現であったと考えられる。

(2)　ネットワーク経済性

　ネットワーク経済性（外部性）は、電話・水道事業・電力事業・ガス事業などのネットワーク型サービスにおいて、加入者数が増えれば増えるほど、1利用者の便益が増加するという現象のことである。利用者が増加により、いっそう利用者が増加するという正のフィードバックが発生する。

　たとえば、電話網への最初の加入者の便益は明らかにゼロである。2人目の加入者には1人目の加入者と通信ができるという便益があるため、この便益を加入に伴う費用と比較して、実際に加入するかどうかを決定することが

できる。しかしながら2人目の加入が1人目の加入者に与える便益は考慮されないため、ここに外部性が存在する。同様に、3人目の加入者は、先の2人と通信できるという便益と加入の費用とを比較して、実際に加入するかどうかを決定することができる。しかしながら3人目の加入者が先の2人に与える便益は考慮されないため、ここにも同じく外部性が存在する[26]。

ネットワーク外部性は、消費者が同種の財の消費者に与える外部経済という意味で、Leibensteinのバンドワゴン効果と同じ性質をもっている。ネットワーク外部性が存在する場合、新規加入者にとっての便益は既存加入者の数に依存するために、加入者数の少ない間はなかなか普及しないが、加入者数がある閾値を超えると一気に普及するといった現象が発生する。

水道事業でも同様な効果がある。水道の配管が1つの地域に満遍なく敷設されれば、その地域に新規居住する者は低いコストで水道を引くことができるが、その地域から離れたところに新たに居住しようとすると、敷設の費用は高額となる。すなわち、ネットワークが一度構築されると、その経済効果は大きいことがわかる[27]。

信用金庫は一定地域に深耕し、その地域の顧客層を開拓することによって、地縁・人縁のネットワークを構築してきた。先の狭域高密度経営がそれで、店舗の周辺の一定範囲で営業することによって、顧客のニーズを掘り下げ、ある融資先で他の事業主の紹介を受け、その情報を活用して新規開発を行うことといわれるように、人縁と地縁を活用した営業活動として行われてきたが、渉外活動を中心とする経営なので、「足の金融機関」ともいわれている点こそネットワーク経済性である。このことは、1つの地域に投入する人的資源が一定であれば、ビジネス機会の増加によって収益増加がもたらされるのであれば、それだけ効率性は上昇しているはずで、これはネットワー

---

[26] Katz and Shapiro〔1985〕は、既存のネットワークに、新規のAが加入すると、すでにネットワークに入ったBは自らの契約についてなんらの変更をしないで、Aに対する通話が可能になるというネットワークの経済性による便益が発生する、と指摘した（p.424）。

[27] 高田・茂野〔1998〕39頁。別荘地などで1戸だけが離れていると、水道敷設には相当の費用負担が必要になるが、一定範囲にまとまった需要があれば、その需要者の費用負担は小さくなり、ネットワークの外部性が生じる。

ク経済性の発揮でもある。

4 比較制度論的視点

(1) 経路依存性と制度補完性

a 進化ゲーム理論的視点

　経済システムというものは数多くの制度の歴史的な累積であり（これを「経路依存性」（path dependency）と呼ぶ）、1つの制度は必ず他の制度を前提として成り立っている（これを「制度補完性」と呼ぶ）。したがって、1つの制度に部分的に手を加えても、システム全体としては、あたかも人体がケガをしても自己治癒能力で治るように、もとの状態に戻そうとする強い復元力が働くのである（これを「システム慣性」という）。これらの考え方は、進化

> **コラム　制度補完性**
>
> 　AとBという2つの要因を考えると、Aの要因が有効に働くためにはBの要因がきちんと作用していることを必要とする状況があるとする。同じように、その要因が有効に働くには、Aの要因がきちんと作用していることを必要とする。この時、AとBの2つの要因には「制度補完性」があるという。いわば、お互いが助け合う関係のことをいう。
>
> 　たとえば、日本の雇用慣行として有名な終身雇用（長期雇用）の制度は、年功序列制や閉鎖的・固定的な労働市場と制度的補完関係にあるといえる。もし年功序列制ではなく、能力主義の昇進昇級制度であれば、終身雇用を維持するために能力の劣る人を雇い続けるコストを企業が負担しなければならなくなる。
>
> 　市場制度について、そのための法的整備や取引慣行、文化的背景など、多様な要因との制度的な補完性に注目する必要がある。多様な要素の組合せで成り立っている社会に対して、ある一部分だけを改革しても、それを補完する、あるいは支える要素が不十分であれば、その改革がうまくいく可能性も少なくなる。

ゲーム理論・複雑系経済学などの研究成果でもある。

　市場主義というのは、市場メカニズムに経済システムの運営を委ねるものであるが、市場は経済問題を調整する1つの手段にすぎない。特に市場の機能は、それが置かれた社会的・文化的・政治的・歴史的・法的など多様な要因のあり方と密接な関係にある。ここで、「制度補完性」という概念を理解しておくとよい。

　経済システムは、異なる目的関数をもつ経済主体が存在したほうが、同じ

コラム　経路依存性

　経路依存性としては、たとえば、価格設定が市場の期待よりも低かった、たまたまその時点でユーザーの指向に合致した機能をもった、といった事例が考えられる。その代表的な例としてよく取り上げられるのがQWERTY（クアーティー）配列のキーボードである。

　このキーボード配列は、初期の機械式タイプライターの内部機構的な制約から生まれたものだ。一定以上の速さでタイピングすると内部機構に障害が発生するので、高速なタイピングができないように配列が決められている。つまり、わざと効率が悪くつくってあるのだ。その後、内部機構が機械式から電気的なスイッチに変わって、Dvorak（ドボラク）配列などの打鍵効率がよいキーボード配列が開発された。しかし、QWERTY配列は市場で支配的である。他の配列が使いやすく効率的に優れていても、ユーザーが現行の方式を捨てて適応するのには多くのコストがかかるからだ。

　ビデオ・テープにおけるVHSとベータマックスの競争とその結果としてのVHSのデファクト化、1990年代のWebブラウザのシェア競争におけるOSのバンドル化や、最近のADSLサービスに関する街頭での無料キャンペーンなどは、市場で優位に立つための一般的なビジネス戦略だと思われている。しかし、このような企業活動も、経路依存性という新しい経済学の理論にのっとったものともいえる。

　QWERTY配列のキーボードの場合は純粋に「歴史的偶然」だったかもしれないが、技術的な優劣ではなく、「歴史的偶然」を意図的に操作することでも規格や標準を左右できることに、現代では多くの人間が気づいているのである。

目的関数の経済主体のみの場合に比べて経済的厚生が高いといわれる。金融システムについては、営利目的の銀行、非営利目的の協同組織、公益の公的金融、という組合せは制度補完性の関係にある

　さらに、「経路依存性」の問題がある。経路依存性とは、歴史的な偶然など必然的な優劣以外の要因でその後の推移（経路）が決定される特性を指す。このような経路依存性はデファクト・スタンダードの形成過程で意外に大きな役割を果たすことが多い。特にネットワーク関連分野は経路依存性に強く支配されているといわれている。「歴史的偶然」によって市場で優勢になってしまえば、その製品や技術の支配的地位はなかなか揺るがないということだ。

b　金融システムの国際比較分析

　このような進化ゲーム理論的な立場から、金融システムの国際比較分析という視点が注目を集めている。もともと金融システムを構築する場合には、他国のシステムを参考に構成することが多い。「他国ではこのようになっている」という言い方をもじって「出羽の守」アプローチということすらあるように、金融システムのあり方は一様ではなく、またグローバリゼーションのなかでは余計、他国の変化には無関心ではいられない。

　ところで１国の金融システムが、市場に軸足を置くシステムなのか、それとも銀行に軸足を置くシステムなのか、という話題はよく考えてみると多くの論点をもっている。「その国の経済発展度の相違が金融システムの構築にいかに影響するのか」「経済発展のために有利な金融システムとはいかなるシステムか」「そもそも市場型システムと銀行型システムとの相違は何で、それぞれの優位性は何か」「金融システムを構成する要素である経済主体の資金調達運用行動、金融セクターの役割、コーポレートガバナンスの機能、企業戦略などへの影響などの視点からの整理も重要である」等々……。無論、金融システムを規定するのはその国の民法・会社法などの法的規準が大陸法準拠か、コモン・ロー準拠かに依存することも重要なポイントである。

　日本の金融システムは間接金融優位型で、銀行型システムであることから、先に指摘したように複線型システムないしそのシステムを市場型システムに移行させることが必要であるといわれているが、経済主体の資金運用行

動、特に個人部門の資産選択行動をみるにつけ、市場型システムへの移行は容易(たやす)いことではなさそうに思われる。進化ゲーム理論の経路依存性が強いと思われるからである。また、いわゆる株式組織形態の金融機関が支配的な金融システムと、非営利の協同組織形態の金融機関や公的金融機関の存在の有意性が高い金融システムとでは、金融システムの有り様が異なるように思われ、「制度補完性」が働くと思われる。

日本の金融システムでは、非営利の金融機関の占めるシェアは預金でみると、協同組織約20％、郵便貯金約26％で計46％になる。株式組織の金融機関だけが金融仲介のメインプレーヤーではないのである。このような異なる目的関数の金融機関が併存するのが日本の金融システムの特色であることをいかに認識するか、である。

さらに、1990年代を通じて欧米諸国で顕在化した金融排除問題（後述）と金融システムの関連がある。市場型金融システムが整備され、いわゆるディミューチュアリゼーション（脱相互化、株式会社化）が進み、相互組織形態の金融機関が株式会社化している。多くの国の生命保険会社、アメリカの貯蓄貸付組合（S&L）、イギリスの住宅金融組合（BS）が典型である（一方、協同組織形態の金融機関は株式会社化している事例は少ない。これは出資証券が市場で上場されていることなどによると思われる）。

目的関数が同じ金融機関によって金融システムが構成されるようになると、金融排除問題が生じてくる。1990年代に多くの国の金融分野で顕在化した共通の問題として、金融システムでの市場主義の徹底が、非効率な店舗の廃止、ウインブルドン現象といわれるような外資による経営が低所得層や（金融機関にとってよい顧客ではない）庶民層にとって金融機関の使い勝手を悪化させるようになってきた、といった点があげられる。金融IT化による解決がないわけでもないが、デジタルデバイドの問題が別に発生する。

いずれにせよ、金融排除問題が顕在化している国は相対的に市場化が進んだ金融システムをもつ場合に多いように思われる。

(2) 市場主義を埋めるもの

a ソーシャル・キャピタル（人々の絆）

アメリカ社会の理解には、コミュニティの理解が不可欠といわれる。アメリカの大統領就任式では必ずその宣誓に州・地域に貢献する旨の文言が入ることで知られるように、アメリカ社会の基盤はコミュニティなのである。この点に着目して、グローバリズムに対する直接的な批判ではないが、市場主義だけで経済活動が完結しないことや、グローバル経済という側面とコミュニティという側面の両面をみないとアメリカ経済を理解できないという点から、市場主義に対する批判がソーシャル・キャピタル（social capital）重視の主張として展開されてきた。

この主張の代表的なものがロバート・パットナムであり、彼は民主主義政治の基盤としてソーシャル・キャピタルの希薄化という視点から市場主義への批判を展開した。ソーシャル・キャピタルは、そもそもはジェイコブズやコールマンによって用いられた用語として知られる。ソーシャル・キャピタルは、協調的行動を容易にさせることにより社会の効率を改善させる信頼・規範・ネットワークなどの社会的仕組みの特徴を意味し、具体的には信頼のような相互の利益のために協調や協力を促進するソフト面での人的な絆のことを意味する。ソーシャル・キャピタルは、信頼とそれを裏打ちする規範とネットワークのこともいえるのである。

協調的行動の重要性は、「コモンズの悲劇」「囚人のジレンマ」「公共財」「スト破り」などの事例に顕著で、社会の構成員がそれぞれ協調的・利他的に行動すれば最も効用が高い結果を得られるはずなのに、市場原理主義に基づいて利己的に行動すると、個人的にも社会全体からみても効用が低い結果を招来してしまうというものである。

パットナムの主張は、市場原理主義に基づくグローバリズムだけでは経済社会の良好なパフォーマンスは得られず、それを補うものとしての協調的システムの必要性を指摘したものと考えられる（Putnum〔1993〕〔2000〕）。パットナムは、アメリカ人がかつては数人ないしグループでプレーしていたボウリングを1人でプレーするようになったという例をあげて、アメリカ社会の

連帯ないし人々の絆が希薄になっていることに注目し、アメリカ社会の根幹が揺らいでおり、市場主義の悪影響が現れていることを危惧したのである。

b　排除の問題（金融排除など）

OECDは1998年に『社会排除への闘い』という報告書をまとめ、排除問題が各国でどのように発生しているかを論じている。グローバリズムの影の側面を明確にしたものである。その1つの問題として金融排除問題がある。

金融グローバリゼーションの進展のもとで、金融取引は自由化され、エンドユーザーには選択機会の拡大、収益性の増大、利便性の高いサービスの享受などといった恩恵をもたらす一方で、その恩恵に与(あずか)れないというデメリットも顕在化しており、金融排除問題というイッシューとして議論されるようになった（以下は村本〔2002〕によるが、2000年代初頭までの記述にとどまる）。

「金融排除」というのは、広義には、金融取引面における差別ないし選別ということである。情報の非対称性は固有に存在する金融取引には避けられない課題であるし、信用割当問題は金融論では長く議論されてきたテーマである。しかし、最近議論されている金融排除問題は、広義の差別ないし選別のなかに入るものではあるが、より重要な観点として金融取引そのものから疎外されてしまうことを論じている。たとえば金融機関にアクセスする場合に、最低預入れ限度や口座維持手数料が高額で預金ができないこととか、銀行統合などによって支店ないしATM・CDが存在しなくなってアクセスポイントがなくなることとか、必要な借入れを拒否されることなどである。いわば、金融取引面でのシビル・ミニマムないしナショナル・ミニマムの確保が問題となっている。

そのような状況は、かつて存在した公的部門の金融機能が民間に移管されたことによる影響があるともいわれ、諸外国では公的部門の金融機能を再評価する方向も検討されている。

金融排除を、合理的な理由がないにもかかわらず必要な金融サービス（金融機関の資産・負債の両面において）を享受できない状況としてとらえることとする。その態様は多様であるが、金融機関が顧客属性から行う場合と、地理的特性に起因する場合（金融機関そのものが存在しない）などに区別できる。

c　アメリカの場合

　アメリカでは、金融排除という用語は使用されないが、融資差別の問題は広く知られ、その意味する現象は多くみられる。特に、金融機関のアクセス段階で顕著である。

　アメリカでは、金融機関が店舗のテリトリーのうち、低所得層の居住する一定地域を定め、住宅ローン等のサービス供給を行わないことが問題となっていた。これをレッドライニング（redlining）という。

　さらに、大手の金融機関はプライベートバンキングを展開し、customer focussingという手法によって、顧客の選別化を行っている。大手銀行へのヒアリングによると、預金10万ドル以上の層がターゲットであるとか、月に300ドルの収益をもたらす層が、プライベートバンキングの対象となっている。CRA（Community Reinvestment Act）やそれに基づくRegulation BB（消費者信用申込者への差別禁止など）、HMDA（Home Mortgage Disclosure Act）やそれに基づくRegulation C（国勢調査区画での銀行の住宅ローンの件数開示）などはレッドライニングへの対応である。

　レッドライニング問題は、一定地域住民との取引を行わないことを意味し、その実態は融資にかかわるものが多いといえるが、金融機関が受信サイドでも消極的になることも含まれる。この問題はアメリカではライフライン口座（life-line banking）ないしベーシックバンキングの問題として議論されてきた。1995年のFRBの調査によれば、低・中所得世帯の25％（1,100万世帯）が銀行口座を保有していないという。その原因は、口座手数料（開設・維持）が高いこと、アクセスポイントがないことなどによる。

　アメリカでは、州レベルでこの受信レベルの問題への対応が行われ、マサチューセッツ州の「18-65法」（1984年）が有名である。この州法は、州居住者で18歳以下または65歳以上の者が有する当座預金および貯蓄性預金に対しては、原則として手数料を課してはならないというものである。同趣旨の立法はロードアイランド州でも行われ（85年）、17歳以下の者の500ドル以下の口座には手数料は課してはならないとされた。イリノイ州法は65歳以上の者の当座預金開設を義務づけている（86年）。また91年Bank Enterprise Actは、FRBおよびFDICの基準に合致したライフライン口座について預金保険

料率を2分の1にすることとした。

　ニュージャージー州でも消費者小切手勘定法（Consumer Checking Account Law）が制定され、当初預入額は50ドルとされた。ニューヨーク州では、ライフライン基礎的銀行法が1994年（97年改正）に施行され、当初預入額は25ドル、最低残高1セント、最小限の口座維持手数料（1カ月3ドル）にすることが規定されている。

　アメリカの銀行の店舗数は、1985年の8万5,083カ店が99年には8万6,286カ店へと横這いで推移しているが、そのうちS&Lの店舗数はその破綻の影響もあって、同時期に2万7,373カ店から1万4,347カ店に減少した。これに対してATMは、85年の約6万台が98年約18万7,000台に増大した。こうした動きは、North Carolina、Maryland、Rhode Island、Washington、Hawaii、Ohioで顕著であった。

d　その他の国の事例
　(a)　イギリスの場合
　イギリスでは、1986年のビッグバンが象徴的なように、80年代以降にサッチャー政権のもとで金融規制緩和が進行した。特に、旧4大銀行のターゲットはA～Bクラスの顧客で、庶民クラスはもともと4大銀行の主たる顧客層ではなかった。そうしたなかで、90年代以降に銀行統合が加速して支店数の減少が起こるとともに、86年の法改正によって住宅金融組合の株式会社化・普通銀行への転換が進み、90年代半ばには大手の住宅金融組合も普銀に転換して業界の資産規模は半減したといわれるが、このプロセスで庶民から離れたことが予想される。

　このような状況のもとで民間金融機関が地方から撤退し、銀行口座を保有していない者は350万人（2000年）に達したといわれ、金融排除（financial exclusion）問題として認識されている。イギリスでは、口座開設時の拒否率が13～41％になるという。

　ロンドンの低所得層地区での店舗閉鎖をみると、322の行政区中126区で銀行店舗が存在しない。イギリス全体では20％の世帯で預金口座を保有しておらず、ロンドンではそれが32％の世帯に及ぶといわれる。

　イギリス全体の銀行店舗数は、1985年に1万4,266カ店であったが、99年

第3章　信用金庫の相互扶助性　57

には9,344カ店と3分の2に減少した。一方、非対面取引のATMは、85年に7,702台であったが、99年には1万9,540台に増大した（店外ATMは90年の1,017台から99年の6,163台に増加）。

(b) ドイツの場合

ドイツでは、中央信用委員会が加盟の金融業界団体の「あらゆる国民階層向けに振替口座を用意する」という勧告を発表しているが（1995年6月）、実態はその勧告が実行されておらず、既存口座の解約もみられるという状況であった。そのためドイツ連邦議会は、勧告の実行と口座開設の拒否および解約の理由開示を求めている。

このような状況下で特殊会社化したドイツポストは局舎を削減し、1991年の約2万5,900カ所から99年の約1万4,000カ所（直営局は8,000）まで局舎数は減少したため、最低1万2,000カ所の局数の維持が義務づけられることになった。

(c) フランスの場合

フランスでは、預金口座を保有しない個人・法人は自らが選んだ金融機関またはラ・ポスト（フランス郵政公社）、国庫に口座を開設する権利を有することが銀行法（1984年）で規定されている。口座開設を拒否された場合には、フランス銀行（中央銀行）に申し立てれば、同行が介入して開設させることになる。

(d) ニュージーランドの場合

1980年代にニュージーランドは、大規模な構造改革を実施し、規制緩和・民営化を軸に市場原理を徹底させたことで知られる。その結果、大手銀行はほとんど外資系となり、手数料の値上げや支店の閉鎖が行われた結果、利便性が大きく後退した。

銀行の支店数は1993年の1,543カ店が99年には866カ店にまで減少した。また、郵便貯金は87年に特殊会社化され、89年にANZ銀行に売却されたが、その支店数は87年の1,244カ店が90年に376カ店、95年には237カ店にまで減少した。反対にATMは、94年の1,178台が98年には1,521台となったほか、EFTPOS（Electronic Funds Transfer Point of Sale）が同時期に約4,000台から6万5,246台へと増大した。

その後、寡占化された金融市場に対する批判などから、2001年に国有企業であるニュージーランド・ポストの子会社としてキウィバンクが設立され、郵便局を通じた小口金融サービスを全国的に復活させ、設立後高い成長を続けている。

e 基礎的金融サービスと金融排除

金融排除問題に対しては、基礎的金融サービスを確保することが重要である。具体的な考え方を整理すると、次のようなものがあげられる。

・EC委員会は、基礎的金融サービスを決済システムすなわちライフライン・サービスとしてとらえていること。すなわち、多くの金融サービスを利用するパスポートとしての当座預金口座が基礎的金融サービスである（口座番号、ペーパーまたはカードによる無制限の資金移動、小切手帳、ATM等による現金の引出し、デビットカードサービスの機能をもつ当座預金口座）。

・イギリスでは、basic banking service & second stage facilitiesとしてとらえること（手数料が無料ないし低料金、窓口・ATM・郵便による預入れ（窓口・ATMによる引出し）、デビットカード、自動引落し、自動振替え、電話・インターネットによる取引など）。

・ドイツでは、social banking、すなわち預金口座（社会保障給付受取りなどライフライン的な預金口座）、住宅ローン、生活基盤整備と中小企業融資、個別融資といった限定的な投融資などとしてとらえていること。

これらの基礎的金融サービスの享受が困難なこととして金融排除がある。

金融排除というのは、金融機関の店舗閉鎖や不進出からライフライン口座が確保できず、その結果、就職も困難となり、年金受取りにも困難を生じさせることなどとしてとらえられるが、金融サービスが地域的に格差をもつことも包含されるといえよう。

このような口座開設の困難性のほか、

① 特定顧客層の意図的排除（新金融商品の開発・設計段階で）……収益機会喪失
② 金融ITなどのネットワークからの排除……基礎サービス・収益機会喪失
③ 金融情報や投資相談サービスの提供における差別化……収益機会喪失

④　顧客別収益管理システムによる個人取引機会の差別化（口座維持手数料など）……基礎サービス・収益機会喪失
⑤　持株会社化による地元還元融資の抑制……地域格差

なども金融排除に当たるとされる。いわば、情報の非対称性のもとでの逆選択問題としてとらえることができる。

　金融排除問題を解決するにはいくつかの手法がある。法的手段、業界の対応、専門機関設立、政府の対応などである。

① 　基礎的金融サービスの提供を法的に促す方法……すでにみたように、法的に基礎的金融サービスを保障する事例がフランスの口座開設権の法的保障であり、ほかにはアメリカのニューヨーク州法、ニュージャージー州の消費者小切手勘定法（全金融機関向けに所得基準の審査をしない口座提供を義務づける）、マサチューセッツ州の18－65法などがある。

　　さらに、基礎的金融サービスの提供状況に関する情報開示の義務づけとして、先のドイツの連邦議会基礎的金融サービスの改善を求める特別決議（1997年6月）や、アメリカのCRA、HDMAなどがある。

② 　業界団体による自主規制……業界団体が加盟金融機関の間で合意する自主規制で金融排除に対応する事例が、イギリスの銀行協会のコードなどにみられる。

③ 　専門金融機関の育成・支援（協同組織、ノンバンク）……基礎的金融サービスを専門機関に提供させる事例として、イギリスのPYBT（Prince of Wales Youth Business Trust）を育成するための補助金がある。このほかに、クレジットユニオンを育成することなども行われている。

④ 　政府、地方自治体による小口融資制度、国営・公営金融機関による基礎的金融サービスの直接提供……政府、地方自治体の小口融資制度には多様な例があり、また国営・公営機関による金融サービス提供の事例も多い。

　このように、公的金融による金融排除の克服もあるが、協同組織による解決も重要である点は、信用金庫の今後のあり方を考えるうえでは重要な視点である。

第4章

信用金庫の淵源

1 産業組合法、市街地信用組合法、中小企業等協同組合法

(1) 前　史

a　いくつかのルーツ

　信用金庫を相互扶助の金融の仕組みとしてとらえると、鎌倉時代に始まり、江戸時代に普及した「頼母子（講）・無尽（講）」にまでさかのぼる。頼母子（講）・無尽（講）は、金銭の融通を目的とする民間互助組織で、一定の期日に構成員が掛け金を出し、籤（くじ）や入札で決めた当選者に一定の金額を給付し、全構成員に行き渡ったとき解散する、というものである。

　同様の仕組みは協同組織ないし協同組合で、相互扶助を旗印にしたものである。世界的にはいくつかのルーツがあり、ヨーロッパでは、キリスト教を中心とした社会的連帯が協同組織的な役割を果たしていたし、先の講（無尽・頼母子講など）や沖縄の模合（もあい）に代表される協同組織的な集まりがあったことはよく知られている。

　しかし、そもそもの協同組織は資本主義の歴史とともに生成・発展してきたものである。その最初の事例は、18世紀に産業革命を実現し、それまでの家内手工業の崩壊を経て、資本主義経済をいち早く完成させたイギリスにみられる。

　イギリスでは、資本家と労働者との階級区分が明確になり、最初の協同組合組織が労働者のための組織として誕生した。1844年のロッチデール公正先駆者組合（Rochdale Pioneers Co-operativeまたはThe Rochdale Society of Equitable Pioneers。ロッチデール公正開拓者組合とも呼ばれる）がそれである。

　ところが興味深いことに、ロッチデール公正先駆者組合の設立とほぼ同じ時期に、二宮尊徳の主導した報徳社が1843（天保14）年に小田原と下館で誕生した（小田原仕法組合（小田原報徳社）、下館の報徳信友講）。これらは農民の相互扶助のための相互融資を目指したもので、農村の信用組合運動といわれ、ほぼ世界最初の協同組合といえるものである。75（明治8）年に掛川で設立された報徳社は、現在でも大日本報徳社として全国の報徳社の統括組織

である。報徳社は、主に農民の相互扶助のための相互融資を目指したもので、農村の信用組合運動といわれる。

ところが、二宮尊徳は報徳社に先立ち、そのもとになる「五常講」なる困窮武士を対象とした金融互助組織を1814（文化11）年に仕えていた小田原藩家老服部家で設立し、さらに20（文政3）年には藩全体の組織としてつくっている。これが世界最初の信用組合だった。

同じ頃、江戸時代後期の農政学者・農民指導者である大原幽学は、下総国香取郡長部村（ながべ）（現在の旭市）で、1838（天保9）年に先祖株組合という農業協同組合を設立した。土地による出資とし、土地からの収益で困窮した農民を救済したり、土地の改良・新開拓地の資金としたりしたもので、ほかにも3カ村に設立され、この先祖株組合が世界最初の農業協同組織との説もある。このように、日本は協同組織ないし信用組合の源流の1つであった。

当時の労働者たちが最も大きな期待を寄せたのは、チャーティスト運動やロバート・オーエン（Robert Owen：1771〜1858）派の協同社会主義運動（空想的社会主義ともいう）であったともいわれる。オーエンの協同コミュニティ建設の試みは、1820年代にイギリスやアイルランドあるいはアメリカにおいてもなされたものの、成功を収めることはできなかった。いわば、コロニー建設を夢見ていた人々には資金も経験も知識も不足していたのである。

そこで、とりあえず協同の購買店舗を設立して生活の向上を図るとともに、そこで協同体を建設するための資金や経験を蓄積しようという漸進的なプランが立てられる。1844年、この計画はマンチェスター（イギリス）において職工28人による最初の協同組合であるロッチデール公正先駆者組合（公正開拓者組合）として結実し、近代協同組合の最初の一歩となった。この組合の事務所に使った倉庫が残っており、現在は博物館になっているという。

この組合は、当時としては大金の1ポンドを1人ずつ出し合い、食料品や雑貨等を仕入れて販売する活動を始めた。当時は、産業革命の時期で1日18〜19時間も働かされ、徹底して搾取されたため、自分たちで品物を仕入れて適正な価格で販売するのがそもそもの出発だったのである。いわゆる消費協同組合であり、生活協同組合（生協）の系譜である[1]。

その後、協同組合組織という組織や運営の考え方はヨーロッパ・北米大

陸、そして日本へと広まっていった。ドイツのシュルツェ・デーリッチ、ライファイゼン、イタリアのルツァッティ、カナダのデジャルダン、日本の産業組合の設立などの活動がそれである。

フランスでは、農業協同組合が、フランス革命以後、独立自営農民となった農業者の相互機関として1880年頃発足した。その事業は、土地改良、技術改良、生産資材の共同購入、共同販売、信用事業であった（現在のクレディ・アグリコール・グループ）。デンマークでは、生産組合が協同組合として誕生し、19世紀後半の農業恐慌で穀物が暴落すると畜産農業に切り替え、畜産物の加工販売を中心に発展した。アメリカでも、資本家的性格の農民が多かったことから、農業協同組合の発達が遅れたが、第1次世界大戦以降の農業恐慌後、作物別の販売組合として急速に発展した一方で、カナダのデジャルダンの流れを汲むクレジットユニオン（共助組合）という信用組合も展開をみた。

b　イギリス―ロッチデール公正先駆者組合―

18世紀末から19世紀初頭にかけて、イギリス産業革命の進展とともに次第に顕著となったのは、労働者層の過酷な労働条件などの負の側面が現れたことであった。労働者は雇主や体制に対して抵抗活動を行うようになった。思想的にも、労働生産物は労働を投下した者に分け与えられるべきであり、資本家がそれを思うままに独占しているのは不正だとする主張があったからでもある。

前述のように、当時の労働者たちが最も大きな期待を寄せたのはチャーティスト運動やロバート・オーエン派の協同社会主義運動（空想的社会主義ともいう）であったともいわれる[2]。オーエンの協同コミュニティ建設の試みは成功しなかったため、協同の購買店舗を設立して生活の向上を図るとともに、協同体を建設するための資金や経験を蓄積しようという漸進的なプランが立てられる。この計画は1844年、職工28人による最初の協同組合であるロッチデール公正先駆者組合（公正開拓者組合）として結実し、近代協同組

---

[1] 賀川豊彦が、ロッチデール公正先駆者組合をモデルにしたことについては、たとえば「コープこうべ」のサイトの記述にある（http://www.kobe.coop.or.jp/about/toyohiko/establishment.html）。

合の最初の一歩となったのは先に述べたとおりである。

　この過程で最も活躍をした人物は、かつてオーエン派の「社会伝道師」であったG.J.ホリヨーク（George Jacob Holyoake：1817〜1906）であるといわれる。彼は新聞・雑誌やパンフレット・著書・講演等で先駆者組合の宣伝に努め、そのなかでも特にロッチデールにおける組合の運営方法の特徴として14項を紹介したが、これは、国際協同組合同盟（ICA）が今日制定する「協同組合原則」のプロトタイプである「ロッチデール原則」の原型となったもので、その後の国際協同組合運動と協同組合研究にきわめて大きな影響を与えているといわれる。

　ロッチデールは協同組合の代名詞として、やがて全世界に広まっていくのであるが、ロッチデールでは1850年代に協同組合工場も設立され、そこでは労働尊重の精神が労働者に対する利潤分配の実施というかたちで発揮されていた。19世紀後半に協同主義運動はそれまでのコミュニティ建設から店舗経営へと変質してしまった、という指摘がしばしばなされるが、その代表例としてあげられるロッチデール公正先駆者組合にしても、創立からしばらくの間は、また少なくとも主な先駆者・共鳴者たちの意図のうえでは、協同組合

2　19世紀のフランス人のユートピアン（空想的）社会主義者で法律家のエティエンヌ・カベー（Ètienne Cabet：1788〜1856）は、1830年の7月革命に加わり、その国会議員時代に主宰する雑誌等で君主制批判という政府攻撃をしたため、罪を得てイギリスに亡命するという数奇な運命をたどった人物であるが、亡命先のイギリスで、ロバート・オーエンの影響を受け、トーマス・モア（Thomas More）のユートピア思想やルソー（J.J.Rousseau）の思想をふまえた平等主義を旨とするユートピア（私的財産と自己本位の存在しない、自給自足の単純かつ原初的経済コミュニティで、ギリシア神話のIcarusになぞらえてIcariaと名付けたという）を描いた小説『イカリア旅行記（Voyage en Icarie）』（1840年）を書き、当時のベストセラーになった。この書物は、版を重ね、その後のイカリア運動（理想的なコミュニティづくりを目指す運動）を主導するものであった。

　しかし、このイカリア運動はフランスでは受け入れるところとならず、1848年にアメリカに渡り、ニューオーリンズを経てテキサスに数百人規模で入植し、南部・中部・西部にいくつかのコロニーがつくられたが（モンタナのHavre、テキサスのRed River、ミズーリーのCheltenham、イリノイのNauvoo、アイオワのCorning、カリフォルニアのCloverdale（"Icaria Speranza"）など）、1898年には終息した。現在でもカリフォルニアにはIcariaを冠したワイナリーがあり、Icariaブランドのワインが販売されている。さらに、カベーの思想は、スペイン・カタルーニャの共和主義的な社会主義に影響を与えたものとして知られていており、カタルーニャ自治州の首都バルセロナにはIcariaを冠した通りがある。

は単なる良心的店舗ではなかった感もあるのである。

c　ロッチデール原則：協同組合6原則

　ロッチデール公正先駆者組合を支えた「ロッチデール原則」は、協同組合6原則（8原則ともいわれる）のもとになったもので、協同組合の運営の基本的な考え方─自分たちで暮らしを守る、相互の助け合いなど─を示しており、具体的には次のとおりである。

① 　加入脱退の自由
② 　1人1票制の運営（出資金の多少に関係なく1票制で多数決）
③ 　出資配当の制限（出資金の多い人が多く受け取る株式会社とは異なる）
④ 　利用高による剰余の割戻し（多く買った人には、その額に応じて多く配分する）
⑤ 　教育の促進（組合の目的運営等を教育）
　　（注）　以上の5つ以外に、現金主義（生活に困るような掛売りの弊害をなくす）、量目および品質本意（公正な取引）、政治的宗教的中立、市価主義（周辺の価格は上回らない）が入ることがある（その後の時代の変化で市価主義・現金主義・量目本位等は、現在は特にいわれない）。

⑥ 　協同組合間の協同（組合同士は仲良く、連帯する必要がある）

d　ドイツの信用組合

　イギリスが消費組合の母国であるとすると、ドイツは信用組合の母国であるといわれる。

　ドイツでは19世紀半ば頃、鉄鋼業を中心に資本主義へと発展し、独占資本が形成され、理論的にはドイツ歴史学派として知られるように後進資本主義国としての諸問題が議論されていた。そのなかで、労働者階級の問題や小規模事業者・農民の問題も議論され、都市では伝統的商工業者が、農村では農民が窮乏化していった。特に自給自足を行う小規模の農民や小商工業者が多かったという事情から、このような小規模の生産者にとって必要であった資金を融通し合い、高利貸しの搾取に対抗するため協同組合の必要性が認識されるようになった。その運動を担ったのがシュルツェ・デーリッチで、1850年に信用組合を設立する。一方、1862年にライファイゼンは農民向けに農家信用組合を創設する。

シュルツェ・デーリッチは、大企業との自由競争や高利貸しによる収奪から生ずる手工業者や小生産者の困窮を救う方法は彼ら自らの力によって行うべきもので、国家への依存ではなく、それぞれの協同組織によって克服すべきであると考えた。協同組合によって、弱小な手工業者や小生産者が強力になり、自らを維持し発展させることが可能になるとしたのである。

　当時、大企業に圧迫され疲弊していた手工業者・小生産者に対して、社会政策としてキリスト教的な慈恵的組合が創設されていた。シュルツェ・デーリッチは、このような慈恵的組合に限界を感じ、協同組合は組合員の相互扶助によらなければならないと考え、原料購買組合の設立を指導したり、信用組合の設立を唱導したりするなど、国家の保護と干渉を排した自立した協同組合の設立を目指したのである。

　シュルツェ・デーリッチの考え方は、政治・宗教・慈善のほかに、組合の自由発達を図り、大企業などに対抗することを示したともいえる。彼は、1849年にデーリッチの町に初めて指物師と靴工の原料購買組合を設立したが、翌50年に手工業者のための信用組合を設立した。これは無限責任と出資義務に基づく自助的な信用組合であった。彼は法制化にも尽力し、60年に組合法案を提出、これは67年にプロシア組合法として成立した。

　彼の協同組合組織は、①組合員による出資、②組合を解放し、職業による差別をしない、③信用事業のみに限定し兼営を禁止、④剰余金配当の実施、⑤専業の有給理事による運営、⑥組合への加入・脱退の自由、⑦組合員権利の譲渡売買の自由などを特徴とする信用組合であった。株式会社的な開放性をもち、経済合理性を追求したといわれたことから、変化に富む都市の商工業者に適していたともいわれ、ミニ銀行的組織といわれることもある。

　ライファイゼンはシュルツェ・デーリッチと同様に、小生産者のために、地域に密着したキリスト教的な人類愛に基づく協同組合活動を農村部で指導者として活躍した。とりわけ、「1人は万人のために、万人は1人のために」の言葉に象徴される協同組合の精神を示したともいわれ、思想的には宗教的博愛主義を有していた。特に農村部で土着の富豪を組合に誘導して、貧困層と結合しようという考え方で、慈善的な傾向が強く、信実・勤勉・熟練を目標とし、人々の徳性に重きを置くものであった。

ライファイゼンの組合の特徴は、信用事業のほかに購買・販売事業なども行うもので、①無出資による設立、②無限責任制、③組合員の職業と地域の限定、④貯金の重視、⑤兼営主義、⑥組合員権利の譲渡禁止、⑦組合役員の無給制、⑧配当の容認などであった。シュルツェ・デーリッチ流の組合とは

図表4－1　信用組合の歩み

西暦	主な事象	協同組合の歩み	人物
1760	イギリス産業革命		
1814		五常講	二宮尊徳（1787～1856）
1824		オーエン、アメリカで協同村設立	R・オーエン（英）（1771～1858）
1838		先祖株組合	大原幽学（1797～1858）
1843		二宮尊徳「報徳社」設立指導	二宮尊徳
1844		ロッチデール公正先駆者組合設立	
1848	ドイツ産業革命	ライファイゼン、救済貸付組合設立	ライファイゼン（独）（1818～1888）
1850		シュルツェ・デーリッチ、市街地信用組合設立	シュルツェ・デーリッチ（独）（1808～1883）
1862		ライファイゼン、農村信用組合設立（独）	
1864		イタリア　庶民銀行設立	ルツァッティ（伊）（1841～1929）
1891		信用組合法案議会に提出	平田東助（1849～1925）
1895		1895 国際協同組合同盟（ICA）結成（ロンドン）	
1900		産業組合法制定	デジャルダン（加）（1854～1920）
		カナダのケース・ポピュレール設立	

異なり、農村に残る古い地縁的結合を活かそうというもので、閉鎖的であることから、農村に定住する農民向けに適していたといわれる。

　このドイツの協同組合組織が日本のモデルになったといわれ、当初、シュルツェ・デーリッチ流の自助・自立性の強い信用組合の導入が模索されたものの挫折し、結局、ライファイゼン流の慈恵的な組合が日本のモデルとして導入され、現在の信用組合の前身である産業組合に結実したのである。

　なお、図表4－1は以上の説明を含め、18・19世紀における各国の信用組合の歩みを要約したものである。

e　デジャルダンによる協同組織（北米）

　北米で最初の協同組織金融機関はケース・ポピュレールである。「ケース」というのはフランス語で「金庫」、「ポピュレール」というのは「庶民」を意味しており、日本語では「庶民金庫」という訳が当てられる。

　ケースの誕生は「北米協同組織金融の父」と呼ばれるアルフォンス・デジャルダン（Alphonse Desjardins：1854～1920）による。彼は1854年、15人兄弟の8番目の子としてケベック州レヴィ市に生まれた。敬虔なカトリック教徒の家庭であり、子ども時代から兵役でマニトバ州に派遣されるまでをレヴィの地で過ごした。軍を除隊となった後、兄が営む新聞社で働き、数年後裁判所の速記官としての仕事に就く。

　当時のケベック州は、人口の多くが農村に居住していた。当時の農民の暮らしは非常に厳しいものであった。およそ10年にわたり凶作が続き、収入が少ないなか、農具の維持のため借金の重荷に苦しむ人々が多かった。住み慣れた土地を追われ、他州やアメリカ合衆国東部のニューイングランド地域に移住する人々も後を絶たなかった。

　この時期、すでに少数の大手銀行が金融市場で支配的な地位を築き上げていたが、その取引は商人や工場主、および裕福な個人だけを相手にしたもので、農民や労働者階級は預金・借入れなどの金融取引を行うことは非常に困難な環境に置かれ、多くの人々は非合法で行われていた高利貸しに苦しめられていた。

　デジャルダンは、実際に裁判の場に立ち会いその記録をとるなかで、この地で何が行われているのかを目の当たりにした。特に金融取引を行うことが

困難で高利貸しに手を出した人々の苦しみは想像を絶するものであり、記録によると年利3,000%の利息を要求されていた事例もあったということである。彼はこの現実を憂慮し、どうにか庶民の味方となれる助け合いを基本とする金融機関ができないものかと考えた。そこで、ヨーロッパで生まれたアイデアを持ち込み、協同組織形態の金融機関を創立することを決意した。

デジャルダンはヨーロッパの協同組織金融機関に関する書籍の筆者たちに手紙を書いて情報を集めた。それをヒントとして、庶民にサービスを提供する新しいタイプの金融機関を立案した。「庶民金庫」というその名のとおり、一般庶民に対して金融サービスを提供するための金融機関として発足したのである。

最初のケース・ポピュレールはレヴィ市で1900年12月6日に設立され、翌年1月23日から業務を開始した。設立当初の会員数は131名、初日には合計で26.40カナダドルの取引が記帳されたという。このケースの営業地域はキリスト教カトリック教会の「教区」に基づいて設定された。協同組織の設立にあたっては、その拠り所となる「共通の基盤」が必要不可欠である。ケースの場合はその後もキリスト教の「教区」を会員組織の基盤として発展していく。その結果、現在でもケースは地域を「共通の基盤」として設立されているものが多いようである。

この後、1906年には協同組織金融の組成に係る根拠法がケベック州において整備され、ケース・ポピュレールが州の管轄下に置かれることが正式に認められた。このことによってケース・ポピュレールは法的にも確固たる地位を獲得することとなった。

デジャルダンは生涯、ケース・ポピュレールの発展に尽力し、220以上のケースの設立にかかわった。1920年にこの世を去るまで、会員数は約3万人、総資産は600万カナダドル（約4億8,000万円（1カナダドル＝80円で換算））に到達した。その規模は小さいながらも、デジャルダンの活動が協同組織金融の根幹をつくりあげたのである。

f　イタリアのルツァッティの協同組織

イタリア協同組織金融の創設者であるルツァッティは1841年3月、ヴェネツィアに生まれる。彼の両親はユダヤ系イタリア人で、かなり裕福であっ

た。そのなかにあって、彼は幼少の頃より自由に教育を受けることができた。パドヴァ大学の法学部を卒業し、政治経済学を講義することになるが、オーストリア政府にその見解を危険視されることになる。

彼はヴェネツィアを離れ、新生イタリア王国へと移住し、1863年にミラノ工科大学で職を確保する。64年には、シュルツェの協同組織金融を研究するためにドイツへ行く。そして64年に友愛組合と提携し、ローディにて最初の庶民銀行（The Banca Mutua Populare Agricola）を設立する。66年にはミラノで、農民向けではなく、事業者・労働者向けの庶民銀行を設立するようになる。

彼は1869年に農商省の事務官、91年に大蔵大臣となり、96年に再び大蔵大臣に、1903年には3度目の大蔵大臣となったほか、産業関係の大臣も務め、首相にもなっている。

(2) 信用組合法から産業組合法へ

無尽は明治期になって発展し、営業無尽と呼ばれる会社組織のものも整備された。これに対して明治半ば以降、商工業者や農民等が相互の助け合いのもとに、資金の融通を行う仕組みとして信用組合が各地に設立された。

1891（明治24）年に内務大臣の品川弥二郎は、平田東助とともにドイツの協同組合を参考に信用組合法案を提出したが、その提出理由については「茲に政府の提出致しました信用組合法案と申しますものは、即ち此の中産以下の人民のために金融の便を開いて低利に資本を使用することを得せしめ、兼て勤倹、自助の精神を興し、以て地方の実力を養成せんとの目的でございます」としている[3]。

日本で最初の信用組合は、二宮尊徳の弟子の岡田良一郎が地域振興を目的として1879（明治12）年11月に設立した勧業資金積立組合を前身とする掛川信用組合で、92（明治25）年8月に改組されたものである。

品川の1891年信用組合法案は審議未了で廃案となったが、その後、農商務省によって法案が整備され、97（明治30）年に法案を帝国議会に提出するが

3　平田〔1900〕5頁（本位田ほか監修〔1970〕249頁）。平田はドイツに留学した折に、ドイツの協同組合制度に感銘を受けて日本への導入を目指したという。

成立せず、1900（明治33）年に産業組合法案を提出してようやく成立した。アジアで最初の協同組合を規定した画期的な法律として知られ、これは品川弥二郎や平田東助が奔走した成果であった。

「産業組合法」は、日本の資本主義が発達するに従って中小零細企業が大資本に圧倒されている現状から、零細企業救済のため、加入脱退の自由、議決権平等、出資利子制限、利用分量配当といった協同組合原則の基本を組み入れた法律として制定され、購買・販売・生産の事業組合とともに、信用事業を行う産業組合が法制化されたものである。現在の農協・生協・信用金庫・信用組合は、いずれもこの産業組合法にルーツをもつ。

産業組合は、農村部の農民層には都合のよい制度であったが、都市部の商工業者には使い勝手の悪い制度であったため、1917（大正6）年に産業組合法が改正され、都市部の中小商工業者向けの金融を念頭に、産業組合法のなかに市街地信用組合制度が創設され、員外預金・手形割引などが認められた。都市部の中小商工業者のニーズの高まりを受けて、戦時中の43（昭和18）年に産業組合法から市街地信用組合制度を分離し、「市街地信用組合法」が制定され、産業組合法から離れた単独法に準拠する制度となった。

戦後の復興期において、金融行政はGHQの占領政策を受けて財閥解体・独占禁止政策などと関連づけられ、新たな展開を迫られた。加えて、戦後処理の一環として預金封鎖・新円切換えなどの金融緊急措置なども実施され、相当の混乱に直面した。金融制度についても、金融業法による統一的制度の模索が挫折した後、長短分離、信託分離、銀証分離を骨格とする専門金融機関制度の整備・確立が1950（昭和25）年頃に行われた[4]。

戦後、金融制度が整備されるなかで、1949（昭和24）年6月に「中小企業等協同組合法」（中企法）が制定され、市街地信用組合を含め各種の協同組合を統合する法制となった。ただ、預金者保護・健全経営の確保の観点から、中企法に加えて、信用事業を営む協同組合を対象とした「協同組合による金融事業に関する法律」が制定された。

1949（昭和24）年5月7日の衆議院商工委員会での法案提出説明には、「要するに経済九原則の実施により、異常な困難に直面せんとしております中小企業が、今後よってもって立つ手段は、基本的にはその組織化と、相互扶助

の力による競争力の培養、増強以外にない」とされている。中企法は第1条の目的のなかで、「この法律は、中小規模の商業、工業、鉱業、運送業、サービス業その他の事業を行う者、勤労者その他の者が相互扶助の精神に基き協同して事業を行うために必要な組織について定め、これらの者の公正な経済活動の機会を確保し、もつてその自主的な経済活動を促進し、且つ、そ

4　連合軍総指令部による日本の政治・経済民主化方針に沿って、財閥解体・農地改革・独占禁止などの各種の改革と並んで、金融面の民主化も進められた。戦時中の金融統制法令としては、「臨時資金調整法」「銀行等資金運用令」「軍需金融等特別措置法」「金融統制団体令」等があったが、戦後数年のうちにすべて廃止された。そのかわりに、民主的な金融政策・金融機構・資金運用、従業員の経営参加等を目標に、金融制度が改革されることになった。

　1945（昭和20）年12月、大蔵省は省議により金融制度調査会（第1次）を設置、「戦後の新情勢に即応する金融制度整備の方策」を諮問した。さらに46（昭和21）年12月、大蔵大臣の諮問機関として勅令により金融制度調査会（第2次）が設置された。この金融制度調査会は47（昭和22）年12月まで続いた。

　この金融制度調査会の答申のなかで、中小企業金融は、協同組合組織の金融機関によって行われることが望ましく、そのために、①商工組合中央金庫を適切に改編して組合金融の中央機関とすること、②商工組合中央金庫の経営民主化を図ること、③市街地信用組合や無尽会社の経営基盤強化のために適切にそれらの整理統合を図ること、④信用保証機関を新たに設けたり、または拡張したりすること等が示されていた。庶民金融については、庶民金庫と恩給金庫を合併して零細な消費者のための金融機関を設けること、庶民金庫の市街地信用組合等の中央機関としての機能は廃止すること等が示された。しかしながら、この答申で盛られた内容は、占領下という事情や政治・経済の不安定さ、銀行に対する集中排除法の適用の懸念もあって、ほとんど実現されることはなかった。

　大蔵省はこの答申を受けて、1947（昭和22）年末に「金融業法案要綱」を準備した。この法案は、いっさいの金融機関を対象とする総合的・統一的法規の制定をねらいとし、経済民主化政策に対応していた。この要綱は、①無尽会社に相互会社組織を併用すること、②信用協同組合と兼業協同組合を設け、さらにそれらの協同出資により協同組合銀行が設立されること等の内容を含んでいたが、やはり立ち消えになった。

　1948（昭和23）年7月には銀行への「集中排除法」の不適用が明らかになり、翌8月には連合軍指令部より「新立法による金融制度の全面的改正」という勧告があり、これに基づいて政府はなんらかの対応をしなければならなくなった。特に、この勧告に基づいて示された大綱はアメリカの金融制度に基づいたものであり、わが国の金融制度にそのまま当てはめるのはかなり無理があった。同月、大蔵大臣・日本銀行総裁・経済安定本部長官による「3人委員会」が発足し、その名において「金融制度改革懇談会（金融懇談会）」が設置された。これは6部会に分かれて議論が進められ、10月末に「新金融業法案」がまとめられた。このなかでは、市街地信用組合の信用協同組合への改組と、中央機関として協同組合銀行を設けることなどが示された。しかしながら、この「金融業法」の影響はきわめて大きく、さらに慎重に審議を続けるべきであるという意見も多かったので、またしても先送りになった。

の経済的地位の向上を図ることを目的とする」と規定し、相互扶助性を明記している。

1943（昭和18）年の市街地信用組合法によってその地位を確立した市街地信用組合については、中企法の実施が混乱をもたらしたため、単独法である信用金庫法が制定され、信用金庫として新たな基盤を確立することとなる。すなわち中企法の枠組みのなかでは、金融機関としての制約が強いことから、信用組合のなかから単独法制定の要望が起こり、51（昭和26）年に「信用金庫法」が制定された。

第2次金融制度調査会答申（1947（昭和22）年12月）では、中小企業金融・庶民金融について先のような協同組織金融による対応が示されていたが、準市街地信用組合を市街地信用組合に改組する過程で、新法（信用協同組合法）の制定が部会報告に示されていた。

この答申に先立つ大蔵省の「信用協同組合法について」（1947（昭和22）年9月）では、市街地における組合金融機関として市街地信用組合、産業組合法に基づく信用組合（準市街地信用組合）が並立していたが、後者は農林省所管であり行政的に統一されていないので、両者を信用協同組合に改組して一本化することが示されている。さらに「信用協同組合法に関する基本方針」（同年10月）では、中小企業金融・農林漁業金融の協同組合組織として信用協同組合を地域的人的連帯機関として構成することが示されているが、これは市街地信用組合を信用協同組合に改組することを意味していたと思われる。

このように市街地信用組合は戦後の金融制度改革の当初、その協同組織金融機関としての役割を十分に認められながらも、金融行政の一元化などの理由から信用協同組合への改組の動きのなかでとらえられていた。このことが、後に中企法（1949（昭和24）年6月）に集約されることになるが、同法のもつ矛盾がすでに制度改革論議の当初から胚胎されていたといえよう。

このような経緯を経て、金融機関としての機能を拡大しようとする組合を念頭に、中企法から分離した信用金庫制度が創設された（以下に詳述）。信用金庫法施行時（1951（昭和26）年6月15日）に653あった信用組合のうち、53（昭和28）年6月14日までに560組合が信用金庫に改組し、信用組合制度に

図表4－2　協同組織金融機関の変遷

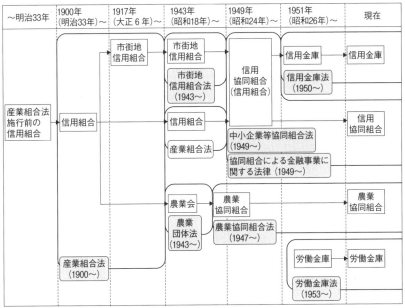

（出所）　金融審議会「協同組織金融機関のあり方に関するワーキング・グループ第15回資料」2009年5月29日 資料15－4、21頁（http://www.fsa.go.jp/singi/singi_kinyu/dai2/siryou/20090529/15_4.pdf）

残った組合は72であった。なお消滅した組合が21あった。

なお、協同組織金融機関の変遷については、図表4－2を参照されたい。

2　信用金庫法制定に至る経緯

(1)　市街地信用組合の信用協同組合への改組の動き

　復興期における中小企業金融は、その重要性が叫ばれながら必ずしも円滑に進められていなかった。戦時中から戦争直後の協同組合制度は、戦時経済体制に対応して組み立てられていたために、政府は経済民主化のためにその改革の必要性を感じていた。また、傾斜生産方式による大企業優先の金融や、ドッジ・ラインによるデフレ政策のために、中小企業の金詰まりは激化

していった。

　『昭和財政史』（第13巻）は、「愛知文書」（蔵相等を務めた愛知揆一氏が勤務した大蔵省時代に残した文書・資料）に依拠しつつ、1947（昭和22）年策定の「中小企業金融について」を紹介し、中小企業金融が、①普通銀行、中小企業金融専門機関（市街地信用組合、無尽会社、商工組合中央金庫）、復興金融金庫によって行われているが、そのうち無尽会社・市街地信用組合のシェアが大きいこと、②中小企業金融の逼迫緩和には特殊金融機関の新設が要請されるが、政府の補助が大きいため、既存機関の積極的活用が必要と指摘している。

　1948（昭和23）年には、復金インフレと呼ばれる状況下で中小企業金融はいっそう深刻となったが、8月に中小企業庁が開設されるとともに、政府は「中小企業金融対策について」を発表し、①中小企業側の金融受入体制の整備、②信用保証制度の活用、③一般金融機関の中小企業融資の活動の促進による運転資金の供給、④復興金融金庫の中小企業向け融資の拡充（代理貸）による設備資金の供給、⑤復金の損失保証・日銀からの資金供給などを盛り込んだ。

　1949（昭和24）年に入るとドッジ安定化政策がとられるが、中小企業金融は逼迫が著しく、7～9月にかけて種々の対策が検討された。それらは一貫して一般金融機関の活用を中心に置き、①日銀の中小企業別枠融資の拡張と普通銀行の中小企業融資の奨励、②興銀・勧銀・商工中金の中小企業金融の強化、③中小企業金融機関（信用組合・無尽会社）の助成、④民間不動産金融機関の設置が政府の対策の中心になった。

　1948（昭和23）年に開設された中小企業庁は、中小企業の組織化のために中小企業等協同組合法の立案を進めた。中小企業・中小企業金融についての協同組合化、組織化の必要性は47（昭和22）年2月の「中小企業振興対策要綱」以来のもので、第2次金融制度調査会答申にも一部取り入れられていたことはすでにみたとおりである。

　1946（昭和21）年11月公布の商工協同組合法は、戦時統制下の商工組合法を改正するものであったが、経済民主化の理念に基づくものの統制時代の名残を色濃くとどめていたほか、47（昭和22）年の独占禁止法の適用除外団体

になることに絡んで、その改廃の検討が必要であった。すでに農業協同組合、消費生活協同組合、水産業協同組合は成立し、新しいスタートを切っていたが、商工組合制度だけは十分に機能を発揮していなかった。

こうしたなかで民間中小企業専門金融機関の整備としては、1951（昭和26）年の「相互銀行法」と後述の「信用金庫法」施行がある。前者に基づき、無尽会社は相互銀行に転換したのである。一方、政府金融機関関連では、49（昭和24）年に「国民金融公庫法」、52（昭和27）年に「農林漁業金融公庫法」、53（昭和28）年には「中小企業金融公庫法」がそれぞれ施行された。信用補完制度としては53（昭和28）年に「信用保証協会法」が施行されたこと、中小企業診断制度については52（昭和27）年の「企業合理化促進法」により法制化されたことがあげられる。

(2) 中小企業金融機関設立期成同盟会による協同組合からの脱出運動

「中小企業等協同組合法」については、都市部の信用組合の間で意見が分かれていた。そのなかで旧市街地信用組合は、都市の中小企業金融機関として発展するには金融機関的機能をいっそう発展させることが必要であり、その制約となる協同組織形態を克服して新たな中小企業専門金融機関を創造する必要があると考えられた。旧市街地信用組合の一部はこのような考え方を実現するために、全国信用協同組合協会（全信協）から独立して活動する組織として、1950（昭和25）年3月に、中小企業金融機関設立期成同盟会を設立した。この会は預金量2億円以上の比較的大きな組合で構成されていた。また、この会の設立に際して「協同銀行法案要綱（案）」がつくられた。

その趣意書には、「中小企業等協同組合法」が事業協同組合を主に想定して立案され、市街地信用組合が強く反対したにもかかわらず成立したことは実に遺憾であり、「協同銀行法」の制定を期して組織変更を行いたいと記されていた。この協同銀行法案要綱では、①新組織の名称を協同銀行、②組織は相互会社的なものとし、③議決権については1人1票制と出資額比例式の中間の方式とすること、④資本金については比較的大きめの1,000万円以上とすること等が示されていた。

このような主張がなされた背景には、①大きな資金量をもつ大組合にとって1人1票制の厳格な協同組合組織が煩わしかったことや、②金融機関として資本金が確定していないこと、つまり信頼の最後の拠り所である資本金が出資金に依存して浮動しうるのは不安定であると感じられたことがあげられる。また多くの資金を集めるために、営業区域については都道府県レベルとすることも盛られていた。当然のことながら「協同銀行」に対する監督は大蔵大臣の専管とされ、もちろん連合会を設けることとされた。同年6月には、この協同銀行法案要綱は「中小企業銀行法案」と改称され、さらに第2次案へと変化した。

(3) 金融業法から単独法制定へ

このような期成同盟の運動のさなか、1950（昭和25）年7月11日の全信協役員会において、大蔵省は「金融業法案（第2次）」を示した。これにより、信用組合については「中小企業等協同組合法」のなかに置くべきではなく、新しい金融業法の枠内に協同組合形態を残したまま信用組合を入れたい、と大蔵省が考えていることが明らかになった。これを受けて7月末には、中小企業金融機関設立期成同盟会はその名称を「組合銀行法期成同盟」に改めるとともに、「組合銀行法案要綱」と「新金融業法制定に関する要望書」（かつての趣意書に相当する）を作成した。他方、全信協は大蔵省からの説明があった日に制度専門委員会の設置を決定した。

全信協は、「中小企業等協同組合法」に市街地信用組合が組み込まれて以来、制度改革の面ではあまり表面に登場しなかった。これは、制度の変更があったために全信協が超多忙であったことに加え、期成同盟による各法案要綱が協同組合組織から脱するような内容をもっていたほか、大組合中心の案であったために業界全体の支持を受けていなかったことによる。ところが、協同組合を支持している「金融業法案（第2次）」の提示以後、「中小企業等協同組合法」からの脱出のための運動は、期成同盟から全信協に移ることとなった。これは、市街地信用組合から信用協同組合への改組が一巡したことに加え、大蔵省案が協同組合制を支持していたため小組合の賛成も得られたからである。

9月には協会臨時総会で、前月末に第1回制度専門委員会で決定された「信用銀行法案要綱」が審議された。この要綱は、株式会社的な1口1票方式、総会の権限縮小、資金量や出資金による格付をねらうなど、いわば期成同盟案の強化案であった。臨時総会では協同主義的立場や小組合方面からの反対が生じ、結局、採決等は先送りになった。

(4) 信用金庫法案の胚胎

　大蔵省は当時、すでに単独法の制定を決意し、信用組合を「中小企業等協同組合法」から独立させたい意向をもっており、1950（昭和25）年9月には全信協にその意向が伝えられた。大蔵省は当初から、「中小企業等協同組合法」が信用組合の地域的公共金融機関としての側面を軽視していることが不都合であると考えていたので、信用組合を「金融業法」のほうへ移籍させようとしたのであった。しかし連合軍総指令部は、日本の信用組合が員外預金を受け入れるのであれば銀行として取り扱うべきであるから、員外預金を受け入れる協同組合は必要ない、との考え方であった。そこで大蔵省は、「金融業法」で信用組合を規制するという当初の意向を捨て、単独法をつくる方向に傾いていったのである。

　10月の全信協第2回制度専門委員会において、大蔵省は「信用金庫」という名称を初めて用いた「信用金庫法案要綱」を発表した。この法案では、①信用金庫には1人1票の議決権等にみられるように協同組合主義が敷かれること、②最低出資総額に関する制限（大都市の金庫は1,000万円、それ以外は500万円）があること等が打ち出されていた。すなわちこの大蔵省の要綱は、大組合のみ信用組合から信用金庫に移ることができるという点で、協同組合主義・小組合中心というよりもむしろ期成同盟案に近いものであった。

　このようなことになった理由は次のとおりである。すなわち、もし「中小企業等協同組合法」における信用組合を全部引き出して新しい単独法で規制するならば、信用組合の数が多すぎるため行政的に困難が生じるのは避けられない。比較的小規模で協同組合的色彩が強いものは「中小企業等協同組合法」に残し、法律を改正して地方当局の監督に任せなければ、今後は大蔵省の手が到底回らないからである。

11月には、全信協は「中小金融の新制度確立に関する要望書」を大蔵大臣に提出した。このなかで、①資本金の最低限度を500万円とすること、②議決権は1人1票を原則とするものの、定款を用いて口数によって変えることができるようにすること等が示されていた。この要望書が提出された3日後に、大蔵省の特殊金融課長の意見が全信協常任理事会で報告された。そのなかで、大蔵省の意向としては、1人1票制の原則を崩すことができないことが示された。また、「金融制度の改革と信用組合の将来」という論文が特殊金融課長個人名で協会の機関誌『信用金庫』に掲載され、やはり以前と同様の大蔵省の見解が示された。12月には全信協常任理事会において、「信用金庫法案」の政府提出促進、政府提出困難の場合は議員提出の方法をとることが決定された。

　1951（昭和26）年1月になって、政府による法案提出について連合軍総指令部の内諾が得られないことがわかったので、全信協は自由党の議員提出とする方向に動くこととなった。連合軍総指令部は、国会の立法府としての権威を高めるために、議員立法についてはそれをなるべく活かすであろうと観測されたからである。

(5)　信用金庫法案をめぐる期成同盟と反対期成同盟の対立

　1951（昭和26）年2月上旬には議員立法に関する自由党、民主党そして社会党の了解を得た後、全信協は「信用金庫法案」と「信用金庫法施行法案」の各要綱を各組合長に送付した。ところが、この法案要綱に不満をもった組合が多く、それらは信用金庫法反対期成同盟を結成した。反対期成同盟は、①出資総額の最低限度を大都市500万円、地方300万円とすること（要綱ではそれぞれ1,000万円と500万円）、②事業のなかに大蔵大臣の認可を受けて員外貸付を行いうるとあるが、その基準を明らかにすること、③信用組合に対する規制の緩和を意味する「協同組合による金融事業に関する法律」の廃止を行わないことを主張した。

　このような主張がなされたのは、①要綱が実現されると小組合が信用金庫に転換しにくく、転換しなかったときには員外預金の受入れが認められなくなるので中企法のなかに残ることは大変不利であること、②「協同組合によ

る金融事業に関する法律」が廃止されると信用組合の乱立を招き競争が激しくなる、と考えられたからである。

　全信協は3月に全国信用金庫代表者会議を開催して、反対期成同盟の主張の線に沿って修正を行い、かつ多くの信用組合が移行できるように法の制定を期す、との内容の決議を行った。その後、全信協と反対期成同盟との歩み寄りの結果、信用協同組合の員外預金に対して制約を課さないこととして、ついに3月15日に3党共同で「信用金庫法案」と「信用金庫法施行法案」が国会に仮提出された。

　連合軍総指令部は仮提出された法案を検討し、①会員たる事業者の加入資格としては従業員が100人以下であること（仮提出された法案では200人とされていた）、②有価証券の払込金の受入れや元利金配当の支払等の業務を削ること（銀行と同じ業務をする必要がないとの理由による）の2条件を付して承認した。

(6)　法案の審議と信用金庫への改組

　法案は1951（昭和26）年5月に衆議院を通過し、参議院に送られ、大蔵委員会で審議された。そこでは「信用金庫法施行法案」について、自由・民主・第一・緑風の4派共同の修正案が提出された。この修正案は、①一時的に最低出資総額を大都市500万円、地方200万円に引き下げること、②信用協同組合の員外預金については、地方公共団体・非営利法人・組合員の家族の預金受入れに限り、員外貸付は預金担保貸付に限ることとした。

　すなわち、既存組合の信用金庫への移行を容易にする一方で、「中小企業等協同組合法」に残る信用組合と信用金庫との業務に格差をつけようというわけである。5月末、2法案は参議院を通過し、再び衆議院に回付された。衆議院も参議院の修正に同調し、即日衆院本会議を通過した。このような経過を経て、6月15日に「信用金庫法」と「信用金庫法施行法」が公布・施行された。

　この2法が施行されたことによって、「中小企業等協同組合法」に基づく既存の信用協同組合は、信用金庫に転換するか、または同法内にとどまり信用組合として活動するかのどちらかを選択することとなった（法施行後1年

以内。その後1年延長され、結果的に2年以内)。全信協は1951年8月に、大蔵大臣に「信用金庫事業免許に関する要望書」を提出した。そのなかで全信協は、①信用金庫の事業免許については同一時期になるべく多くの組合に認め

5　信用組合は、その設立が1900（明治33）年の産業組合法までさかのぼることは信用金庫と同じであるが、地域的に事業を展開する信用組合は、市街地信用組合に分枝して信用金庫になる。第2次大戦後、中小企業等協同組合法が成立し、産業組合による信用組合と商工協同組合法に基づき信用事業を兼営する商工協同組合をカバーしたが、金融事業は「協同組合による金融事業に関する法律」によるところとなった。

　　1951（昭和26）年成立の信用金庫法により、当時の653組合中560が信用金庫に改組し、72が信用協同組合にとどまったが、信用協同組合の多くは職域や同業者をのみを対象としたものの、地域的な組合も一部残った。相互扶助性を強調し、員外取引を制限する一方、その自主性を尊重し、監督権も地方長官に譲り、その簡素化を図ったものが信用協同組合である。これに対して、信用金庫は金融機関としての機能を拡大し、公共的性格を明確にするため、信用の維持・預金者保護に配慮したものである。

　　当時の653組合は信用金庫法施行後1年以内（その後延長され、結果的に2年以内）に、信用金庫への改組か、信用協同組合にとどまるかを選択することになり、1951（昭和26）年10月20日の法施行時に226組合が信金に改組し、最終的に560組合が改組するに至った。その後、地域のニーズに応じるため、昭和20年代後半に多くの信用組合が各地に設立されたのである。

　　1955（昭和30）年末に369組合を数えた信用組合は、60（昭和35）年3月末に444組合、65（昭和40）年3月には523組合と急速に増加し、69（昭和44）年3月末には541組合と最多の組合数となったのである。他の業態ではほとんど新規設立が認められなかったのに対し、信用組合は新規設立ラッシュであった。これは、信用組合の監督権限が都道府県に存在したことにも起因していた。

　　当初、信用組合の所管（監督・検査権限）は都道府県にあり、地域のニーズに合致する設立だけでなく、地域性を汲み入れた監督・検査が行われた。しかし、1994（平成6）年の2信組問題（経営破綻に陥った東京協和・安全の2信組の元理事長らが背任容疑で逮捕された事件）以降、信用組合の破綻が相次ぎ、破綻処理の負担が増加したことなどから、検査・監督の権限につき都道府県から国への移管が問題となった。従来でも国と都道府県の連携はなされていたが、その強化による監督・検査の充実のための諸施策が整備された経緯がある。96（平成8）年6月の金融3法（金融機関更生手続法、金融機関等経営健全性確保法、改正預金保険法）では、一定規模以上の信用組合にも員外監事・外部監査制度が導入され、代表理事や常務に従事する役員・参事の原則兼職禁止のほかに、早期是正措置などによる自己査定など銀行に準じた制度が導入された。

　　しかし監督・検査については、1998（平成10）年5月の閣議決定の地方分権推進計画において、2000（平成12）年4月に国の直接執行事務とする方向が決まった。実際には、1999（平成11）年3月に地方分権推進法が閣議決定され7月に成立するなかで、2000（平成12）年4月に国への機関委任事務の移管が決定・実施された。地方分権化のなかで、信用組合の監督・検査という機関委任事務が地方から国に移管したことは皮肉なことであるが、信用秩序維持の観点からはプラスも多い一方で、国の画一的方針によって地域ニーズにキメ細かく対応するという方向が失われる可能性もあり、各地方財務局の機能発揮が期待される。

てほしいこと、②その際に画一的な基準にとらわれることなく、その組合の実情に応じて基準を緩めてほしいことを要望した。すなわち、他の組合に遅れて信用金庫に改組したり、改組できなくなったりすることは、その組合の信用に傷がつくと考えられたからである。

しかしながら免許基準は公式には示されないまま、1951（昭和26）年10月に第1次改組として226組合がまず信用金庫に改組した。その後、52年6月までの改組を第2次改組といい、累計464組合に達した。以後53年6月までの第3次改組で累計560組合となった。信用組合として中小企業等協同組合法に残ったものは結局72組合であった。この間、新設金庫が1つ設立されたので、53（昭和28）年6月までの施行法が示した改組期間において、561金庫が誕生することとなった[5]。

第5章

信用金庫制度の変遷

1 信用金庫制度の議論

　信用金庫は「はじめに」でも述べたとおり、貸出面でメンバーシップ制をとる一方で、預金については地域的制約や会員外預金の制限は存在せず、協同組織としては非対称な制度である。それゆえ度々、制度改革の議論が金融当局などから提起され、過去数度の公的な場で議論されてきた。第1章2や第2章1において、そのいくつかの報告などを振り返ったが、その大要を整理したい。

　大まかな整理をすると、信用金庫に新たな業務を認可し、普通銀行とほぼ同じ業務を行うようになって、一般金融機関との同質化が生じているとの認識が金融界に存在し、同質であるならば協同組織である必然性は存在するのか、という議論である。信用金庫は、1990（平成2）年頃には450金庫を数えたが、2014（平成26）年3月末には267金庫まで減少した。統合・合併などが相次いだ結果、預金規模で1兆円以上という大金庫が総数の1割を占めるようになり、地域銀行と肩を並べるような存在になっている。同じ地域で競争する地域銀行にとって、税制上の軽減措置のある信用金庫が競争上、有利な条件を有しているとの印象をもっており、競争条件の均等化の要請があるのは否定できない。

　金融の自由化とともにマクロ経済の停滞が地域経済にも及び、地域経済の活性化が課題となるなかで、協同組織の理念を反映した貸出が行われているかについては、預貸率の低下・貸出の低迷に顕著なように、そもそものミッションを果たしていないのではないか、との印象を与えているのである。特に、地域経済の発展のエンジンであるイノベーションを実現するうえで、独自の役割がみえにくいのではなかろうか。

　このような漠とした印象に基づく信用金庫に対する批判もあるなかで、その新たなミッションを構築することが信用金庫の課題であろう。そこで、これまでの信用金庫制度をめぐる議論を整理し、固有の課題があればそれを抽出したい。

2　1967年金融制度調査会―金融二法の制定―

(1)　中小企業金融専門機関と銀行の「同質化」

a　同質化問題

　1960年代央に、中小企業金融専門機関と普通銀行との「同質化」が進んでいるという議論があった。その根拠として、たとえば「信用金庫の資金調達に占める定期積金のシェアの低下」「会員預金・出資金のシェアの低下」「内国為替の取扱いなどが可能となってきたこと」がしばしばあげられた。

　信用金庫の「同質化」というとき、融資の問題が重要である。中小企業金融専門機関とは、もっぱら中小企業を対象に金融取引を行う金融機関であるが、この金融取引とは特に中小企業に対する融資取引のことであり、預金取引のことではない。法的に、信用金庫は預金を会員外からも無制限に集めることができるからである。よって、信用金庫の独自性・存在意義の認定は、中小企業に対する融資をもっぱら行っているか否かに依存すると考えられる。したがって中小企業金融専門機関と銀行の「同質化」の問題は、中小企業金融専門機関の融資先が大口取引に傾き、本来銀行の融資先であった層とオーバーラップしているか、あるいは銀行の融資が主に中小企業を対象とするようになったか、のいずれかである。信用金庫にとって銀行との同質化は、いかにして会員制という協同組織性を維持し、中小企業金融という専門性を維持していくかどうかが問題であろう。

　このような観点から「同質化」を検討すると、1965（昭和40）年10月末現在における信用金庫貸出先数の従業員規模別構成をみると、製造業では、法人企業で30人未満が75.2％、個人企業で10人未満が81.1％を占めており、他方、従業員100人以上の法人企業（製造業）は5.1％、そのなかで300人以上のものは0.6％だけである。一方、卸売業と小売業における従業員数100人以上の法人企業はそれぞれ2.8％、1.5％である。

　中小企業基本法にいう中小企業は従業員数300人未満であるので、信用金庫が中小企業金融専門機関であることは明らかである。したがって、金融機

関間の「同質化」が存在するにしても、その「同質化」は信用金庫については妥当しないといえる状況であった。

b　国際化時代の到来と金融効率化

1960年代後半は、日本経済が全面的な国際化の時代に進もうとする時期に当たっていた。67（昭和42）年3月の「経済社会発展計画」、日本経済の全面的な国際化、労働力不足の本格化、都市化のいっそうの進展といった環境条件のもとで、日本経済が国際競争に打ち勝って経済成長と物価の安定を達成するために経済の効率化を推進しようというものであり、そのなかには金融の「効率化」の必要性も盛り込まれていた。

1967（昭和42）年10月の金融制度調査会答申「中小企業金融制度のあり方について」によれば、金融の「効率化」とは「最も資金を必要とし、かつその資金使用の効果の最も高い部門に対し、より低利の資金が供給されるよう」にすることであるされている。この考え方は、同年7月に衆議院大蔵委員会「金融及び証券に関する小委員会」で、田実渉・全国銀行協会会長による都市銀行の立場からの意見陳述にも現れている。

田実氏は、経済の国際化に直面して産業界は大量の低利資金を必要としており、銀行の資金量増加のためには預金に対する税制面での優遇措置や店舗行政上の配慮が必要であるが、さらに金融構造や金融制度のあり方の改善も必要であるとした。そのうえで、現在、資金需要の多い金融機関に資金が集まらず、資金需要の少ない金融機関に資金が集まっているとし、その原因として金融制度が国民の所得構造や財政資金の流れ方の変化に適応していないためであるとした。

よって田実氏は、開放経済体制にふさわしい金融制度を再構築する必要があり、そのためには、①金融機関が同じ土俵で自由に競争できること、②同種金融機関相互、異種金融機関相互の合併による金融機関再編成もやむをえないこと、③金融機関の業務の同質化が進んでいるために、その調整と充実のための制度改善が必要なこと、④金融政策の有効性と適切な資源配分のために金利機能を活用する必要があるが、そのために適正な競争原理を導入することなどを指摘した。

他方、平野繁太郎・全国地方銀行協会会長も、その日の同じ席で意見陳述

を行った。平野氏は、地方銀行の特殊性を主張するとともに、中小企業金融機関制度については他の制度（普通銀行、長期金融、農林金融、政府金融）と切り離して単独で大幅改正を行うことに反対を表明したことからも明らかなように、当時、金融「効率化」のための制度改編を強く求めていたのは、主に都市銀行だったのである。

c　金融効率化行政の始動

　銀行行政の「自由化・効率化」は、すでに1962（昭和37）年度から実施され、店舗行政の弾力化、店舗制度の多様化、諸規制緩和の措置がとられていた。このことは、信用金庫、相互銀行に対する店舗行政上の優遇措置の後退という面をもっていた。66（昭和41）年度当初は、不況下のために店舗新増設が一時停止する方針が打ち出されたが、同年後半から再び規制は緩められた。

　戦後の金融行政は、金融機関の内部蓄積を最優先しストックの充実を目指したが、1960年代前半以降の効率化行政の胎動のなかで、金融機関の雑多で恣意的な経理を脱却し、外部に対する不透明性や業績に対する経営責任の不明確化などを克服することが課題であった。

　全国信用金庫協会は、制度研究委員会の中間答申「中小企業金融機関育成の必要性と信用金庫の制度について」をまとめ、中小企業に資金が公平に流れるためには中小企業金融専門機関の育成が必要であり、このような機関が備えるべき要件として、①中小企業と一体的・組織的な関連をもつ民間金融機関であること、②中小企業に対し、安定的で長短バランスのとれた資金を低利で供給できることの2点をあげ、信用金庫が①の要件については満たしているが、②については中小企業へ長期安定資金を供給する途が閉ざされているとしている。さらに、①会員制に限定された運営は業務上支障をきたしており、会員のためにも不利をもたらすケースもあるため、一定限度のもとで地域内居住者への員外利用を可能にすること、②機能が限定されているために地域社会に貢献しにくいので機能の拡充が必要であること、③中小企業金融専念のための優遇措置が少ないのでその拡充が必要であることなども主張された。

　より具体的な要望として、法改正を要する点については、①員外貸出の承

認、②内国為替を員外に開放する、③有価証券払込金受入れ、有価証券元利金・配当金支払の取扱い、有価証券、貴金属などの保護預かり対象を員外に広げること、④代理業務に関する大蔵省指定制の廃止、⑤総代会権限の拡大、⑥自由脱退に伴う持分の信用金庫に対する買取請求権の制限、⑦全信連機能の拡充、⑧一般金融機関としての余裕金の受入れ・資金の預託あるいは業務の受託等が可能になるように、各種法令中の「銀行」という表示のなかに信用金庫も含まれるようにすることをあげている。

　加えて、行政上の要望としては、①営業地域を経済圏に拡大すること（地区拡大）、②高密度店舗配置を認めること、③同一人に対する貸出最高限度に関する通達規制の廃止、支払準備率・経常収支率等の通達規制から自主規制への切替え、事業用不動産の取得に関する一定限度内での自主化をあげていた。

　その他としては、日銀取引の全面化、中小企業向け長期安定資金供給のための中小企業金融機関に対する日銀貸出の実施、中小企業信用補完制度の充実、政府系中小企業金融機関が民間の補完という本来の機能を守ることなどがあげられている。

(2)　中小企業金融制度問題

a 「特別委員会」の発足と問題提起

　このような状況下において、金融制度調査会は1966（昭和41）年6月の総会で「中小企業金融制度のあり方」をテーマとする「中小企業金融問題特別委員会」を設置し、同月末に第1回会合が開かれた。66（昭和41）年度以降の金融制度調査会の運営方針として6月の総会で会長より示されたものは、①国債発行に伴う金融上の諸問題、②金融制度全般にわたる再検討の2つであった。そのうち、①については67（昭和42）年度以降の景気拡大のために国債発行問題の重要性が薄れたため、国債関連の問題は後回しになった。反対に②については、「さしあたり急を要するもの」として中小企業金融制度の再検討が取り上げられることになった。

　この「急を要する」ことの理由としては、「信用金庫、相互銀行などの中小企業金融専門機関についての制度と実態が次第に適合しなくなってきてい

るために業務分野の調整が必要である」「中小企業金融専門機関の経営合理化が必要である」「中小企業の立場からみて中小企業の健全な成長に必要な資金を今後とも確保するために制度の再検討が必要である」とされている。具体的な検討事項としては、①信用金庫における会員組織の形骸化、相互銀行における相互掛金のシェアの減少や地域性の減退などにみられる、これら金融機関の「銀行化」について、業務分野調整という切り口からの問題、②信用金庫と信用組合の同質化の問題、③信用補完制度の拡充の必要性、④政府金融機関の役割について、⑤その他中小企業金融を総合的に再検討する必要性について、という5項目が掲げられた。無論、重点は信用金庫、相互銀行、信用組合の3業態にかかわる問題にあった。

特別委員会は6月の第1回会合の後、しばらくヒアリングを続け、1967（昭和42）年2月の第12回特別委員会において、委員である川口弘・中央大学教授、末松玄六・名古屋大学教授、滝口吉亮・大蔵省金融制度調査官によって、それぞれ「中小企業金融の現状と改善の方向」「中小企業金融制度改善の方向」「中小企業金融機関についての考え方（試案）」という、いわゆる3試案が提出された。その後、3試案をめぐる審議が行われ、同年10月の金融制度調査会総会に「中小企業金融制度のあり方」と題する答申案が提出され、審議決定の後、これが大蔵大臣に答申された。

b 制度改善に対する「3試案」

1967（昭和42）年2月に特別委員会に提出された「3試案」を、信用金庫、相互銀行、信用組合に関係する部分を中心に整理しておこう。端的にいえば、信用金庫制度を批判し、相互銀行と信用金庫を一本化して「中小企業銀行」構想とする考えと（末松・滝口試案）、都市銀行を中心とする融資集中機構のもとで、恒常的に信用制限状態にある中小企業分野には専門金融機関が必要で、会員制度による中小企業への資金の定着を図る信用金庫制度はこれに適するとする考え（川口試案）との対立であった。民間中小企業金融機関として、相互銀行・信用金庫・信用組合の3種類を存続させるか、2種類の専門機関に集約するか、との対立でもあった。

(a) 末松試案：2種類説

末松試案は、①中小企業金融専門機関を存置させ、発展させるために、②

「中小企業銀行法」を制定し、相互銀行と信用金庫を株式会社組織の「中小企業銀行」に一本化する、③信用組合については組合員加入脱退の制限、自己資金充実等を行ったうえで存続させる（協同組織金融機関の存在は認める）、という案である（2種類説）。

信用金庫と相互銀行の「中小企業銀行」への一本化は、両者の同質化が進んでいること、合併を容易にして、金融機関数を減少させ、「金融の自主性」を高めることを目標にしている。また、④中小企業銀行の資本金は最終的には300億円以上とし、当面は100億円以上とされた。このことは、最終的に、信用金庫については当時の523金庫中451金庫（86.2％）、相互銀行では72行中の32行（44.1％）が合併を通じて再編されることを意味していた。

中小企業銀行の業務については、⑤融資先を当面資本金2億円、従業員1,000人まで拡大し、業務も多様化し、⑥営業区域については地域の特定をせず、店舗行政によって行うこととした。要するに末松試案の骨子は、協同組織の原則に回帰するのでなければ、信用金庫制度を廃止し、むしろ「規模の経済性」を享受できるように合併を通じて規模を拡大しようということであった。「中小企業銀行」への一本化も合併を容易にするためのステップであると考えられる。

　(b)　滝口試案：2種類説

滝口試案は、現行制度の欠陥として、①普通銀行との業務内容の同質化が進んでいること―具体的には員外預金の増大と貸出面での会員制度の名目化（信用金庫）、相互掛金業務の衰退（相互銀行）、組合員制度の名目化（信用組合）など―、②地域性の喪失、③相互銀行を中心とする中小企業以外との取引と大口融資の増大、④信用金庫の運営が1人1票制の総会ではなく、「ほとんど理事者の意思で選ばれる」総代会に基づいて行われ、本来の協同組織制から乖離していること、⑤過度にコールローンに依存している機関が多いこと、⑥都市銀行、地方銀行、長期信用銀行、政府系中小企業金融機関等による現在の中小企業金融活動も重要であるが、⑦中小企業取引に加えて大企業取引を併せ行っている金融機関は金融引締め過程で中小企業融資を犠牲にする傾向があるので、専門機関が必要であること、を指摘した。

そのうえで、現在の中小企業金融専門機関のこれらの問題点を改善するた

めには、中小企業金融専門機関に対し、⑧「専門性」(融資対象を中小企業に限定すること)、および⑨「地域性」(協同組合組織の場合はその構成員を一定地域内の中小企業に限定し、株式会社組織の場合は店舗行政によって地域性を確保する) の2点を付与しなければならないとした。

このような考え方に立脚して、中小企業金融専門機関を、⑩協同組合組織(事業対象を構成員に限定し、預金・貸出両面についても員外取引を認めない厳格な協同組合組織) または株式組織 (営業対象を中小企業とするが、一定限度内で中小企業外との取引も認める) の2種類とし、⑪もし現行の信用金庫制度を維持しようというのであれば、区域を府県内の1ブロックに限定し、出資の最低限度を大幅に引き上げるとともに、総代または理事者の選任を会員の選挙によるものとするとした (2種類説)。

また、⑫中小企業金融専門機関が対象とする中小企業の範囲としては、協同組合組織の場合は中小企業基本法の定義 (資本金5,000万円以下または従業員300人以下) とし、株式組織機関の場合は資本金1億円 (または2億〜3億円) 未満とした。さらに、⑬コールローンでの運用を制限すること、⑭中小企業金融専門機関の規模を大きくして「適正規模」にすること、⑮異種金融機関間の合併を可能にする措置を設けること、⑯金融機関間の適正な競争が行われたときの預金者保護措置として預金保険制度を創設すること、という内容が盛り込まれていた。

要するに滝口試案は、信用金庫については、協同組織制度の形骸化をふまえて株式会社組織の中小企業金融専門機関に再編し、そのスケールアップにより規模の経済性 (いわゆるスケールメリット) を追求させ、それと同時に競争原理と金融の効率化を導入しようというものであり、その結果、経営破綻をきたすものも出てくるであろうから、預金者保護のために預金保険制度を導入しようというものであった。

すなわち、大筋は(a)の末松試案と同じであり、株式会社組織の専門機関と協同組合組織の専門機関の2種類に整理したうえで、相互銀行は前者、信用組合は後者とし、信用金庫のうち機能の拡充を希望するものについては前者の株式会社組織に、協同組合組織を維持したいものは後者に移行するというものである。

末松試案もそうであるが、このようなスケールアップにより規模の経済性を追求しようという方向は、金融機関の規模が大きくなればなるほど預金原価率、人件費率が低下し、金融の効率化に貢献するであろうと考えられていたからである。

(c)　川口試案：3種類説

　川口試案は、日本の金融の「二重構造」を分析し、その結果に基づいて、末松試案、滝口試案とは対照的に現在の中小企業金融専門機関の存在意義を認め、実情にあわせて修正していこうとするものである。

　この試案は、まず日本の金融の「二重構造」を「借り手（企業）の二重構造」と「貸し手（金融機関）の二重構造」とに分けて分析している。「借り手の二重構造」とは、①中小企業は融資を受けるに際し、名目金利は高く、また拘束預金が求められるので、大企業に比較して中小企業の実質金利が高いこと、②自己資金や長期資金を調達しにくく、短期資金についても高コストである企業間信用への依存が高いこと、③金融引締め時に切捨てにあうなどのしわ寄せを受けやすいことを指す。「貸し手の二重構造」とはもちろん金融機関に二重構造があるということである。その分析のなかで、川口試案は中小企業金融専門機関と普通銀行の同質化について言及している。

　そこでは、④中小企業金融専門機関の専門性は、融資対象が中小企業（および個人）に限定されるところにあり、業務内容に関する特殊性（掛け金業務、定期積金などを行っていること）を基準に専門性を認定するという考え方は誤っているとした。よって、⑤「同質化」は業務内容の同質化ではなく、融資対象の同質化であるとし、中小企業金融専門機関についての融資先について検討した。その結果、1961（昭和36）年度末において、貸出残高に占める小企業（資本金500万円以下または従業員150人以下）への貸出が信用金庫については83.7％と圧倒的に大きく、相互銀行については75.9％と信用金庫に比較すればやや小さいものの、中小企業金融専門機関としての本分からはどちらも逸脱してはいないと結論づけた。

　しかしながら、相互銀行については1取引先当りの預金残高が1957（昭和32）年度末から65（昭和40）年度末にかけて6.3倍となっている。これは、信用金庫の1取引先当りの預金残高が同期間中3.7倍になったことや、直接に

中小企業に対して行った調査結果の1口当り預金残高の増大幅が2.4倍であったことに比較して大きい（このことは、信用金庫もこの期間にいくらか大口の取引先に傾斜していったことを示している）。

　金融機関の貸出件数は、1954（昭和29）年9月〜64（昭和39）年9月の間に、都市銀行、地方銀行、信用金庫、相互銀行でそれぞれ1.8倍、1.9倍、1.9倍、0.55倍の増大幅となっており、相互銀行のみ減少している。これらの事実から、相互銀行は小口取引先を整理しつつ大口の企業に取引をシフトしていったと考えられる。さらに、同じ期間の信用金庫と相互銀行の貸出先の業種別の変化をみてみると、信用金庫はそれほどの動きがなかったのに対し、相互銀行の変化が大きく、特に当時の急成長分野であった重化学工業部門の比重を倍増させている。

　すなわち、⑥相互銀行は高度成長期前半において、成長産業分野の比較的大きい企業との取引に傾斜し、他方、⑦信用金庫は中小企業分野に定着しつつ成長していったと考えられる。そして、⑧相互銀行と異なり、信用金庫が高度成長期前半を通じてこのように中小企業分野に定着していたことの理由は、法的な制約—すなわち会員資格が地元中小企業と住民のみに制限され、かつ融資対象が会員に限定されていたという制約—にあるとした。よって、⑨このような制約をつくりだしている信用金庫の会員による協同組織性の存在意義があることは明らかである。以上より、⑩会員組織が形骸化しているということを理由に会員組織金融機関の存在を否定するという論理は誤っている、とした。

　また金融機関の規模の経済性という点から、中小企業金融専門機関の合併を促進して大規模化・効率化すべきであるという議論（末松試案や滝口試案にみられる）に対しても反論している。すなわち川口試案は、金融機関の資金コスト（ここでは経費率を考える）は、一般に総資金量が増えれば低下すると信じられているが、そうではなく、従業員1人当り資金量が増えれば資金コストは低下するのであると実証データを用いて主張したのである（具体的には、1人当りの資金量が同じで、総資金量が同規模の金融機関同士が合併して資金量が2倍になったとしても経費率は低下せず、もとのままである。また、都市銀行の経費率が中小企業金融専門機関に比較して低いのは資金量が大きいから

ではなく、従業員1人当り資金量が都市銀行のほうが大きいからである、との考え方)。

　川口氏によれば、単に経費率を用いて他の金融機関と中小企業金融専門機関との間の効率性を比較することはできない、ということになる。このように、経費率の比較によって信用金庫の効率性が資金規模の大きい都市銀行などより低いと結論づけることは誤りであり、信用金庫の効率性は決して低くはなく、1人当り預金口数のような指標をとれば逆に都市銀行よりも信用金庫の効率性が高いという見方も可能である、と川口試案は指摘したのである。

　このような分析結果をふまえたうえで、川口試案は末松試案や滝口試案と対照的な制度改革案を示した。すなわち、以下のような内容であった（3種類説）。

① 信用金庫の会員組織、信用組合の組合組織を存続させ、これらの中小企業金融専門機関を中小企業金融分野に定着させるために必要な制約とその代償である特典のあり方を再検討すること。

② 相互銀行・信用金庫のうち、すでにかなりの程度普通銀行との同質化が進んでいるものは、望むのであれば異種転換を認める。また、専門性の観点からみても過小規模の信用金庫・信用組合はたしかに存在するので、小規模同種機関間の合併は考慮されてもよいが、専門性の見地に立たない一面的な「効率化」に基づいた合併促進政策はとるべきではない。

③ 相互銀行制度は当面存続させるが、相互掛金業務の衰退などにみられるように実質的には本来の制度の意義は失われていると考えられ、よって将来的には乙種銀行的な普通銀行分類を設けてこれに転換させるといったような措置が必要であろう。

④ 信用金庫の卒業生金融は一定の条件のもとで認めるべきであり、また中小機関に対し一定の支払準備資産をその基準額を超えて保有させる行政指導は廃止し、支払準備資産の構成について規制を設けることが望ましい。

c 「3試案」に対する信用金庫業界の対応

　3試案は1967（昭和42）年2月に提示されたが、そのうちの2試案は信用金庫制度の廃止を謳っていたため、信用金庫業界では組織をあげて対策を検

討し、業界の主張を展開していくことになった。その結果、当時の小原鐵五郎・全国信用金庫協会会長を中心に、同協会制度研究委員会の中間答申に沿って、関係各方面の理解を求めることになった。

小原会長は、金融制度調査会特別委員会の席上で常に信用金庫の存在意義と会員組織の必要性を説明し、滝口試案・末松試案に対しては強く反対した。また、金融機関の合併・業種転換については、当初は銀行が一方的に信用金庫等を吸収合併できるという案であったのに対し、金融機関の対等性から（地方銀行よりも資金量の大きい金庫も存在するし、また経営内容についても銀行に劣るわけではないため）、信用金庫等からも銀行を吸収合併できる「相互乗入れ」を主張した。

このような小原会長や業界の努力によって、金融制度調査会の答申は信用金庫の存続が必要との評価になったのである。

(3) 金融制度調査会答申「中小企業金融制度のあり方」の内容

金融制度調査会の特別委員会は「中小企業金融制度のあり方」と題する答申を取りまとめ、1967（昭和42）年10月の金融制度調査会総会で決定され、大蔵大臣に提出された。総論では、金融制度の再検討が必要になった理由として、①各種金融機関相互の同質化、競争の激化、同種機関の格差増大等、②金融機関環境の変化（高度成長から安定成長への移行、法人企業部門設備投資中心の成長から公共部門・個人部門を含む均衡のとれた成長への移行、減価償却費の増大と企業の自己金融力の増大、経済の国際化に対応する産業の体質強化の必要）をあげている。

この金融環境の変化から、最も資金を必要とし、かつその資金使用の効果の最も高い部門に対し、より低利の資金が供給されるような、いわゆる「金融の効率化」のために、金融機関間に適正な競争原理を働かせ、大企業と中小企業との間の格差の是正にも役立つような制度を確立することが必要とされているとした。

民間中小企業の現状に関する具体的な問題点として、①金融機関の同質化、すなわち相互銀行では相互掛金業務が衰退し、また法的に中小企業専業とはされていないので、取引先の大口化が進展したこと、信用金庫について

は会員融資の形式化、員外預金の増大、会員意識の希薄化がみられること、②規模格差の広がり、また経営基盤の不安定な小規模機関の数が多すぎること、③取引対象である中小企業が成長したために従来の中小企業概念ではカバーできなくなってきたことや、必要資金量が増大したこと、④信用金庫においては会員意識の希薄化と総代選任および総代会運営の名目化により運営の実態が会員の総意に基づくという建前から乖離している、といった諸点が指摘された。

　答申では、以上のような問題点はあるものの、中小企業金融専門機関の存在は有意義とした。その理由は、①中小企業金融の安定性の確保、②中小企業に密着して中小企業に適した金融を可能にする、③経済全体に占める中小企業のウェイトが高く、大企業との間に労働の付加価値生産性の著しい格差が存在し、中小企業の自己資本比率が低く、資本市場が未発達なために金融機関依存度が高いというわが国の中小企業金融の性格などである。

　各論では、信用金庫・相互銀行・信用組合の３業態を存続させるとしたが、それは、①中小企業の性格や規模に応じて多様な金融パイプを用意すること、②急激な改革による混乱の回避、③末松試案や滝口試案の株式組織と協同組合組織の２本立てでは中堅企業と小零細企業との間の企業や、ときには協同組合組織金融機関の資金不足から小零細企業にも資金が供給されなくなる可能性がある、という理由があるからである。

　しかしながら実態面で前述のさまざまな問題が生じているため、各業態の実情に適合した手直しが必要であるとして、次のとおり改善案が示されている。

① 　信用金庫の会員（すなわち融資先）の資格については、中小企業基本法による中小企業の規定（資本金5,000万円以下）を超えて、資本金１億円または従業員300人以下とし、例外融資対象としては地方公共団体と「卒業生」とした。また、信用金庫の総代選任方法に関するある程度の民主化を図る一方、合併・解散等を総会先決事項から外し、総代会の議決に委ねることを提案している。また、内国為替業務、証券関係業務、保護預り業務などの員外利用を容認すべきとしている。

② 　相互銀行については、株式会社組織であることもあり、取引先企業の規

模に関する制限（資本金5,000万円以下または従業員300人未満）を緩和（資本金２億円以下または従業員300人以下）し、また総貸出枠の20％以内で地方公共団体、中堅企業、中小企業と関連の深いその他の企業（すなわち大企業）に対しても融資を行えることとした。相互銀行の営業区域の法的な制限を撤廃し、店舗行政に委ねることを提案している。

③　信用組合については、組合員資格は従来どおりの資本金5,000万円に据え置き、例外貸出も地方公共団体に対する預金範囲内の貸出と余裕金の金融機関貸出（コールローンを含む）を新たに認めただけであった。全国連合会組織の確立整備を条件として、新たに組合員のためにする内国為替取引を認めるほか、組合員のためにする有価証券関連業務と保護預り業務の取扱いを認め、組合員に対する連合会代理貸付を認めるとしている。

　このように、答申は相互銀行・信用金庫・信用組合について、互いに貸出先の規模の上限を変え、それによって異なる規模の中小企業に円滑に資金が供給されることを意図したわけである。さらに、異種金融機関間の合併・転換の途を開くこと、各金融機関の最低資本金や出資金の引上げを提案した。

(4)　「金融二法」

a　「金融二法」と信用金庫

　「中小企業金融制度のあり方」答申を受けて、1968（昭和43）年６月に「中小企業金融制度の整備改善のための相互銀行法、信用金庫法等の一部を改正する法律」（昭和43年法律第85号）と「金融機関の合併及び転換に関する法律」（昭和43年法律第86号、いわゆる「合転法」）が公布施行された。これらがいわゆる「金融二法」である。

　前者およびその付随措置にかかわる主要な改正点を要約する。信用金庫については、以下のとおりである。

　出資総額の最低限度については、東京都特別区または指定都市では1,000万円から１億円に、それ以外では500万円から5,000万円に引き上げた。会員資格は、従業員300人以下から300人以下かつ法人の場合は資本金１億円以下とした。会員１人当りの出資最低額（１口）は、東京都特別区または指定都市の会員については１万円以上、その他では5,000円と新たに規定した。

業務範囲については、内国為替取引、有価証券払込金の受入れまたは元利金・配当金の支払、貴金属・有価証券の保護預り業務が会員外についても認められた。また貸出については、預担貸し、「卒業生」への貸出、会員となる資格のある者（会員外）への小口の貸出が認められた。1会員への融資限度は、出資金および準備金の20％または1億円（従来は出資金および準備金の20％または5,000万円）のいずれか低い額へ引き上げられた。支払準備基準は、定期性預金の10％と要求払預金の20％の合計（基本通達別紙、通達）、上記金額の150％（行政指導）から、定期性預金の10％と要求払預金の30％（基本通達別紙、通達）に改められた。

総代の選任については、総代候補者の選定の手続や、総代候補者に対する会員による異議申立ての手続などが明確化された。総代会において、金庫の解散、合併または事業の全部譲渡の議決ができるようになった（従来は総会の専決事項であった）。会員の脱退の際の出資金の払戻しに関しては、金庫が脱退者から譲り受けた持分の保有額の限度を総出資額の5％とする制約が設けられた。

次に、「合転法」の主要な点について要約すると、次のとおりになる。

① 対象金融機関は、普通銀行、相互銀行、信用金庫、信用組合の4種で、各法律で規定されている同種金融機関内での合併のほかに、異種金融機関同士の合併または異種金融機関への業態転換が比較的容易になった（たとえば、営業譲渡や解散などの手続を経ないで業態転換・異種合併が可能となった）。

② 異種金融機関間の合併に際しては、いずれか一方が存続機関または新設機関になることができる。

③ 異種間の合併・転換は大蔵大臣の認可が必要であり、認可の基準として、(i)金融の効率化に資するか、(ii)当該地域の中小企業金融に支障を生じないか、(iii)金融機関間の適正な競争を阻害しないか、(iv)合併または転換後に業務を的確に遂行できるか、の4項目があげられている。そのほか、その合併または転換が同種合併を妨げることにならないように配慮しなければならないとされた。対象機関が信用組合である場合は知事が認可を行うが、知事は認可に際して大蔵大臣の承認を得なければならない。また、大

蔵大臣は合併・転換の認可に際して、公益上必要な限度内で条件を付すことができる。
④ 合併・転換に際しての利害関係者の権利保護のために、合併・転換の意思決定は総会における特別多数決その他を要件とされた。

b 「民間金融機関に関する特別委員会」

　金融制度調査会の「特別委員会」では、初めのうちは滝口・末松両試案のように信用金庫制度を否定するような案が出たが、最終的に従来どおりの3機関存続で、信用金庫にとっては懸案となっていた要望事項の多くの実現をみたのである。このような結果になった原因としては、小原会長以下の活躍が第一にあげられるのはもちろんであるが、外部環境要因として、ベトナム戦争の拡大に伴うアメリカからの直接・間接の特需を契機に、わが国経済は予想外に早く不況から脱却したという幸運も重要な役割を果たしたといわなければならない。

　すなわち、1967（昭和42）年には民間設備投資が急増したので、都市銀行の資本金5,000万円超の大企業に対する貸出が66（昭和41）年1〜3月を底として急増に転じ、その結果、都市銀行の当面の関心事は資金吸収力をいかにして強化するかということに移った。その結果、都市銀行の中小企業貸出分野への進出意欲は相対的に後退し、中小企業に対する貸出増加額のシェアは66（昭和41）年10〜12月をピークに68（昭和43）年1〜3月まで下がり続けたのである。他方、都市銀行の預金のシェアダウンは、信託銀行、長期信用銀行、保険のような長期金融機関のシェアアップとかなりの程度符合している。さらに都市銀行は、長期信用銀行が発行する利付金融債のかなりの部分を消化しなければならない立場にあった。

　このような状況下、金融制度再編成問題の中心は、中小企業金融問題から長期金融機関と普通銀行との垣根を中心とした問題に移り、金融制度調査会は1967（昭和42）年11月に「民間金融機関に関する特別委員会」の設置を決定した。この特別委員会は同年12月に初会合を開き、計69回の審議を行い、68（昭和43）年4月に中間報告「今後の金融をめぐる環境」を、同年7月に第2次中間報告「金利及び金融機関の規模」を公表した後、70（昭和45）年7月に答申「一般民間金融機関のあり方等について」を大蔵大臣に提出し

た。

　この答申の内容のうち、特に中小企業金融機関に関係の深いものについて要約する。

　第一に、貸出金利を引き下げることができるように金融機関経営の効率化を推進することが望ましいとされている。第二に、金利の景気調整機能を高めるために、公定歩合の変動幅拡大と年利建採用（1969（昭和44）年実施）、公定歩合と預金金利とのある程度の連動、長期金利の弾力化、が提言された。第三に、金利の資金配分機能については、当時の金融制度の実情を考えると、金利機能だけでは資金の最適な配分が可能とはいえないとされた。第四に、金融機関間の適正な競争は、主に金利を中心とした競争であると考えられるので、環境が整備されるに従って金利、特に預金金利に対する規制の緩和が必要であるとされた。

　また第五のポイントとして、金融機関の規模の経済性については、資金量の増大が経費率を低下させるという点で規模の経済性が存在するとし、さらにコンピュータによるサービスの拡充が可能となる点や経営の安定性が増大するという点においても、資金量の増大は利益があるとしている。したがって、規模の経済性の追求のために金融機関同士の合併は望ましいことであるとされた。

(5) 「金融二法」後の金融再編成

　1968（昭和43）年に合転法が施行されると、同年12月には相互銀行トップの日本相互銀行の普通銀行転換が認められ、太陽銀行（現在の三井住友銀行）と改称され、都市銀行となった。

　中小企業金融専門機関については、「二法」以後1970（昭和45）年末までに契約ベースで44件の合併が発生した。その内訳は、同種合併が信用金庫22件、信用組合6件、異種合併が相互銀行による信用金庫の吸収合併1件、相互銀行による信用組合の吸収合併7件、信用金庫による信用組合の吸収合併8件である。この結果、信用金庫については、67（昭和42）年度末に520金庫であったのが、70（昭和45）年度末には21金庫減の499金庫となった。それとともに資金量5億円未満の金庫は皆無となり、また50億円未満の金庫

も、以前には過半数の52.5％だったものが25.1％にまで減少した。

　大蔵省の「信用金庫の合併に関する調査」（結城〔1971〕）によると、合併事由として、経営保全事由（経営破綻など）が約30％、経営の安定化事由（資金量の増加停滞、資金需要の低調、最低出資金額未達成など）が約20％、経営体質の強化事由（規模の利益の追求など）が約50％であった。これは金融二法施行以前の合併事由の大半が経営保全であったのに比べると対照的であるといえよう。

3　1973年金融制度調査会「中小企業金融制度の整備に関する答申」

　1967（昭和42）年の金融制度調査会「中小企業金融制度のあり方について」答申は、相互銀行・信用金庫・信用組合について、それぞれ中小企業金融専門機関としての性格を明解にするとともに、各金融機関がより広い範囲で適正な競争を行うことができるような環境を整備し、金融の効率化を通じて中小企業のいっそうの円滑化を促進することを意図するものであった。その検討結果は、基本的な変更を加える必要はないというものであった。

　その後、1973（昭和48）年の「中小企業金融制度の整備に関する答申」では、当時の国際化の著しい進展、中小企業の資本装備率の上昇等をふまえて、

・中小企業基本法における中小企業者の定義の改訂に伴う信用協同組合の組合員資格の改正
・信用金庫の会員資格および相互銀行の融資対象者の資本の額または出資の限度は、信金は1億円以下を2億円以下に引き上げ、相銀は2億円以下を4億円以下に引き上げる
・信用金庫連合会について員外預金の受入れ等を容認
・信用協同組合が、預金総額の20％の限度内において員外預金を受け入れることを容認
・信用協同組合に対する監督をいっそう強化する必要があると認められることから、都道府県知事の要請を受けた場合の大蔵大臣による検査を導入
・信用協同組合が行うことができる業務の代理を必要な限度に応じて拡大

等の改正を行うことが適当と答申された。

この1973年答申は、信用金庫制度の根幹にかかわるものではなかった。

4 金融制度調査会答申「中小企業金融専門機関等のあり方と制度の改正について」(1980年)

1973（昭和48）年の石油ショックを経て、日本経済は高度成長経済から安定成長経済に移行し、かつてのような慢性的な資金不足は解消したが、中小企業についてはその特色を活かした創意工夫の発揮や事業の転換等が要請されており、中小企業の資金需要には根強いものがあるとし、中小企業金融専門機関を設けておく必要があると認識した答申である。当時、中小企業金融に専念する金融機関としては相互銀行・信用金庫・信用組合があり、その構成はそのまま維持すると結論づけた。

安定成長への移行に伴い、資金需要全体は減少していたが、普通銀行の中小企業向け資金供給が安定的な構造を備えるようになったかは、その推移を見守る必要がある一方、中小企業の多様性に即した金融（個々の業態・企業の経営内容に精通している専門の金融機関が、キメ細かい経営上のアドバイスを与えること等）は今後とも必要であるとされた。さらに地域経済に密着した活動、すなわち中小企業には地域経済に密着した活動を行っているものが多く、このような企業に対する金融については、地域の経済・社会に深いかかわりをもった専門の金融機関が大きな役割を果たしていくことが期待されることから、中小企業専門金融機関の存在が不可欠とされたのである。

特に、中小企業の規模別の差異に対応して重層的に活動していくような金融機関の構成になっていることが望ましいこと、3種類の専門機関の金融取引構造は中小企業金融の充実のためにかなりよく機能していること、それぞれの中小企業と取引実績を積み重ねてきている状況に急激な改革を加える必要もないこと、から現状維持が妥当とされた。

中小企業専門金融機関の業務に関しては、普通銀行から3種類の中小専門機関までを通じて重複部分が拡大し、ある程度の同質化が進展していく傾向が認められるが、これは大勢としては競争の促進につながり、そのような競争を是認して金融の効率化を進めていくという観点からは、中小企業専門機

関につき、その業務内容の拡充整備を図っていくことが適当としたのである。そのうえで、中小専門機関の機能発揮等のための具体的施策が提示された（中小企業者および法人会員（組合員）資格の範囲の拡大（資本金基準の引上げ）、信用金庫の外国為替業務の容認等）。

5 金融制度改革と協同組織(1)―1980年代後半―

(1) 時代背景

　1966～67（昭和41～42）年の信用金庫をめぐる本格的論議以来行われてきた制度改革に関する80年代後半の議論は、協同組織金融機関にとって、金融自由化・グローバル化・セキュリタイゼーションの進展のなかでの根本的なものであるといってよい。

　1980年代の行政改革のなかで規制緩和が主流となり、85（昭和60）年の臨時行政改革推進審議会答申では、金融制度問題の検討の必要が指摘された。一方、激化する日米経済摩擦のなかで金融自由化も懸案になり、84（昭和59）年5月の「日米円・ドル委員会」報告・同アクションプログラムにより、金利自由化・金融業務規制緩和の本格的な推進が提示され、金融制度の改革が課題となった。

　大蔵省に有識者による制度問題研究会を設置し、1987（昭和62）年に「専門金融機関制度のあり方について」をまとめ、それを受けて金融制度調査会に第一委員会・第二委員会が88（昭和63）年2月に設置された。第一委員会は、相互銀行制度、協同組織形態の金融機関に係る制度のあり方、地域金融機関について担当し、第二委員会はそれ以外を審議した。第二委員会では金融制度の分業制・専門制を整理・緩和し、業務規制を緩和して相互乗入れを可能にする方向が議論され、いわゆる5方式をめぐって検討が行われた。その集大成が、91（平成3）年6月の「新しい金融制度について」答申である。

　第一委員会は当初、相互銀行制度を取り上げ、その普通銀行への転換問題を審議し、1988（昭和63）年6月に「相互銀行制度のあり方について」を答申した。相互銀行の普銀転換は89（平成元）年2月以降、5期にわたって67

行が普通銀行に転換し、92（平成4）年に相互銀行法は廃止された[1]。

(2) 協同組織金融機関をめぐる論議

a 議論の出発点

1988（昭和63）年10月から協同組織金融機関の審議が始まり、8回の会合を経て、89（平成元）年5月に金融制度調査会金融制度第一委員会中間報告「協同組織形態の金融機関のあり方について」が取りまとめられた。そのポイントは、業務のあり方・組織のあり方に関する基本的方向を示すことにあり、地域金融という論点は別に整理され、業務・組織面の個別要望事項は答申以後に検討し、連合組織の機能充実は作業部会で検討された。

1988（昭和63）年10月18日の初回会合での事務局説明では、
- 資金不足時代と異なり、資金が潤沢にある状況で、協同組織金融機関の果たす役割はいかなるものか。相互扶助の精神はいかに活かされるのか
- 金融自由化・国際化が進展し、いっそうの金融効率化が要請されるなか、協同組織金融機関の存在する意味をどう考えるか。零細者による協同組織であることから、さまざまな保護を要するが、この点をどう考えるか
- 今後、協同組織金融機関に期待される役割は何か。中小企業そのものが演じる役割をふまえ、そのために協同組織金融機関が果たすべき役割

といった論点が示された。

協同組織金融機関の対象となったのは、信用金庫・信用組合・労働金庫・農林系等金融機関である[2]。審議は、各委員の意見陳述・業界の意見陳述などの後、本格審議と答申案の審議が行われ、答申に至った。

b 論　点

審議の過程で論点となったものは以下のとおりである。なお、ここでは批

---

[1] 相互銀行協会は一斉転換を方針としていたが、普銀の免許基準未達行（10億円以上、当時の68行中9行）もあり、転換希望行の合併転換法による転換方針とし、1989（平成元）年2月に52行、同年4月に10行、同年8月に3行、同年10月と90（平成2）年8月に各1行が普銀転換し、転換できなかった1行は92（平成4）年4月に地銀に吸収合併された。
[2] 協同組織金融機関の各業態の抱える問題はまちまちであり、たとえば、労働金庫は全国一本化による日本労働金庫構想を有するなど固有の問題があった。

判的意見を中心に掲載する。
① 非営利……非営利と謳いながら、他方で主張する業務拡大は普通銀行に近く営利指向である。
② 人的結合体……建前は人的結合体だが、実態は異なり、特性が活かされていない。日頃、地域に密着した人的側面での活動を十分に行っていない。
③ 社会的公正（注）……社会的公正は協同組織金融機関にはなじまない。金融機関であれば社会性・公共性は当然で、殊更にいうのは胡散臭く信用できない。協同組織金融機関のみが特に社会的公正を強く求められているわけではない。協同組織金融機関と公共性のつながりの明確化が重要である。
　（注）　なお、「社会的公正」という文言は報告書では使用されていない。
④ 税制……弱者への対応ということに対して税制面での優遇措置が講じられているが、税制等の面での優遇措置は、「対象の専門性」による専門金融機関制度が円滑に機能するための基盤となっている、という記述は意味不明である。非営利性のゆえに税の恩典があるのであり、同質化が進み、非営利性が薄まれば、税制優遇措置の廃止を検討すべきではないか。
⑤ 異なる行動様式……協同組織金融機関は株式会社のそれとは異なった行動様式をとるというのは、利潤の追求とは異なったものを目指すということか。
⑥ 同質化
・大企業のニーズとは若干のタイムラグを置いて中小企業にも同じニーズが生じ、その対応として機能拡充が必要になるとしても、大規模銀行の後追いばかりでは協同組織金融機関の存在意義が問われることになる。金融界全体に同質化が進んでいるが、都銀と地域金融機関とでは同じ業務展開でも質的相違があり、ある程度のすみ分けがあり、地域金融機関はすみ分けの後ろの部分を担う存在となっている。
・経営実態からみて、普通銀行を含む各金融機関とも同じ業務を展開しており、会員以外の者も協同組織金融機関を利用していることから、協同組織金融機関の協同組織性は薄れているし、業務拡充・機能強化が進め

ば、同質化がいっそう進み、相互扶助性・非営利性・会員主体等は影を潜めるのではないか。
・対象の専門性と組織の特異性により同質化はしていないと考えられ、業務面での同質化はあるとしても、組織面で協同組織性を維持しているのだから、機能面での同質化は同質化には当たらない。
⑦ 員外取引
⑧ 1兆円超の信用金庫の株式会社化
・資金量が1兆円を超えると、第二地銀と比較しても上位クラスの規模で、協同組織金融機関として税制優遇措置を受けるのはどうか。株式会社金融機関へのシフトもあるのではないか。同じ地域で同じ規模で同じ業務の金融機関が、協同組織であるというだけで優遇措置を受けられるのはおかしい。
・協同組織金融機関であるにもかかわらず、税制面で異なる対応を受けるケースが存在するようになれば、税制上の理屈に合わなくなる。同質化しているから協同組織金融機関全体に対して税制優遇を廃止するというのであれば、規模の小さい協同組織金融機関は相当のハンデを負うことになる。
⑨ 合併の阻害要因
⑩ 業務範囲の拡大等

(3) 中間報告（1989年5月）の内容

a 協同組織金融機関の基本的あり方

　中小企業等の分野を専門とする協同組織形態の金融機関の存在は、「対象の専門性」があるゆえに今後とも必要である。中小企業等の分野は、貸付規模が比較的小口であるとともに、リスク判断において個別の事情を斟酌する必要がある等の理由から、中小企業等を専門とする金融機関が協同組織形態をとることは十分合理性を有するものと考えられる。金融の効率化を推進する観点からみても、「対象の専門性」による専門金融機関が存在することが金融機関の競争を制限することにはならないと考えられる。

　その理由として、①協同組織金融機関は地縁・人縁を基盤としており、会

員・組合員等のニーズの把握が容易であり、業務および組織の運営上、会員・組合員等の利益が第一義的に考慮されることから、利用者ニーズへの的確かつキメ細かな対応が可能であること、②資金の借り手は原則として会員または組合員であり、金融機関との間に強い密着性または連帯が存在し、長期的な視点に立った適切な金融仲介機能の発揮が可能であることがあげられる。

このように、信用金庫の存在意義を明確に肯定した点に中間報告の特色がある。

b 協同組織金融機関の業務のあり方

協同組織金融機関の預金および貸出について、会員または組合員中心の業務運営を変更する場合、協同組織金融機関の協同組織性を損なうことになりかねないので、協同組織の基本的な考え方については維持することが適当である。その他金融業務に関しては、適切と判断される場合には、業務範囲の拡大について弾力的な対応を行うことが適当である。

業務範囲を拡大するにあたっては、協同組織としての性格の維持が基本で、一般の金融機関との同質化が生じないように留意することが必要である。

c 協同組織金融機関の組織のあり方

① 「地区」の範囲……信用金庫・地域信用組合および農林系統金融機関のように基盤とする金融機関の性格が強いものについては、「地区」の範囲は、人的結合体としての結合の基盤をなす同質的な地域経済の圏域のなかに限定するのが合理的である。経営面で困難な状況が生じている場合においては、その必要性について十分検討したうえで、「地区」の範囲を弾力的に扱うことが適当である。

② 会員および組合員資格……人的結合体としての協同組織の基本的な性格を維持しつつ、経済規模の拡大等に伴い、会員または組合員資格の適切な見直しを行うことが必要である。

③ 組織運営……協同組織としての組織運営の原則は維持する必要があるが、金融機関としての組織運営の弾力性を確保することも重要であり、こうした観点から、組織運営のあり方について適時適切な見直しを行うこと

が必要である。

d　連合組織の役割および連合組織の機能のあり方、合併・転換

単位組織間の相互扶助および連合組織による単位組織の機能の補完の重要性が拡大していくものと考えられる。

協同組織金融機関の4つの業態（信用金庫・信用組合・労働金庫・農林系統金融機関）は、引き続き存続させることが必要であると考えられるが、より広範囲な業務が可能な業態へ転換する場合には、合併転換法に基づき適切に対処することが適当である。

この中間報告に先立つ1989（平成元）年1月に「全国信用金庫連合会の債券発行について」報告が出され、これを受けて「信用金庫法の一部を改正する法律」が同年6月に制定され、全国信用金庫連合会（当時。現・信金中央金庫）の債券発行が可能になった。

6　金融制度改革と協同組織(2)―1990年代初頭―

(1)　「協同組織金融機関の業務及び組織のあり方について」報告
（1990年7月13日、金融制度調査会第一委員会作業部会報告）

本章5で取り上げた1989（平成元）年第一委員会中間報告は、協同組織金融機関のあり方の基本理念を示したもので、協同組織金融機関の業務および組織のあり方に関する具体的事項の検討は、同委員会の作業部会に委ねられた。その報告は90（平成2）年7月13日にまとめられたが、前述の「規制改革推進のための3カ年計画」（2007（平成19）年6月22日閣議決定）に盛られた「……を最後に、本格的な見直しは行われていない」とされた報告である。

この報告で信用金庫に関連するのは、
・小口員外貸出の限度額を、適切な水準に引き上げること
・同一人に対する信用供与の制限につき、金額限度を引き上げること
という点である。

(2) 「協同組織金融機関の優先出資について」(1992年12月11日、協同組織金融機関の優先出資に関する研究会報告)

a 優先出資制度

協同組織金融機関は、相互扶助組織としての機能のみならず、わが国金融システムの一翼を担うものとして銀行と同様に自己資本の充実が要請されるが、協同組織金融機関の出資による自己資本の充実は、連合組織においては会員数の増大が期待できないこと等の困難性があること等から、自己資本充実策の多様化を図ることが喫緊の課題であり、広く員外から出資を受け入れる自己資本充実策(優先出資制度)の検討が必要である。

優先出資制度を納入する場合、員外からの出資であるので、この制度が協同組織性を損なうことの内容を十分配慮する必要がある。そのためには、
・無議決権(不特定多数の者を想定している優先出資者は議決権を有しない)
・優先権の付与(剰余金の配当等について優先的内容)
・優先出資の発行口数の規制(優先出資の発行口数は普通出資の発行口数の一定割合以内)
・配当の上限規制(協同組織金融機関の運営が配当原資確保に傾斜し、営利団体化することを防止)
・不特定多数の者からの受入れ
・優先出資証券の発行(権利の移転・行使の円滑化を考慮すると有価証券化することが望ましい)

といったことが必要となる。

b 優先出資制度についての理論的検討:協同組織性との整合性

人的結合体である協同組織においては、出資と会員としての地位の間には必然的な関係はない。優先出資により協同組織金融機関の財務基盤が強化され、会員の利便向上に寄与することを考慮すると、会員の同意があれば、外部から出資を受け入れること自体が問題になることはなく、員外出資には妥当性がある。

優先出資制度の導入は、独占禁止法第22条の協同組合原則に反するものではなく、むしろこれをいっそう充実させるものである。それは、以下のよう

な理由による。
- 「相互扶助」の目的をよりよく果たしていくためにも、厳しい競争に耐えうるような自己資本の充実が必要であり、優先出資制度の導入は「相互扶助」の充実を図るものである。
- 優先出資制度導入後も「加入・脱退の自由」は維持される。
- 優先出資者は普通出資者総会における議決権は与えないものとしており、組合員の「平等の議決権」にはなんら影響を与えない。
- 優先出資に係る配当についても、「配当の上限」を設ける。

また、優先出資の受入れは、協同組織金融機関の非営利性を損なうものではない。それは、
- 優先出資に対する配当も、普通出資に対する配当と同様、事業運営に必要な資本金調達のための必要経費であること
- 優先出資者は協同組織金融機関の運営に自己の営利意思を反映させることはできないこと
- 優先出資は普通出資の補完的役割を果たすものであり、優先出資の発行口数を普通出資の口数の一定の割合に制限すること
- 優先出資に係る配当についても上限を定めること

という理由による。

したがって優先出資制度は、協同組織金融機関の相互扶助性・非営利性といった協同組織性と整合性を維持するものである。これを受けて、1993（平成5）年に「協同組織金融機関の優先出資に関する法律」が制定された。

(3) 金融制度調査会「新しい金融制度について」答申（1991年6月）

金融制度調査会第二委員会は、金融業務の相互参入の制度設計をしていたが、基本的には業態別子会社方式での相互参入を示した。協同組織金融機関関係では、連合会の子会社による証券業務および信託業務が可能になった。このほか、自己資本比率規制、業務範囲の拡大（信託業務、社債等の募集の受託等）、監事機能の強化（業務監査義務、理事会への出席・意見の陳述）などが法制化された。

(4) 金融制度調査会「金融システムの安定化のための諸施策」答申（1995年12月）

　1994（平成6）年9月に二信組の破綻問題が起こり、その後の金融機関の破綻の前触れとなった。経営破綻に陥った東京協和・安全の2信用組合の元理事長らが背任容疑で逮捕される事件となった。その結果を受けて金融制度調査会で協同組織金融機関の課題、特に信用組合の問題が検討された。

　この検討は、協同組織金融機関全体を視野に置くものではなく、信用組合に焦点が当たったが、多くの点で他の協同組織金融機関にも適用されるものであった。具体的には、役員の兼業・兼職制限、外部監査・員外監事の登用の義務づけ、協同組織金融機関に更生手続を規定する等のほか、早期是正措置の導入、機関委任事務の変更（信用組合の監督・検査業務を都道府県から国に移管）などが行われることになる。

　実際には1996（平成8）年、「金融機関等の経営の健全性確保のための関係法律の整備に関する法律」「金融機関の更生手続の特定に関する法律」が制定された。信用組合の認可・監督・検査・業務改善命令等の事務の機関委任事務は、地方分権一括法による自治法の改正によって廃止されたことを受け、2000（平成12）年4月から国が所管するようになった。

7　2000年代の議論

　1990年代後半、日本の金融システムでは不良債権問題が猛威を振るい、信用組合の破綻に始まり、第二地銀の破綻、そして住宅金融専門会社の破綻整理に伴う公的資金注入、証券会社の破綻、都市銀行の破綻、長信銀の破綻など、金融システム不安が顕在化し、その対応に追われ、公的資金注入問題が課題になった時期である。

　2000年代に入ると、りそな銀行・足利銀行の国有化など金融システム不安が続く一方で、中期的な金融システムの将来ビジョンについても議論が行われた。その集大成が金融審議会「中期的に展望した我が国金融システムの将来ビジョン」答申（2002（平成14）年9月30日）である。この直後に「金融再

生プログラム」が策定され、不良債権問題に決着をつける作業が始まったことにかんがみれば、注目度は低いかもしれないが、基本的認識は重要で正しいものといえよう。

(1) 「金融システムと行政の将来ビジョン―豊かで多彩な日本を支えるために―」(日本型金融システムと行政の将来ビジョン懇話会報告(2002年7月12日))

a 複線的金融システムの構築

2001(平成13)年10月、金融担当大臣の私的懇話会として「日本型金融システムと行政の将来ビジョン懇話会」が設置され、
・不良債権処理をはじめ、現下の喫緊の課題につき、広範な意見交換を行う
・そのうえで、幅広い視点から中長期的に、今後、日本の金融システムが国民生活や企業経営において果たすべき役割等につき、包括的な将来像を展望する
・あわせて、こうした将来像のもとで、金融・資本市場行政が、国民ニーズにどう的確に対応していくべきかを検討する
ことが行われた。その報告が、02(平成14)年7月に発表された。

内容は、日本の金融システムを、①これまでのシステムにおける銀行中心の預金・貸出による資金仲介を「産業金融モデル」、②価格メカニズムが機能する市場を通ずる資金仲介を「市場金融モデル」とし、今後の金融システムにおける両モデルの重要性や果たすべき役割を展望している。「新たなシステムでは、もとより相対型の産業金融モデルも存続するが、市場金融モデルの役割がより重要になるという意味で、市場機能を中核とした「複線的金融システム」になる」(5頁)とした。

現在の制度の基本が形成された時代には、経済全体として資本不足であり、政策的に重要と考えられる産業にいかに資金を供給するかが金融システムの課題だった。そこで資金仲介の大宗を担ったのは銀行(預金取扱金融機関)であり、低利に規制された預金を集め、短期の運転資金のみならず、長期の設備投資資金も供給し、貸出先企業の株式も保有して、コーポレートガバナンス上も一定の役割を果たした。銀行そのものが、長期信用銀行、信託

銀行、普通銀行と区分され、普通銀行のなかでも大企業向けの都市銀行、中小企業向けの地域銀行、さらに限られた地域を地盤とする協同組織といった分業構造と、それを維持する立地規制により、経営の安定が保証されたのである。

こうした状況から、金融仲介機関そのものの「機能分化、専門化の推進が必要で、銀行が貸出を組成するのは当然であるが、いったん取った信用リスクを、そのリスクに見合ったリターンを確保しないまま、いつまでもバランスシートに抱えていることが不良債権問題を深刻化させているともいえ、リスクを値付けして機関投資家など他の主体に転嫁することが望ましい」(12頁) とした。

そして、「銀行貸出のウェイトは、リテール分野を除けば、実体経済に比べても、今後あるべき姿に比べてもオーバーキャパシティ状態にあり、実体経済のリスクが銀行に集中してしまっている。このため、長期的関係を前提としたリレーションシップバンキングから、貸出の組成機能、その証券化機能、証券化商品に伴う事務処理機能といった分化を促し、市場の価格形成やリスク配分のメカニズムを活用していくべきである」(12～13頁) としているが (筆者注：下線は筆者。以下同じ)、このなかで「リレーションシップバンキング」という用語が公式文書でほぼ初めて使用されたことが注目される。

この「リレーションシップバンキング」ないし「リレーションシップ」という語は、この報告では数カ所使用されている。

「長きにわたり、個人は、銀行の信用力に対して預金し、銀行は個々のプロジェクトではなく、企業そのものの信用リスクを評価して貸出を行い、返済完了まで抱えていた。将来の姿としては、プロジェクトの将来キャッシュフローを裏付けにノンリコースで組成される貸出が増加するし、それらの多くは組成時から機関投資家を含む複数の仲介機関によるシンジケートが引き受けることになろう。組成時から既にリスク分担されているシンジケートローンは、その後バランスシートから切り離して転売したり、証券化の対象としてSPCや信託に売却したりして、銀行は、自己資本でカバーできる範囲内でリスクを取るようになる。こうした貸出の機能は、証券の引受と近いも

のとなり、リレーションシップという側面は後退せざるを得ない」(16頁)

「また、企業のバランスシートや収益構造を分析することにより、キャッシュフローを再構築する投資銀行業務の重要性が増す。企業が収益資産を保有していれば、その部分を証券化して市場から調達させたり、逆に負債を株式に変換したりして資金調達手段を提供する。企業活動に伴うリスクを金融面からヘッジするために、デリバティブ商品を提供することも、より一般化しよう。さらに、資金調達に限らず、企業の結合や分割など、組織の再編スキームを請け負うケースも増大するものと考えられる。アメリカの企業は、必要な都度、必要な専門能力を持つ投資銀行を別々に選択しており、そこにリレーションシップという要素は希薄である。新たなホールセール金融においては、高度で専門的な金融技術により１件ごとに異なるスキームを提供して対価を享受することになる。そこに伝統的な貸出業務が残るとしても、短期の信用補完だったり、長期であっても信用リスクの移転、証券化を伴うことになろう。

こうした業務を行うに当たっては、当然ながら元手としての預金に依存する必要性が低下するが、アメリカの投資銀行のように、預貸とほとんど無関係な形態にまで純化するかどうかは現段階では予測し難い。例えば、既述のように負債を株式に変換するとして、その株式を転売するのが投資銀行であるが、現在の経営悪化企業に対して広く行われているように、株式を保有し続ければ、むしろ企業再建ファンドとして、リレーションシップを維持していくことになる」(17頁)

「次に、資金供給面では、アメリカの大手リテール銀行が、スコアリングシステムなどにより人手をかけず機械的、低コストで中小企業や個人向け貸出を大量に処理している一方、地域の多数の小規模銀行が、その地域に密着し、手間をかけて詳細な情報を収集しながら１件ごとの貸出を行っているという棲み分けの姿が、日本においても示唆的と思われる。後者においては、産業金融モデルが有効性を失っていないし、日本の大手銀行が市場金融モデルを指向せざるを得ない中で、地域金融機関におけるリレーションシップの重要性が再認識されることもあろう。ただ、日本の地域金融機関の現実に照らせば、コストの削減とともに、リスクに見合ったリターンを要求すること

が先決と考えられる。また、アメリカでは、証券会社についても、全国展開している大手が存在する一方、地域の多数の小規模会社が着実に営業を続けている。ちなみに、貯蓄金融機関を含む銀行数が1万弱、証券会社数が8千弱で、新規の参入、退出も活発に行われている」(19～20頁)

b　地域金融機関の課題

この報告では、地域金融機関・協同組織金融機関についての記述は少ない。すなわち、第Ⅱ部2「(5)　地域金融機関の課題」のなかの「イ．想定される将来像」において、次のように指摘している。

「ここまでの議論は、一定の規模を持つ銀行を念頭に置いたものであり、懇話会では、協同組織を含む地域金融機関の将来像については、さほど時間を割いていない。だが、いくら調達の場としての市場の使い勝手が向上したとしても、すべての中小企業や個人に利用できるはずもなく、地域金融機関が情報の非対称性を縮減しリスクシェアリングする機能は、今後とも基本的に有効であり続けるだろう。また、第Ⅰ部で述べたように、アメリカで小規模の銀行が、営業上は地域限定、財務上は保守的な方針を堅持しつつ、良好な財務構造を維持し、地域経済の中で役割を果たしていることからも、地域金融機関へのニーズが急激に低下するとは考えにくい。地域金融の将来像につき、監督行政上の経験を踏まえた大臣の問題提起に対し、委員からは、ひとつには、やはり地域限定を基本に据えてこそ、地場の中小企業の経営内容を熟知した上での的確なリスク管理が可能になり、健全性を維持できるという意見があった。もとより、地場産業が構造不況に陥れば、共倒れする懸念もあるが、地域内の個人向け信用供与などでリスク分散を図るとか、より組織的には、上部機関が再保険の形で信用リスクをいったん買い上げて、再配分するといったアイディアが示された。他方では、地域限定に伴うリスクの回避が現実にはなかなか困難であるとして、広域で中小企業金融に取り組むスーパーリージョナルを指向する意見もあった。地域に根ざしたきめ細かい対応ができるということと、組織が小さいということは論理的には別問題とされる。現実の資金量と経費率から合併の効果を試算すると、大手銀行より中小金融機関の方が効率化効果が大きいため、規模に応じた合併・統合のインセンティブをもたらす仕組みを導入すべきとの意見もあった。但し、第Ⅰ

部で述べたように、リテール分野のあらゆる業務につき、規模の経済性が働く訳ではない。また、最近の経済学では、数量化の困難なソフト情報の処理（財務諸表も作成していない中小企業の審査など）に際しては、小規模組織の方が大規模組織より効率的という考え方が支持を集めている。このため、合併・統合さえすればという一律の施策はとるべきでないし、また、合併を選択する場合には、円滑に実施できるよう行政としても支援するとともに、規模の追求を質的向上につなげるため、人的、資金的裏づけの早急な具体化が必要であろう」（51～52頁）

そのうえで、協同組織については続く「ロ．協同組織」で以下のように述べている。

「リスクシェアリングの可能性を業態に即してみると、地域の銀行であれば、大手銀行とのシンジケートローンや貸出債権の交換により、拠点の有無にかかわらず対応できるようになっているため、協同組織金融機関において、より切実な課題といえよう。ペイオフ実施を控えて、金融庁は、協同組織金融機関につき、相次いで破綻処理を行った。現象的には、厳格な検査の結果、引当不足に陥り、規制基準を満たすだけの自己資本を調達できないために経営継続を断念するというケースが大半である。懇話会では、そもそも協同組織金融機関は相互扶助理念の下、利益を内部留保よりも、出資額に応じた配当に充てるものだったのが、銀行と同じ自己資本規制を適用してわずかな経営の失敗により規制を満たせず退出を余儀なくされること、また、貸出先以外からの資本調達が現実には極めて困難であることなどにつき、中長期的には別の規律があり得ないのかとの問題提起があった。これに対しては、協同組織という仕組みそのものに市場原理が貫徹していない訳だが、さりとてその部分を改めれば、協同組織たる存在意義にも関わるため、懇話会として明確な意見集約はできていない。また、最近の経済学での規制理論は、達成すべき自己資本比率や当局によるモニタリングレベルの組合せを変えるといった自己選択アプローチも進展しているが、未だ実用的段階には達していない。しかし、今後、日本のマネーフロー構造における預金のウェイト低下が予想される中、再編などにより地域から金融サービスの担い手が消えていくことは決して望ましい事態ではない。何らかの形で金融サービスへ

のアクセスが確保されるよう、大手とは異なるビジネスモデルや規律のあり方につき、各方面で検討されることが望ましい」(52頁)

以上をみる限り、地域金融機関・協同組織金融機関について特段の提言は見受けられない。

(2) 金融審議会「中期的に展望した我が国金融システムの将来ビジョン」報告(2002年9月30日)

懇談会報告を受けて金融審議会は、2002(平成14)年9月30日に「中期的に展望した我が国金融システムの将来ビジョン」答申を取りまとめた。この内容は、懇談会報告とほぼ同様で、「我が国経済がキャッチアップの段階にあるときには、貸出先企業との長期的なリレーションシップを前提とした銀行中心の預金・貸出による資金仲介(以下「産業金融モデル」と呼ぶ。)が有効に機能した。しかしながら、我が国経済は1980年代に既にキャッチアップの段階を終え、世界経済のフロントランナーに位置するようになり、前例のない中で産業自らがフロンティアを切り開いていくことが求められているなど、産業分野での不確実性が増大している」(3頁)としたうえで、「(2) 複線的金融システムへの再構築の必要性」を掲げ、次のように述べて懇談会報告をフォローしている。

「我が国の金融システムは、長く、主として産業金融モデルにより担われてきた。経済がキャッチアップの段階にあるときには、どのようなプロジェクトや企業が資金供給に値するものなのか、比較的コンセンサスが得られやすく、この面での判断が容易であったことに加え、資金供給後の執行過程のモニタリングをいかにして効率的かつ適正に行うのかが重要であったことから、貸出先企業との長期的なリレーションシップを前提とする産業金融モデルがこの時代に適合的なモデルであった。後述するように、少なくとも中小企業や個人等に対する金融においては、今後とも産業金融モデルの有効性は失われないものと考えられる。一方、価格メカニズムが機能する市場を通ずる資金仲介(以下「市場金融モデル」と呼ぶ。)においては、市場参加者が各々のリスク・リターンの選好を持って市場に参加し、価格メカニズムを通じて、資金供給と調達のニーズが結び付けられる。市場金融モデルは、多数の

市場参加者によってそれぞれの情報をもとにチェックが行われる。経済がキャッチアップの段階を終了し、どのようなプロジェクトや企業が資金供給に値するのかあらかじめ判然とせず、人々によって判断が異なるという状況になれば、この面での判断がより重要になることから、市場金融モデルがより一層活用される必要がある。さらに、市場金融モデルの活用は、貸出債権の証券化等を通じて、産業金融モデルにおける適正なリスク・リターンの形成にも資する。また、産業金融モデルが主流である我が国の金融システムにおいては、預金取扱金融機関にリスクが集中し、増大するリスクを支えきれなくなってきており、多数の市場参加者の選択によって幅広くリスクが配分される市場金融モデルの役割がより重要になる」（4頁）

「3．複線的金融システムの姿」では、「リテール金融の姿」として次のように指摘した。

「中小企業や個人等を対象とするリテール金融においては、全ての企業が市場を利用できるようになるわけではなく、また、長期的な<u>リレーションシップ</u>を基礎にしたリスク管理が可能であると考えられることから、産業金融モデルが依然として有効性を失っていないものと考えられる。リテール金融において産業金融モデルが引き続き有効であるとしても、適正なリスク評価に基づくリターンが確保されるよう、リスク管理の手法と能力を高めていくことが必要である。リテール金融においては、貸出先一件毎の金額が小さく、ポートフォリオとして小口分散化し得るので、貸出先個々のリスクは大きくても、大数の法則が働くという特性がある。このことから、デフォルト率のデータ把握を的確に行うことなどにより、リスク管理能力を高めていくことが可能である」（11頁）

それに加えて「ベンチャー企業等」にも触れ、リレーションシップの重要性を強調している。

「起業段階にある企業等は、設備投資資金等の供給とともに情報の提供など幅広い金融サービスを必要とする。こうした企業は直ちに市場を活用することが困難なことも多いと考えられる。この場合であっても、資金供給の担い手が銀行に限られる必要はなく、ベンチャーキャピタル等が対応することもあり得る。産業金融モデルにおける<u>リレーションシップ</u>は長期的なものを

基本としているが、ベンチャーキャピタルは起業時に関与して上場時の売却益を得ることなどを目的としている。リレーションシップのあり方が異なるとしても、資金供給とともに情報の提供機能やガバナンス機能が適切に発揮されることが重要である。このことは、起業段階にある企業等の育成のためにも有効であると考えられる」(12頁)

「第2部　将来ビジョンへの架橋として取り組むべき課題」のなかでは、2(1)の「エ．リテール金融の充実」において、以下のとおり説明する。

「リテール金融においては、引き続きリレーションシップを重視した産業金融モデルが相応の役割を果たしていくと考えられるものの、従来通りのビジネスを続けるのではなく、収益性・健全性の一層の向上を図っていくことが重要である。新しいビジネスモデルを構築していく際の基本的な方向性は、顧客のリスク選好等に応じ、提供する商品やサービスを戦略的に選択することにあるものと考えられる。例えば、金融商品・サービスの提供面では、リスクの低い商品を低コストで迅速に提供するモデルが考えられる一方で、投資家のニーズに応じた多様な商品を、資産管理等も含めた高い水準のサービスとともに提供するプライベートバンキングといったモデルを追求していくことも必要である。貸出面では、地域に密着し詳細な情報を収集しながら、1件ごとの貸出を行うという方式のほか、スコアリングシステムを活用して中小企業や個人向けに低コストで大量に貸出を処理する方式も考えられる。さらに、個人向け信用供与の拡充や、口座管理等の手数料収入の増加も図ることが必要と考えられる。現在、我が国の銀行では、一般に、個人向け信用供与を拡充するノウハウが不足していることから、デフォルト率等のデータ分析に基づくリスク管理体制を整備することや、費用対効果の観点から手数料収入を見直すことが必要である」(17頁)

そのうえで、続く「オ．地域金融機関の将来像」において協同組織金融機関の存在意義を論じている。

「地域金融機関の将来像を考えると、引き続き地域に根ざして企業の経営内容を詳細に把握し、きめ細やかに地域住民・企業のニーズに対応することによって経営基盤の強化を図っていくことが核になると考えられる。しかしながら、地域金融機関の貸出ポートフォリオは地元中小企業等への融資が大

きなウェイトを占めることから、地元経済の動向によって金融機関自身の経営が大きな影響を受ける。こうした観点からも、リスク管理能力の向上を図ることが重要である。例えば、他地域の地域金融機関と共同してリスク管理能力の向上を図ることも考えられる。また、地域金融機関は自らの得意分野に経営資源を効果的に投入していくことや、合併等による組織再編を行って規模の経済性を働かせることなどによって、経営基盤の強化を図ることが重要である。

　協同組織金融機関についても、地域金融機関として上記の考え方が重要である。これに加え、協同組織金融機関は、次のような側面がある。すなわち、協同組織金融機関は、預金取扱金融機関として経営の健全性について預金者から信認が得られなければ、安定的な経営は維持できず、会員・組合員に対する与信機能も十分に果たし得ない。他方で、相互扶助の理念の下、剰余金を内部留保よりも事業利用分量や出資に応じて会員・組合員に還元するという協同組織の特質もある。協同組織金融機関は、こうした点を踏まえ、地域の金融サービスの担い手として、地域経済の実情や金融環境の変化に即し、地域金融機関として十分機能が果たせるよう、最適なビジネスモデルを構築していくことが重要な課題である」(18〜19頁)

　これら2002年段階の金融審議会報告とそのもととなった日本型金融システムと行政の将来ビジョン懇話会報告は、政府レベルの公式文書で、複線型金融システムの必要性の提示と、そのなかでの協同組織金融機関の存在意義の確認を行ったものと総括できよう。

　その要点は、以下のように集約される。

① 　従来の日本の金融システムは、預貸中心の産業金融モデル中心であった。産業金融モデルは、キャッチアップ段階では有効だが、リスク増大経済では限界があり、市場金融モデルによる補完による複線化が必要である。

② 　市場金融モデルと産業金融モデルが並立する金融システムでは、リテール分野において、協同組織の有効性が高い。

③ 　地域金融では、地域金融機関へのニーズは低下せず、その存在意義は高い。

④ 地域金融機関がソフト情報重視のリレーションシップバンキングを行うとき、必ずしも規模の経済が働くわけではない。
⑤ 協同組織金融機関には資本充実面で困難があり、中長期的対応が不可欠である。
⑥ 再編などで地域から金融サービスの担い手が消えていくことは望ましいことではない。

複線型金融システムでも協同組織の役割は重要であるとの認識である。この直後に策定された「金融再生プログラム」は、不良債権問題を根本的に解決することを企図し、主要行には2年間で不良債権比率を半分にすることが目標とされ、他方、地域金融機関には地域の実情に即したリレーションシップバンキングの機能強化によって漸進的に不良債権処理を進めることが示されることになる。

(3) リレーションシップバンキングに関する3報告

金融行政が「金融再生プログラム」の策定とその実行に移るなかで、地域金融機関については、リレーションシップバンキングの機能強化による不良債権問題の克服が課題となり、「集中改善期間」「集中強化期間」というアクションプログラムを経て、地域密着型金融として恒久化された。このプロセスで、リレーションシップバンキングに関する3つの報告がまとめられた。公表順に整理すると、①「金融再生プログラム」を受けた金融審議会「リレーションシップバンキングの機能強化に向けて」報告（2003（平成13）年3月27日）、②同「「リレーションシップバンキングの機能強化に関するアクションプログラム」の実績等の評価等に関する議論の整理」（「リレーションシップバンキングのあり方に関するワーキング・グループ」座長メモ）(05（平成17）年3月28日）、③同「地域密着型金融の取組みについての評価と今後の対応について—地域の情報集積を活用した持続可能なビジネスモデルの確立を—」（07（平成19）年4月5日）である。

2007（平成19）年の報告では、「(補論) 協同組織金融機関について」が記載されている。そのなかで「地域の小規模事業者を主要な顧客としている協同組織金融機関は、地域密着型金融のビジネスモデルが相対的に当てはまり

やすい存在であり、今後とも、小規模事業者を対象とする地域密着型金融の重要な担い手となることが期待される」(同報告17頁) として、協同組織金融機関の役割・存在意義を確認しており、当然ながら信用金庫もリレーションシップバンキングの担い手として同様の位置づけとなっている。

(4) 金融審議会「協同組織金融機関のあり方に関するワーキング・グループ「中間論点整理報告書」」(2009年6月29日)

2009 (平成21) 年報告についてはすでに触れているので詳細は省くが、協同組織金融機関についてその存在意義を確認しており、その問題意識として次のように整理している点のみを記載しておく。

「協同組織金融機関 (本報告では「信用金庫と信用組合」を指す。) は、中小企業及び個人に対する専門金融機関、地域金融機関という役割を担ってきた。中小企業数の減少が続いているなかで、中小企業向貸出における協同組織金融機関の貸出の残高は一定の水準を維持している。また、利用者等を対象にした各種アンケート結果では、中小企業への融資姿勢等、その機能を積極的に評価する意見もある。これらの点をとらえ、専門金融機関及び地域金融機関として、一定の役割を果たしてきたとの指摘がある。

一方、過去20年の推移を見ると、協同組織金融機関の資産と負債の構成については、預貸率の低下や預証率の上昇がみられる。また、貸出の中身についても、中小企業専門金融機関として、協同組織金融機関の本来的な目利きが必要とされる製造業や卸・小売業向けの貸出がむしろ減少している。これらの点をとらえて、地域金融機関として地域への資金還元が十分に行われていない、貸出の実態が協同組織金融機関の理念から遠ざかっているとの指摘がある。また、長年取引関係を維持してきた取引先との関係では、協同組織金融機関は積極的にその機能を果たしてきたが、新規案件の掘り起こしや再生支援、コンサルティングという観点から、さらに機能を果たしていく余地があるとの指摘もある」(3頁)

第6章

信用金庫の税制

1　法人税制

(1)　現行法制

　協同組織金融機関の税制上の軽減措置が必要な理由は、一面では組織論としての協同組織形態であることに由来し、法人税法上の規定による。

　法人税法（2011（平成23）年改正）は、第66条で「各事業年度の所得に対する法人税の税率」を規定しているが、その第1項では、「内国法人である普通法人、一般社団法人等又は人格のない社団等に対して課する各事業年度の所得に対する法人税の額は、各事業年度の所得の金額に100分の25.5の税率を乗じて計算した金額とする」としている。さらに、その第3項では軽減税率を規定し[1]、「公益法人等（一般社団法人等を除く。）又は協同組合等に対して課する各事業年度の所得に対する法人税の額は、各事業年度の所得の金額に100分の19の税率を乗じて計算した金額とする」としている。

　協同組織金融機関は、同法別表3でこの規定に従う協同組合として規定されており、本則で軽減税率が定められている[2]。したがって、協同組織金融機関の税制問題は一面で組織論ないし法人形態論によるものなのである。この

---

[1]　第2項は、「前項の場合において、普通法人のうち各事業年度終了の時において資本金の額若しくは出資金の額が1億円以下であるもの若しくは資本若しくは出資を有しないもの、一般社団法人等又は人格のない社団等の各事業年度の所得の金額のうち年800万円以下の金額については、同項の規定にかかわらず、100分の19の税率による」として、小規模企業、一般社団法人、人格のない社団の年800万円以下についての軽減税率を規定している。

[2]　第64条第3項でいう協同組合は、同法別表3に列挙されている。それらは、生活衛生同業組合（組合員に出資をさせるものに限る）・同連合会（会員に出資をさせるものに限る）・同小組合、共済水産業協同組合連合会、漁業協同組合・同連合会・漁業生産組合、商工組合（組合員に出資をさせるものに限る）・同連合会（会員に出資をさせるものに限る）、商店街振興組合・同連合会、消費生活協同組合・同連合会、<u>信用金庫・同連合会</u>、森林組合・同連合会、水産加工業協同組合・同連合会、生産森林組合、船主相互保険組合、たばこ耕作組合、<u>中小企業等協同組合</u>（企業組合を除く）、内航海運組合・同連合会、<u>農業協同組合・同連合会</u>・農事組合法人、農林中央金庫、輸出組合（組合員に出資をさせるものに限る）、輸出水産業組合、輸入組合、労働金庫・同連合会、である（筆者注：下線は協同組織金融機関）。

組織論というのは「公益法人等又は協同組合等」と併記されていることで明らかなように非営利法人であることによる[3]。

ただし、協同組織だから軽減税制適用、というのでは短絡的な議論になる。軽減税制によって果たすべき協同組織としてのミッションの実現があってこそ、正当化されるべきである。協同組合とは独占禁止法第22条にあるように、「小規模の事業者又は消費者の相互扶助を目的とすること」がミッションである。このミッションを果たさなければ、協同組織とはいえない。さらに、協同組織だから税制の軽減措置が必然というわけでもなく、協同組織の定着しているEU諸国では軽減税制は撤廃されている事例も多いのである[4]。

税制上の軽減措置について、2009（平成21）年の金融審議会金融分科会第二部会協同組織金融機関のあり方に関するワーキング・グループでは、本格的な論議は少なかった。協同組織形態をとる以上、法人税法上の軽減措置は当然との判断であったとも考えられる。これは税法上の規定よりも、①協同組織金融機関は株式組織の銀行が対応していない小規模企業層を対象にして業務を行っていること、②地区規制の制約を受け、収益上の理由等で地域からの撤退が容易に行えず、地域金融に特化させていることなどが背景にある。

(2) 歴史的整理

a 信用金庫法制定前

産業組合法（1890（明治23）年）第6条は、「所得税及び営業税の免除」「登録税については組合員の名簿の記載については免除」「登記に関しては軽減」という税法上の恩典を規定していた。その後、この規定に準じて、法人税および事業収益税も免除され、地方税についても非課税物件が規定された。さらに、臨時利得税・資本利子税・法人資本税・有価証券移転税・配当利子

---

[3] 「（協同組合等は）組合員の相互扶助を目的として設立されたものである。従って、課税所得は全ての取得であるが、普通法人よりも営利性が少ない点を考慮し、低率課税となっている」（川田〔2002〕41頁）。
[4] たとえば、日本銀行〔2004〕参照。

税・公社債利子税・印紙税等、ほとんどの課税が免除されていた。これは、政府が育成的見地から相互組織による非営利の社会的・公益的機関である産業組合に対して非課税措置をとってきたことによる。

しかし、1940（昭和15）年の戦時財政確立のため、所得税法の改正と特別法人税法の創設により、産業組合の全面的な非課税特典が廃止された。この特別法人税法は附則で戦時に限るとされたが、46（昭和21）年に附則が削除され、特別法人課税は恒久化された。なお同法は50（昭和25）年に廃止され、特別法人に関する規定は法人税法に統合された。

b 信用金庫の軽減税制

法人税は1952（昭和27）年1月、朝鮮動乱による収益の吸収の趣旨で、普通法人課税率が35％から42％に引き上げられたが、協同組合等は朝鮮動乱による収益増加の影響が乏しいとの理由から35％のまま据え置かれた。これ以降、普通法人と協同組合等との税率には差が生じており、普通法人の税率の引下げに連動して、協同組合等の税率も漸次引き下げられてきた（図表6－1参照）。

固定資産税の軽減措置に関しては、1953（昭和28）年の地方税法改正により、信用金庫が所有しかつ使用している事務所または倉庫の建物が非課税とされた（事務所および倉庫の存する土地、保養施設、研修施設等は課税対象）。その後、1994（平成6）年に事務所および倉庫に係る固定資産税および都市計画税が課税されることになり、課税標準となるべき価格の2分の1の額とされた。2007（平成19）年に2分の1が5分の3に引き上げられた（経過措置あり）。

貸倒引当金の繰入限度額の割増措置に関しては、1966（昭和41）年に中小

図表6－1　法人税軽減税率の推移　　　　　　　　　　　　　　　　（単位：％）

年度	1981	84	87	89	90	98	99	2012
普通法人	42.0	43.3	42.0	40.0	37.5	34.5	30.0	25.5
信用金庫	25.0	26.0	27.0	27.0	27.0	25.0	22.0	19.0
差	17.0	17.3	15.0	13.0	10.5	9.5	8.0	6.5

企業等（信用金庫を含む）への措置として創設され、繰入限度額に1.2倍を乗じて計算できるとされた。この倍率は80（昭和55）年に1.16に引き下げられた。

信用金庫の軽減税制措置の必要性については、1989（平成元）年6月21日の第114回常会衆議院大蔵委員会における、平澤貞昭銀行局長の伊藤英成委員の質問に対する以下のような答弁がある。

「信用金庫は、いわゆる協同組織の金融機関として営業を行ってきているわけで……協同組織というのは、お互いに十分に知り合った1つのサークルが金融機関をつくりまして、そこで金融業務をやっていくことで……非常に地縁、人縁に基盤を置く金融機関であります。

そのような協同組織である、しかも中小企業者なり個人なりかつまた零細な事業者なりにサービスを行う金融機関であるということからもろもろの特典を付与されているわけで、……税制上の特典も、そういう観点から与えられているわけでございます。したがって、そういう信用金庫の原点である協同組織性を維持しながらやっていく限り、それらの特典も引き続き与えられるべきものと考えている。」

(3) 軽減税制の根拠

a 内部留保の充実

金融行政においては自己資本比率の充実が求められているが、資本調達手段が株式会社に比べて少ない信用金庫においては、課税後利益の積上げにより内部留保を充実させることが自己資本充実を図るうえでの基本的な対応となっており、それを実現するために軽減措置が必要というもので、いわば資本政策として理解される。

b 基本理念：相互扶助・非営利・地域密着型金融

銀行と信用金庫とでは、基本理念・業務実態に大きな相違がある。信用金庫は、地域限定・中小企業専門という枠組みのもと、一般の金融機関からは融資を受けにくい立場にある中小零細企業および地域住民に対する非営利の相互扶助の金融機関で、地域に根差し、地域と密着した業務を展開しており、中小零細企業との長年の取引関係に基づくキメ細かなサービスの提供を

行っている。

 このような特性によって、相手先企業の経営悪化による取引の解消を行うことも困難で、また店舗の配置にあたっても、効率最優先ではなく、経済基盤が弱く経営効率面では劣る地域にも十分な配慮を行っているとされる。信用金庫の置かれたこのような状況のもとで、税制上の軽減措置が講じられているのは、信用金庫の非営利の協同組合型組織という特性や、その業務の特性に着目してのゆえんであるというものである。

 この地域性ないし地域との運命共同体ないし使命共同体という認識は、地域金融に固有な地域集中リスク（コミットメント・リスク）を回避できないことを意味し、そのリスクの緩和措置として軽減税制があると理解できる。

2　諸外国の税制

 協同組織金融機関についての税制優遇は、ほとんどの国でみられなくなっている。優遇税制が存在しているのは、イタリア、スペイン、ポルトガル、イギリス、アメリカのクレジットユニオンなどに限定される。この税制優遇も、日本の信用金庫に相当する金融機関（協同組織金融機関：cooperative institution）には適用されない場合が多い。

(1)　税制優遇のケース

(a)　イタリア

 配当制限と資産不分割の原則によって、直接税および間接税の特別税制がある。準備金に回される収益に対する法人税は全額免除される。分配された所得は、協同組合のレベルではないが、組合員の所得として課税される。特別の協同組合はその責任に関連して特別税制をもつ。たとえば「恵まれない（disadvantaged）」雇用者に対する人件費は控除できる。日本の信用金庫に類似した庶民銀行（banca popolaire）には適用されていない。

(b)　スペイン

 組合員との中心的活動は「保護（protected）」あるいは「特別保護（specially protected）」とみなすことができ、保護された協同組合は20～26％の法人税

がかかる。また資産譲渡、法人設立、出資発行、合併等の特定の適法行為（legal acts）に対してはいくつかの租税免除がある。

「特別保護」された協同組合の法人税は、50％減額された税率となる（1990年12月19日付法律1990年20号）。

協同組合は非協同組合法人と同じ規準で、非組合員との取引で得た収益には課税される。協同組合の特定の目的に直接関係しない活動（資産値上り益、投資収益等）についても課税される。

　(c)　ポルトガル

協同組合は特別な課税体系にある（specific tax status：1998年12月16日付法律85/95号）。同業者組合（collective persons）の所得に対する課税は税率20％、第三者取引からの所得の税率は34％、農業・文化・消費者・住宅・社会連帯（social solidarity）の協同組合の所得は非課税である。

協同組合は印紙税が免除される。協同組合の中核事業としての建物購入に関する相続税・贈与税・地方税は免除。特定の住宅協同組合の特定の取引には、付加価値税の軽減税率が適用される。

　(d)　イギリス

特定のIPSA協同組合（Industrial & Provident Societues Act準拠の協同組合）の利息は、二重課税を回避するため、非課税である。ただし、クレジットユニオンや住宅金融組合（building society）、共済組合は対象外である。

　(e)　アメリカ

クレジットユニオンは非営利法人なので、法人非課税である。

アメリカでは地域金融に特化させるべく、税法上、法人非課税の「Ｓコーポレーション」という形態を地域金融機関でも採用する例が近年増加しており、地域金融機関の25％超がこの形態を採用し、地域密着の金融サービス提供を誘導していることも重要な視点であった[5]。アメリカではＳコーポレーションのほかに、地域活性化の法制としてCRA（Community Reinvestment Act）のほかBank Enterprise Act of 1991が制定されており、低所得層・衰退地域（所得等が全米の平均以下の地域における中低所得層や当該地域）への金融活動の預金保険料の減額による誘導を行っている。

さらに、Community Development Banking and Financial Institutions Act of 1994により、地域の金融機関が種々の金融支援を受けられるCDFI（Community Development Financial Institutions）認定機関に認定されると、CDFI Fundの利用による低所得層・貧困地域（所得等が全米の平均以下の衰退地域）に対する地域再活性化・雇用創出・中低所得層所有事業の支援などの優遇措置が可能となるなど、政策的な誘導が行われている。

(2) **日本の場合**

日本では、協同組織金融機関に税制上の軽減措置により地域におけるコミットメント・コストの負担を軽減し、地域集中リスクへの対応を可能としている。現状でも地区規制により地域のコミットメント・コストの負担を強いているが、金融過疎地域に地区を定める場合には、軽減税制だけではなく、全国平均以下の雇用状況や所得水準、業況DI・鉱工業生産指数等の一定の条件のもとで、預金保険料の軽減等も工夫されるべきである[6]。アメリカ

5 　Sコーポレーションとは、連邦税法（内国歳入法）第1章第S節（Subchapter S）を選択した法人（incorporated association）で、法人非課税（法人段階では連邦法人所得税が免除され、株主段階で個人所得税が課税される）であり、パートナーシップの場合と同様に、法人段階の所得・利益・損失および控除項目は、年度ごとに持株数に応じて各株主に割り当てられ、株主の段階で課税を受ける（連邦税申告書フォーム1120S様式およびスケジュールK－1）。

　その適用の条件は、①株主数……100名以下（家族は1株主とみなせる）、②株主……個人、遺産財団、特定信託。なお、パートナーシップ、法人、非居住外国人は不可、③発行株式の種類は1種類のみ、④含み益課税……Cコーポレーション（法人非課税ではない通常の法人）からSコーポレーションへの転換後10年以内に、Cコーポレーション期間中に蓄積された含み益を処分した場合には課税、⑤引当金方式の制限……貸倒損失の控除には原則として特定債権償却法を活用である。

　1958年に制定（Technical Amendments Act of 1958）され、96年改正（97年施行）で、それまで対象外の金融機関にも適用可能になり、株主数も当初は75名に設定され、2004年改正で100名になった。Sコーポレーションの数は1985年の72万強から、2002年には315万強に増加（全法人数の55.4％）、総資産額100億ドル超のSコーポレーションの数は85年の2,305から、02年には26,096へ増加し、02年にSコーポレーションの収益は全法人の59％を占めている。

　1997年から銀行もSコーポレーション化が可能になり、2005年末に2,156（全銀行数の28.6％）で、資産規模20億ドル以上が3行、10億〜20億ドルが13行存在するが、10億ドル未満が99.3％（うち1億ドル未満が61.5％）となっている。根拠法は各州の会社法である。内田〔2009〕参照。

6 　全国平均以下を、10％tileあるいは25％tileというような基準等で考えることも可能である。

のCDFIのように協同組織金融機関を特定機関として認定し、公的資本注入スキームにより経済的資本（エコノミック・キャピタル）[7]を有利な条件で注入するといった措置もありえよう。

　協同組織金融機関の法人税軽減等の税制優遇は、信用金庫については1951（昭和26）年の信用金庫法制定時からのものであるが、資本政策からの側面もある。信用金庫の出資は、出資口数にかかわらず議決権は１人１票で、株式会社のように株式数に対応した議決権ではない。株式会社であれば、保有株式数を増やせば経営権を支配できるが、信用金庫の場合にはそのようなことはない。信用金庫が安定的な出資者を維持しようとすると、出資配当を相応に保つ必要があるが、資本政策からして容易ではない。したがって、内部留保の積上げによる自己資本の充実以外に資本調達手段はかなり制限されている。この点で、税制優遇は自己資本充実の政策でもある。ただし、図表６－１にみるように、普通法人との税率の差は縮小されてきている。

　いずれにしても協同組織という組織のゆえに、税制上の軽減措置がとられていることをいかに地域金融で実現するかが重要である。いわば業務面での問題である。そこで重要なのが相互扶助・非営利の意味である。地域金融でいかに営利目的ではない業務を行い、短期的な利益追求ではなく、長期的な利益追求というかたちでの行動を実現するか、が問われている。

　信用金庫の税制上の軽減措置には、2006（平成18）年頃の例でいえば、法人税（約200億）、印紙税（約200億）、法人事業税（約40億）、事業所税・固定資産税（約20億）、一括評価金銭債権に係る貸倒引当金の繰入限度額の特例などがあり、軽減額は約540億円に及んでいる（図表６－２参照）。信用金庫法制定時には、信用金庫は資本調達手段が制限され、１人１票の出資者しかいないので、出資者の確保が必要で、その出資配当の確保のために軽減税率を適用したとされる。

　信用金庫の場合は印紙税の非課税効果が大きく、法人税の軽減分に匹敵す

---

[7]　エコノミック・キャピタルは「金融機関がリスクテイクして個々のビジネスを展開していくうえで、当該ビジネスから発生する予想外の損失をカバーするために用意し、配賦しておくべきリスクのバッファーとして必要な資本」と定義される。すなわち、金融機関経営の内部リスク管理上、必要とされる自己資本である。

図表6－2　信用金庫の優遇税制（試算）

	2006年頃	撤廃後増加分	（備考）2007年4月現在
法人税	784億円	約200億円	22%（2006年当時）
一括評価金銭債権に係る貸倒引当金の繰入限度額の特例（16%を限度）		約70億円	貸倒実績率のほか法定繰入率0.3%による繰入れを認めるとともに、繰入限度額については通常の場合の繰入限度額に1.16を乗じて計算した金額とすることができる（16%の特例は2009年3月まで）。
印紙税		約200億円	約1億余口座 預金通帳：非課税 預金証書：1万円未満非課税 受取書：会員宛ておよび3万円未満非課税
事業税の標準税率		約40億円	所得割のみ（軽減税率適用） 所得のうち年400万円以下の金額は5%、400万円超の金額の6.6%
事業所税の課税標準の特例		数億円	課税標準の2分の1適用
固定資産税（事業用不動産（事務所および倉庫に限る）の課税標準の特例		約20億円	課税標準の5分の3適用（経過措置あり）
合　計		約540億円	

（参考）　信金中央金庫『全国信用金庫統計』各年度版、全国信用金庫協会『全国信用金庫財務諸表分析』各年度版

るが、印紙税については印紙税法第12条（預貯金通帳等に係る申告及び納付等の特例）で特例措置が規定され、別表1の「第1　課税物件表（第12条関係ほか）」の課税物件表の適用に関する通則第8号、第18号で「信用金庫その他政令で規定する金融機関」と、預貯金証書等が非課税となる金融機関の範囲を規定した。信用金庫以外では、印紙税施行令の第27条（法別表第1第8

号および第18号の非課税物件の欄に規定する政令で定める金融機関)で、「1．信用金庫連合会、2．労働金庫及び労働金庫連合会、3．農林中央金庫、4．信用協同組合及び信用協同組合連合会、5．農業協同組合及び農業協同組合連合会、6．漁業協同組合、漁業協同組合連合会、水産加工業協同組合及び水産加工業協同組合連合会」が非課税とされた[8]。

金融制度調査会などでの優遇税制に関する議論は、先に整理したように、1988～89(昭和63～平成元)年の審議のなかで、
・弱者への対応ということに対して税制面での優遇措置が講じられている
・税制等の面での優遇措置は、非営利性のゆえに税の恩典があるのであり、同質化が進み、非営利性が薄まれば、税制優遇措置の廃止を検討すべきである
・同じ地域で同じ規模で同じ業務の金融機関が、協同組織であるというだけで税制上の優遇措置を受けられるのはおかしい
・組織金融機関か否かにかかわらず、税制面で異なる対応を受ける機関が存在することは税制上の理屈にあわなくなる。同質化しているから、協同組織金融機関全体に対して税制優遇を廃止するのであれば、規模の小さい機関は相当のハンデを負うことになる
などの議論があった。

いずれにしても信用金庫の税制優遇は、相互補助に基づく非営利性に依存し、その企業形態が協同組織である、という法理論的構成によるものである。

相互扶助に基づく非営利性というと理念的な印象を与えるが、具体的には、信用力が相対的に弱く、借入金額も相対的に少ない中小零細事業者や個人を対象にリスクとコストを払いつつ、業務を行っている現状も看過できない。普通銀行に比べて、不良債権比率が相対的に高いことがそれを物語っている。

この事実は本来、倒産・破綻先に対して行政が直接介入して発生するコス

---

[8] 信用金庫の場合、「((信用金庫法の)目的及びその取扱う預金が比較的零細であることに鑑み、これらの金庫の発する出資証券、預金通帳、積金通帳……には課税しないこととしている」半田〔1954〕8頁。

図表6－3　非営利法人の税制（2014年4月現在）

	公益社団法人 公益財団法人	学校法人 社会福祉法人 更生保護法人	その他の公益法人等（日本赤十字社等）	認定特定非営利活動法人 仮認定特定非営利活動法人	特定非営利活動法人	非営利型の一般社団法人 一般財団法人	一般社団法人 一般財団法人
課税対象	収益事業課税・ただし、公益目的事業に該当するものは、収益事業であっても非課税	収益事業課税	収益事業課税	収益事業課税	収益事業課税	収益事業課税	全所得課税
みなし寄附金損金算入限度額	次のいずれか多い金額 ① 所得金額の50% ② 公益目的事業の実施に必要な金額	次のいずれか多い金額 ① 所得金額の50% ② 年200万円	所得金額の20%	次のいずれか多い金額（仮認定特定非営利活動法人は適用なし） ① 所得金額の50% ② 年200万円	なし	なし	なし
法人税率	25.50%（所得年800万円まで15%）	19%（所得年800万円まで15%）	19%（所得年800万円まで15%）	25.50%（所得年800万円まで15%）	25.50%（所得年800万円まで15%）	25.50%（所得年800万円まで15%）	25.50%（所得年800万円まで15%）
金融資産収益 法人税	収益事業から生じるもののみ課税	収益事業から生じるもののみ課税	収益事業から生じるもののみ課税	収益事業から生じるもののみ課税	収益事業から生じるもののみ課税	収益事業から生じるもののみ課税	課税
金融資産収益 所得税（源泉徴収）	非課税（なし）	非課税（なし）	非課税（なし）	課税（あり）	課税（あり）	課税（あり）	課税（あり）
寄附者に対する寄附優遇	あり	あり	あり	あり	なし	なし	なし

（出所）財務省ホームページ（http://www.mof.go.jp/tax_policy/summary/corporation/251.htm）

ト（補助金等）を、信用金庫に対する税制優遇という間接的な手法によって削減する効果があるとも考えられる（社会的総費用の最小化）。もし税制優遇がない場合には、信用金庫の与信判断として、リスク管理上問題のある融資対象に対してより厳しい融資判断となり、融資が縮小することになる可能性をもつ。相互扶助性のもと、利益を縮小してでも地域産業を育成・活性化するという与信判断を支えているのが税制優遇でもいえる、との意見は信用金庫の現場には多い。

　計数的には１信用金庫当り、法人税で8,000万円程度、印紙税等を合算しても２億円程度の税制優遇で裾野金融を維持できるとしたら、大きな社会的負担とはいえない。逆にいえば、１金庫２億円程度の負担であれば、負担が不可能なわけではないともいえよう（なお、非営利法人の税制については図表６－３に掲げたので参照されたい）。

第7章

相互組織

1　相互扶助組織としての相互会社

(1) 相互会社形態

　信用金庫は協同組織といわれるが、組織形態としては相互組織（mutual form）と類似している。相互組織の法人も相互扶助を目的としている。日本では相互会社として、保険会社のみに認められた企業形態である。相互会社（mutual company）とは、一般には、顧客と社員が一致する形態の企業形態をいい、社員を相手方とする保険の引受けを行う組織（日本の相互会社やアメリカの相互保険会社など）や、社員から貯金の受入れと社員への資金の貸付を行う組織（アメリカの相互貯蓄銀行など）として用いられる。

　日本においては、保険業法に基づいて設立される法人で、保険業を行うことを目的とする社団であり、保険契約者を社員とする法人をいう（同法第2条第5項、第18条）。「会社」と称するものの、社員に対して剰余金を分配することを目的とする法人ではないため、あくまでも非営利法人であり、営利法人としての会社ではない[1]。

　相互会社は、相互保険の保険者として保険業を営む便宜上、法人格を付与される。相互会社は、保険業を営む法人にのみ認められる法人の形態である（単一の権利義務の帰属体。社員が不断に加入・脱退するにもかかわらず、集合体としての統一性を失わずに存続）。相互保険の保険契約者（加入者）は、相互会社の社員（構成員、出資者）となり、総社員の集合体である社員総会が会社の基本的意思決定機関となる。これは、株式会社でいえば株主および株主総会に当たる。社員総会は取締役・監査役を選出し、剰余金の処分案を承認し、定款変更を決するなど、株主総会に関する会社法の規定の多くは、保険業法によって社員総会に準用される。したがって、保険会社に雇用されている者が社員でないことに注意を要する。実際に雇用されている者は職員と呼ばれている。

---

[1] 営利法人とは事業から生じた利益を出資者に分配することを目的とするので、そのような目的をもっていない、という意味で非営利法人である。

すなわち、相互会社というのは、社員が相互に保険を行うことを目的（相互性）として設立された会社で、社員が会社に対して保険料を払い込み、これに対して会社は社員に対して保険給付を行うという保険事業を営む。事業の結果として剰余金が生じたときには、社員に対してその分配が行われる。これを実費主義の理念に基づく可及的に安い費用での保険保護の提供という。

しかし、株主総会と社員総会の実際の態様は大きく異なる。まず、株式会社の株主数は大会社でも数十万人にとどまるのに対し、相互会社においては社員数が数百万人から1,000万人以上にものぼる。そして、株主総会では１株につき１個の議決権が与えられることから、特に発言力の大きな大株主は少数であるのに対し、社員総会では社員に各々１個の議決権が与えられるため、社員間に発言力の差はない。したがって、社員総会で合議することは現実的でないとされている。

そこで保険業法では、総社員のうちから総代を選出し、総代の合議体である総代会を社員総会にかわる機関として設置することも認めている。総代会を設置した場合、社員には各々１票の選挙権（信任権）が与えられ、総代候補者のなかから総代を選出する（総代候補者は、総代候補者選考委員会が選定する）。総代選出の社員投票では、社員総会の議決権と同じく１人１票であり、保険の契約高等に応じた選挙権が与えられるわけではない。取締役、取締役会、代表取締役および監査役など、その他の機関や、特別取締役、委員会設置会社などの制度についても、保険業法により、会社法の株式会社に関する規定が多く準用される。

株式会社では、株主が取締役の経営を監視監督し、しばしば株主総会において取締役の責任追及が行われる。相互会社では、総代会を設置した場合、総代と総代会が取締役等の経営を監視監督することになる。しかし、総代と総代会が経営監視機能を果たすことができるのか、という点については批判もある。なぜならば、総代の候補者は監視される側である取締役会が実質的に選定するため、取締役らに厳しい者が総代候補となることはまずないからである（株式会社と相互会社の比較については図表７−１参照）。

実際に総代の多くは、当の相互会社が株式を保有する会社の経営者や地方

図表7-1　株式会社と相互会社の比較

	株式会社	相互会社
性質	営利を目的とする法人（会社法に基づき設立される）	営利も公益も目的としない中間法人（保険業法に基づき設立され、会社法上の会社には属さない）
資本	株主（会社の構成員）の出資する資本金	基金拠出者（会社の構成員ではなく、単なる債権者）の拠出する基金
構成員	株主	社員＝保険契約者
意思決定機関	株主総会	社員総会（総代表）
保険関係	営利保険（保険契約により保険契約が発生する）	相互保険（社員と保険関係が同時に発生。なお、非社員関係の契約も認められている）
損益の帰属	株主（ただし、契約者配当が可能な商品も販売可能）	社員

の名士的人物が就くなど名誉職的なものとなっている。このように、相互会社からの独立性が疑わしい総代選定と閉鎖的な総代会運営への批判を受け、保険業を監督する金融庁も総代選出手続と総代会運営の改善を指導している。この行政指導もあり、相互会社は保険業に通じた学識経験者や一般契約者を総代候補とし、総代会の議事録等を公表するなど、徐々に開かれた総代会を目指しつつある。

(2) 相互会社の基本的属性の意味

相互会社の基本的属性については、次のようにまとめることができよう。
① 確実な保険保護の提供と内部留保の充実……支払能力を維持していく財務上の準備が必要不可欠である。剰余金分配は実費主義を理念としながら、保険事業継続に必要な内部留保への貢献分を除いたうえでの生産としてとらえられる。
② 会社損益の帰属……相互会社の社員は保険事業継続に必要な内部留保へ

の貢献というかたちで社員としての責任を負っている。これは直接的なかたちで実現されるものではなく、継続企業として社員に対して確実な保険給付をなす、という相互会社の理念に照らして修正されたかたちで実現される。

③　相互会社の社員の権利義務……個々の社員の有する自益権としての請求権の内容についても、保険計理的に公正・衡平な計算に基づき算出されることが要請される。退社員の貢献に係る部分が蓄積されるというかたちでの内部留保の形成は相互会社の目的の限度において認められるものであり、これを担保するものとして、社員自治を補完する保険監督法的な規制手段の整備が必要となる。

④　相互会社の機関……総代会の設置は、多数の社員が1人1議決権を有するため総会開催が物理的に困難であるということにより認められているのであり、総代の地位の正当性は適正な選任手続を経ることで担保される。総代でない社員には各種の共益権により、経営に参与する権利が確保されることが重要になる。

⑤　相互会社の目的の範囲……保険事業に有用な範囲内で、保険事業以外の業務を行うこと、子会社を保有することは、相互性・非営利性に反しない。

(3)　相互会社の税制

相互会社は、相互性をもつ非営利法人であるが、法人税制上は普通法人と同じである。法人税法第66条第6項は、

「内国法人である普通法人のうち各事業年度終了の時において次に掲げる法人に該当するものについては、第2項の規定は、適用しない[2]。

　1．保険業法に規定する相互会社（次号ロにおいて「相互会社」という。）
　2．大法人（次に掲げる法人をいう。以下この号及び次号において同じ。）と

---

[2] 法人税法第66条第2項は、「前項の場合において、普通法人のうち各事業年度終了の時において資本金の額若しくは出資金の額が1億円以下であるもの若しくは資本若しくは出資を有しないもの、一般社団法人等又は人格のない社団等の各事業年度の所得の金額のうち年800万円以下の金額については、同項の規定にかかわらず、100分の19の税率による」と規定している。

の間に当該大法人による完全支配関係がある普通法人
　　イ　資本金の額又は出資金の額が5億円以上である法人
　　ロ　相互会社（これに準ずるものとして政令で定めるものを含む。）」
と規定しており、相互会社の法人税率は普通法人と同じとしている。

2　相互会社の株式会社化[3]

(1)　相互組織の株式会社化（ディミューチュアリゼーション）

a　住宅金融組合の株式会社化

　イギリスの住宅金融組合（Building Society：BS）は、世界の相互形態・協同組織形態の先駆け的存在として知られ、住宅ローン専門金融機関であった。しかしながら1986年のBS法改正は、金融自由化のなかでの競争条件を確保するため商業銀行並みの業務を可能とする一方、普通銀行（株式会社）化を規定した。商業銀行との競争には住宅ローンのみでは収益確保、リスク管理が困難になるためでもある。住宅ローン分野への商業銀行の進出もあって、80年の住宅ローン市場でのBSのシェアは82％だったが、90年に61％に低下するとともに、BS業界は合併（80年の273組合が95年に83組合に減少）と上位組合への市場集中度（94年末には上位5組合で59％）が進んだ。

　このような状況が進行するなかで、1986年改正法に従って業界第2位のアビーナショナルが普銀転換し（89年7月）、その後大きく業績を伸ばした（資産規模は90年の400億ポンドが96年には1,200億ポンドに増大）が、BS業界全体の伸びは緩やかであった。さらに、アルフィナンツ、バンカシュランスに代表される総合金融化の動きに対応する必要から、97年には4月に業界4位のアライアンス＆レスターが、6月には業界トップのハリファックス、7月には3位のウーリッチ、10月にはノーザンロックが相次いで普銀転換した。

　普銀転換だけでなく、商業銀行による吸収合併もあり、1996年8月には業界7位のナショナル＆プロビンシャルがアビーナショナルに、97年7月に業

---

[3]　相互会社の組織変更については、村本〔2010〕第6章を参照。

界9位のブリストル＆ウエストがバンク・オブ・アイルランドに合併された。この結果、BS業界の資産規模はほぼ半減するに至った。

興味深いのは、アメリカのS&Lのような持株会社化という手法がとられなかったことである。もともとBSは相互形態とはいえ、商業銀行との同質化が進行していたからであろう。また一般的な協同組織とは異なり、事業中央機関が存在せず、業界統合という集約化が機能しない組織であったこともその理由であろう。

b　アメリカのS&Lの組織変更

相互会社形態をとる企業としては保険会社が代表的であるが、ほかにもアメリカのS&L（貯蓄貸付組合）と相互貯蓄銀行（MSB）、およびイギリスの住宅金融組合（BS）がある。S&Lは1980年代の規制緩和期に業務の自由化が進み、その影響もあって破綻が相次いだ結果、株式会社形態への移行が行われ、資産規模で約70％は株式会社形態となった（機関数でみると、92年末時点で1,973組合中47％の973組合が株式会社形態）。イギリスのBSも90年代後半に株式会社化が進み、相互会社形態の比率は低下している。

> **コラム　S&Lの仕組み**
>
> 　S&L（MSB）では、預金口座を開設するとその組合員（member）になり、その構成員（所有者）になる。組合員がS&Lに対してもつ権利は預金によって得られる経済的利益の享受であるが、自益権として剰余金分配請求権、残余財産分配請求権、共益権としての議決権がある。
> ・剰余金は組合員に分配されるが、すべての費用支払をなし、一定の資本要件充足のための留保された後でないと剰余金分配はできないので、組合員の受けられる分配は預金の約定利息のみで、営業継続中に約定利息以外の剰余金の分配は受けられない。
> ・組合の清算・解散時に残余財産の分配を受ける権利を有するが、事実上実現しない。
> ・議決権（役員の選・解任、定款の変更、合併や株式会社への転換の承認等に対する議決権）は組合員固有の権限で、預金100ドルにつき1票の投票権がある（投票権の上限は1,000票まで）。

このような仕組みを有するS&Lには、「相互持株会社」の設立が認められている（1993年9月のOTS規則）。S&Lは相互組織のままだと、自己資本の充実は基本的に内部留保による以外は困難であり、株式組織化する必要があった。だが、80年代に破綻した多くのS&Lは敵対的な買収に遭ったりして、不健全な経営に追い込まれるケースもみられた。

　そこで、相互組織の利点を活かしつつ自己資本充実を図る必要があり、「相互持株会社」が構想された。この仕組みは、もとのS&Lが「相互持株会社」を設立し、S&L自身はその子会社（株式会社）になり、外部の投資家から持株比率49％を上限に出資（議決権付株式の発行）を仰ぐことができる、というものである。S&Lでは預金者が議決権をもつが、引き続き過半の議決権を保有しつつ、増資にも対応でき、他のS&Lの買収も可能となる。

　S&Lの株式会社化が進行し、アメリカの間接金融システムは商業銀行化という意味で同質化が進行する一方、相互主義理念が希薄化していくなかで、このような取組みは重要である（協同組織としてのクレジットユニオン（credit union）は残っているが、その資産規模でのシェアは小さい）。

c　EUにおける協同組合の株式会社化

　EUでは、協同組合自体の株式会社化が進んでいる。株式会社化しているのは連合会であることが多い。それは、多国籍の大企業—特に小売業者—に対抗するためであり、資金調達を含めて連合組織が機動的に動けるようにするねらいがある。具体的には、ドイツの信用事業の全国機関のDZバンク、フランスにおける中央機関であるクレディ・アグリコールのいずれも株式会社化している。

　株式会社化といっても、その形態はさまざまである。たとえば連合会の会員がそのまま株主となっているもの、議決権の半分は旧会員がもち、残りを一般に売却しているもの、等々。これらに共通しているのは、従来の組合員や会員が議決権の過半をもつなど、組織としては株式会社のかたちになっているが、運営は協同組合としての性格が残されていることが特徴である。

　しかし、なかには、議決権の半分以上を外部の投資家に保有されてしまったため、協同組合としての性格を完全に失ったケースも出てきている。まさに株式会社と協同組合の境界が揺れ動いている。

また、協同組織の形態はとるものの、出資証券を上場している事例もある。

(2) 生保相互会社の組織変更

金融機関のメガ化の動きは、銀行業にとどまらず、金融業全体を覆うものであり、生命保険会社もそのトレンドから無縁ではない。生保会社についても、金融機関の統合としては、生保会社同士の統合、他業態金融機関との統合、そして異業種との統合という局面が出てくる。

その際、親子会社関係・持株会社・合併の手法が活用されることになるが、金融持株会社方式は合併に伴う諸々の困難を克服するうえで有効である。しかし、他業態との統合の際には生保相互会社であることから制約が生じ、統合を容易にするには株式会社化が不可欠の要件となる場合もある。株式会社化にはソルベンシーの充実といった目的もあるが、いずれにせよ相互会社という保険業に認められた形態を放棄することになり、そのアイデンティティにかかわることになるのである。

相互会社形態は保険会社に独特のもので、主要国でもその例は保険会社以外には住宅金融関連金融機関(イギリスの住宅金融組合(BS)、アメリカのS&L)の例があるにすぎない。それらの相互組織形態の金融機関も、生保相互会社の株式会社への転換、BSおよびS&Lの株式組織への転換が進んでいる[4]。

このような諸外国での相互組織の株式組織への転換は、金融システムが市場型に移行する過程で起こっていることを考えると、市場に適合するには株式組織形態がふさわしいかの印象を与える。株式による企業結合が容易であることが主たる理由であろうが、生保会社にとって相互会社であることの意義を確認しておくことは重要であろう。また、株式会社化する際にいくつかの課題も存在することにも留意したい。

生保相互会社は、合併・提携など統合の際に被る課題を解決するため、1995(平成7)年の保険業法の全面改正では相互会社から株式会社への組織

---

[4] 村本〔2010〕参照。

変更の規定が新設され（同法第85条）、ビッグバンの展開をにらんだ組織変更を可能としたのである。これは、株式会社化により資本調達能力の強化、自己資本の充実、事業展開の自由度の向上等に柔軟に対応可能となるからである。

他業進出の手法としては、株式会社化のほかに、①本体の下に子会社として持株会社をもち、さらにその下に各種金融業会社を保有する方式（川下株式会社）、②本体を子会社とする持株会社をつくる方式（川上株式会社）がある。川上株式会社には、(i)生保相互会社が株式会社化し、同時に川上に持株

図表7－2　川上持株会社・川下持株会社

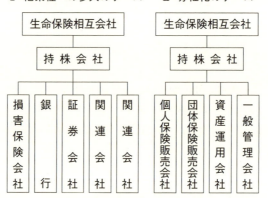

〈川上持株会社の例〉
Ⅰ　他業種への参入のケース　　Ⅱ　分社化のケース

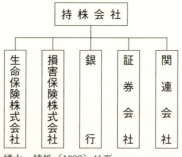

〈川下持株会社の例〉

（出所）　橘木・植松〔1998〕41頁

会社を保有する方式と、(ii)生保相互会社自身がそのまま持株相互会社になり、その下に子保険株式会社を新たに設立し、そこに事業を全部移転するという持株相互会社方式がある（相互会社が持株相互会社を設立し、もとの相互会社自身はそれに所有される保険株式会社となることもある）。なお、川上持株会社・川下持株会社の例については図表7－2を参照されたい。

(3) 株式会社化

保険相互会社の株式会社化（demutualization）は、1990年代に入り諸外国で活発化した。アメリカでは92年のエクイタブル社、98年のMONY社、イギリスでは97年のノーリッチ・ユニオン社、オーストラリアでは98年のAMP社等の事例があるほか、計画公表段階のものとして98年にアメリカではプルデンシャル社、メトロポリタン社、ジョン・ハンコック社、カナダではマニュライフ社などがある（図表7－3参照）。

わが国でも株式会社化は改正保険業法第85条で可能になり、1999（平成11）年1月以降、金融審議会（第二部会）の「保険相互会社の株式会社化に関するワーキング・グループ」において種々の検討が行われ、同年7月6日に「保険相互会社の株式会社化に関するレポート」が公表された。

金融機関の提携・合併に際して、生保会社が相互会社であることのデメリットとして、

① 金融機関の再編の手段としての持株会社方式において、金融グループの中心にできる持株会社の傘下に相互会社が入るのは困難であること
② 異なる業種間の提携・合併において相互会社形態が障害になること（銀行と生保の提携を考えるとき、生保は銀行の株式を保有できるが、銀行は生保の株を保有できないので一方通行になってしまう（筆者注：銀行は相互会社の株式は保有できないが、生保会社の基金への出資というかたちで関与可能である点が看過されている。ただし、基金への出資には株式投資のような経営参加権はないほか、基金には利息支払が義務づけられているが株式には配当しかない（無配もある）点も異なる））

という主張があるように[5]、生保が相互会社にとどまっていては金融再編に取り残されるという視点は重要である[6]。

図表7-3　諸外国の生保会社の組織形態

アメリカ		
1	メトロポリタン	相互（2000年株式会社化）
2	プルデンシャル	相互（2008年株式会社化発表）
3	コネチカットジェネラル	株式
4	プリンシパル	持株相互（1998年組織変更）
5	ネーションワイド	株式
6	ニューヨークライフ	相互
7	エクイタブル	株式（1992年株式会社化）
8	ハートフォードライフ	株式
9	ジョン・ハンコック	相互（2000年株式会社化）
10	ノースウェスタン	相互
イギリス		
1	プルデンシャル	株式
2	スタンダードライフ	相互
3	エクイタブル	相互
4	アクサ・サンライフ	株式
5	ノーリッチ・ユニオン	株式（1997年株式会社化）
オーストラリア		
1	AMP	株式（1998年株式会社化）
2	レンドリースグループ	株式
3	ナショナル・ミューチュアル	株式（1995年株式会社化）
カナダ		
1	ロンドンライフ	株式
2	クラリカライフ	株式（1999年株式会社化）
3	マニュライフ	株式（1999年株式会社化）
4	サンライフ	相互（1998年株式会社化発表）
5	カナダライフ	株式（1999年株式会社化）

（出所）　村上〔2000〕41頁など

一般に、生保会社の株式会社化によって、株式会社組織金融機関と互角に競争するための基盤整備を進めることができ、具体的には、
① 　資本市場へのアクセスが可能となり、資本調達が容易になる（新株の発行など。ただし、相互会社でも社債の発行は可能である）
② 　企業組織が弾力的になり、事業展開が活性化し、自由度が増加する
③ 　内部留保を厚くすることで経営の安定性が増大する
④ 　ストック・オプションの活用により優秀な人材を確保できる
といったメリットが期待できる。
　一方、デメリットとしては、
① 　株式会社化に伴うコストが会計・法的手当、印刷費等を含めて膨大である
② 　社員に株式を交付することにより、膨大な株主が誕生するため総会開催が物理的に困難になる
③ 　株式を割り当てるに際して端株が大量に発生するおそれがある
④ 　保険契約者にとって株主の存在があるため、余剰をすべて配当として受け取ることができなくなる（保険契約者と株主の間の利益相反）一方、会社にとっては株主への配当と保険契約者への配当をいかに調整・配分するかという問題も生じる
⑤ 　実務上の問題（株式上場基準の充足（監督法による監査の必要性、株式公開時期の問題など）、会計制度の整備など）
があげられる。
　株式割当ては寄与分基準による（加入期間が長いほど、支払保険料が多いほど寄与度は高い）といわれるが、大手生保の場合、1,000万件を超える契約を抱えており、単純に株式会社に組織転換すると、ほぼ同数の株主が誕生する[7]。この点で、株主化した契約者は株主権によって会社の所有権の権利行使が可能になるのに対し、端株ないし端株未満株主になる契約者は結局現金補

5　橘木〔1999〕29～30頁。
6　橘木は、後に述べる持株相互会社は独立系の上位の大手生保に限定され、旧財閥系・企業グループの生保会社は独自に持株会社をもつよりも、グループ内での金融持株会社の傘下に入ることの利益が大きいとしている。また、それ以外の生保会社も独自の持株会社保有は困難としている。

償を受けるにせよ会社の所有権の権利行使はできなくなるため、株主化保険契約者との間での利益相反の可能性がある（大口契約者と小口契約者との間の利益相反）。

　さらに、相互会社を株式会社化するうえでの問題点として指摘されるのは、次のような点である[8]。

① 保険契約者の権利保護……保険契約者は生保相互会社の社員であり、保険契約者としての地位と会社の所有者としての地位をもつ。株式会社化により、配当付契約は株式会社へ引き継がれるものの、新たな株式会社において剰余金を保険契約の配当としてどのくらい分配するかという問題が生じ、株主と保険契約者との間に利害の対立が生ずる（利益相反）。その結果、保険契約者が配当の受取りについて不利益を被る可能性がある。すなわち、自益権としての剰余金分配請求権が弱体化する。

② 所有権の補償……株式会社化により、保険契約者の会社保有者としての地位（社員権）が消滅する。1つは自益権としての会社財産の持分権（残余財産請求権）の消滅であり、もう1つは会社の運営に参加する権利である共益権（総会における議決権など）の消滅であるが、この補償をめぐる問題がある。この補償は保険契約者への株式の割当て（交付）によるのだが、保険業法第89条では寄与分に応じて株式を社員に割り当てることになっている。この寄与分の算出には、過去にさかのぼって膨大なデータの収集・処理が不可欠で、コストがかかる。

③ 新規資本の調達問題……株式会社化により、資本調達が容易になるといわれるが、株式会社化によってはじめて市場価値がわかるわけであり、新株発行時に株式市場の状況によっては計画どおりには資本調達できないこともある。株式評価額が社員の期待よりも低くなり、社員の権利の補償が希薄化する危険もある。社員の権利保護からしても株式公開時に慎重なチェックが必要となる。

　このように株式会社化といっても、保険契約者と社員が同一であり、社員

---

[7] 小口契約者や加入後の加入期間が短い契約者は、全契約者の3分の2ほどで、端株（500円以上5万円未満）株主、ないし500円未満の端株未満株主となるといわれる。
[8] 橘木・植松〔1998〕33～36頁。橘木・深尾・ニッセイ基礎研〔1999①〕30～35頁。

自治によって事業を行うという相互会社の特質から種々の課題がある。とはいえ、今後の金融再編ないし総合的金融サービス産業の実現に向けて重要な方式であることには変わりなかろう。

(4) 「保険相互会社の株式会社化に関するレポート」(1999年7月6日) に関連して

　1995 (平成7) 年の新保険業法で相互会社から株式会社への組織変更が規定されたが、業法では解決されない細部の課題があり、前述のとおり金融審議会で99 (平成11) 年1月から議論され、同年7月にレポートが出された[9]。

　「保険相互会社の株式会社化に関するレポート」は、基本的には株式会社化に伴う実務的・技術的側面を整理したものであるが、理念的には持株相互会社の可能性を否定していることが特徴的である（保険契約者が低価格の保険と高水準の保険配当を望む一方、株主は収益の最大化による投資リターンの向上を追求するという意味で利益相反が生じるためと思われる）。

　しかし相互会社が株式会社化しても、旧社員（保険契約者）株主と増資後の外部株主との間には利益相反が発生するが、この点は明確には書かれていないように思われる（保険契約者と外部株主との間に利益相反が発生することについては、株式会社化に伴う有配当保険者保護の問題、損害保険のように無配当保険を中心に対応する問題が検討されていることからも明らかである[10]）。さらに、端株株主・端株未満株主の補償が限定的で、会社の所有権に対する担保（小口契約者の権利をいかに担保するか、株主でないとしても契約者の意志を反映する方策はないのか等）が不明である。

　また、利益相反については持株相互会社でも株式会社化でも同じ側面はあるが、持株相互会社の場合、アメリカでは持株相互会社の子会社保険株式会社の保有株式は51％以上（外部株主は49％以下）とされ、前者の自治権を担保することが強化されており、株式会社化時点で外部株主がゼロないし少数

---

[9] そのレポートにある問題点については、村本〔1999〕参照。
[10] アメリカ等の事例については、橘木・深尾・ニッセイ基礎研〔1999①〕36〜38頁参照。また、将来的に契約者が少数株主に転じる可能性もあることも指摘されている（同書34〜35頁）。

の場合には利益相反の程度が大きい。ニューヨーク州で否定されたのも、社員の持分が不明で、保険会社の経営の都合が反映されるとの批判があったともいわれている。

3 持株相互会社

(1) 持株相互会社

相互会社が株式会社化し、その川上に持株会社をつくることで、広範な事業展開が可能になるが、これには株式会社化が不可欠である。これに対し、持株相互会社は相互会社自身が持株相互会社に転換し、その下に子会社の保険株式会社を設立し、事業を全部移転するものである。この方式のメリットは、本体を株式会社化せずに川上持株会社となることである。株式会社化に要するコストなしに資金調達が可能になるほか、企業買収されるリスクを回避でき、さらに川下持株会社方式における川下子会社に対する業務範囲の制限を受けないメリットを有するとされる。

この方式では、
① 相互会社の保険契約者の社員としての権利のうち、保険契約上の権利は保険株式会社に引き継がれ、社員関係上の権利は持株相互会社に引き継がれる（保険関係と社員関係の分離）
② 保険事業は保険株式会社が行う
③ 持株相互会社は持株会社としてグループ全体の経営にあたる
④ 持株相互会社は当初、子会社の株式を100％保有する。その後、株式発行によって資金調達することが可能になり、子会社の株式の過半数は保有することが義務づけられている
⑤ 組織変更後の新たな保険契約者は持株相互会社の社員となる
とされる。

相互会社制度のもとでは一体不可分とされている社員権と保険契約上の権利を分割することで誕生した制度であるが、保険契約者は持株相互会社に対しては社員権をもち、保険株式会社には保険契約に基づく権利をもつが、

各々の権利はそれぞれの会社で保護され、保険契約者にとって実際上の変化はないとされる[11]。

アメリカでは1995年6月のアイオワ州での認可以降、2003年8月までにペンシルベニア、ミネソタ、ケンタッキーなど30州1自治区で導入された。なお、ニューヨーク州やニュージャージー州ではまだ導入されていない。

(2) 持株相互会社の課題

持株相互会社は、アメリカの諸州で法案化され、ないしは検討中であるが、そのプロセスでいくつかの課題が明らかになっている。

持株相互会社のもとでの保険契約者の権利について、NAIC（全米保険監督官協会）の持株相互会社ワーキング・グループの検討では、

・相互会社の保険契約者は、その所有権を譲渡することはできない
・相互会社はその子会社のあげた利益をすべて社員である保険契約者に還元することができる
・持株相互会社の社員であり続ける保険契約者は、保険株式会社のあげた利益ばかりでなく、持株相互会社傘下のすべての子会社があげた利益も共有する権利がある

といった点が議論されており[12]、保険契約者の権利がどうなるかがポイントである。

株式会社化であれば、相互会社のエンティティ・キャピタル（生保会社の財産のなかに退社員の貢献によって形成された財産）などのサープラスについて保険契約者は社員権補償を受けられるが、持株相互会社の場合には組織変更の見返りはなく、持株相互会社の下の保険株式会社の株価の値上げ利益も享受できない[13]。

持株相互会社では、子会社の保険株式会社の株式の49％まで新規公開でき、市場環境をにらんで資金調達が可能になるほか、敵対的な買収にも対抗

---

11 橘木・植松〔1998〕42～43頁。
12 『生命保険経営』第66巻第5号（1998年9月）「海外ニュース：NAICの持株相互会社白書」135～136頁。
13 『生命保険経営』第66巻第2号（1998年3月）「海外ニュース：持株相互会社をめぐる議論」205～207頁。

図表7-4　持株相互会社

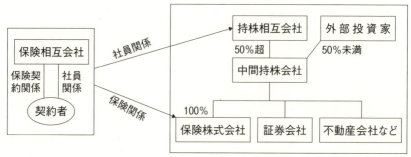

（出所）　村上〔1997〕21頁

できる。しかし、49％までしか新規公開できないので、長期的には資金調達に限界があることにもなる。

　本質的には、保険契約者と外部株主の間の利益相反が問題であろう。保険契約者は低い保険料と高い保険配当を望むが、外部株主は収益の最大化による投資リターンの向上を追求するという意味で、両者の間に利益相反が生じることが問題であろう。この点は先に指摘したように、株式会社化でも外部株主の比率が高まれば、同様の問題を提示するし、理論的には50％以上を外部株主が占めれば、利益相反の程度は株式会社化のほうが大きいことになる。

　持株相互会社になると、傘下に銀行・証券・信託などの金融業各社を保有することになり、その株式保有コストは大きくなる。したがって、旧財閥系グループに属している生保会社にとっては、株式会社化して旧財閥系金融持株会社のもとで他業進出を図るほうがコスト的にも有利かもしれない（持株相互会社の仕組みについては図表7-4参照）。

4　日本での株式会社化

(1) 相互会社の株式会社化

　日本では生保相互会社の株式会社化が進んでいる。2002（平成14）年4月

に株式会社化した大同生命、03（平成15）年4月に株式会社化した太陽生命両社は、04（平成16）年4月にT&Dフィナンシャル生命を傘下中核会社とする生命保険業界初の上場持株会社「株式会社T&Dホールディングス」を設立した。04（平成16）年4月に三井生命が、10（平成22）年4月に第一生命が株式会社化した。

　日本では、20世紀末の金融危機の際、生命保険各社の経営悪化が表面化した。そこで、より大きな資金を市場から調達して経営基盤を安定させることや、コーポレートガバナンスの強化などを目的として、相互会社から株式会社への組織変更がみられるようになった。半面、株式上場の場合は株主配当や株主要求によって契約者の長期的利益の保護ができなくなるデメリットもあるため、株式会社化に消極的な生命保険会社もある。

　なお、相互会社から株式会社への組織変更は、1995（平成7）年の保険業法の全面改正によって認められるようになった（それまでは株式会社から相互会社への組織変更だけが規定されていた）。その転換に際して、膨大な株主の誕生、小額契約者の端株、端株未満株主化が問題であるし、事務的負担の問題も無視できない。

　株式会社化した生保相互会社は、次のとおりである。
・大同生命保険株式会社（2002（平成14）年）
・太陽生命保険株式会社（2003（平成15）年）
・三井生命保険株式会社（2004（平成16）年）
・第一生命保険株式会社（2010（平成22）年）
　一方、株式会社化した損保相互会社は、
・共栄火災海上保険株式会社（2003（平成15）年）
のみとなっている。

(2) 日本の協同組織金融機関の株式会社化—八千代銀行へのヒアリング—

　日本では相互会社の株式会社化のほかに、協同組織金融機関の信用金庫から普通銀行に転換した八千代銀行の事例がある。そこで、出資者である会員制度から株主組織に転換した八千代銀行の転換事例を検討し、その転換に伴

う問題点を検討しておこう。

　八千代銀行は、1991（平成3）年4月1日に「金融機関の合併及び転換に関する法律」第4条に準拠し、信用金庫から普通銀行に転換した。すなわち、信用金庫という協同組織（会員制度）から株式会社組織への企業形態の変更である。

　以下は、八千代銀行へのヒアリング（2000（平成12）年7月）による。

① 　資本金……信金としての出資金33億1,205万円が株式会社転換時の資本金となった（合転法第25条によれば、金融機関の転換にあたって、発行する株式の発行価額総額は、その金融機関の現に存する純資産額を超えることができないとしている）。

② 　出資の株式への転換……商法上（ヒアリング当時）の制約で単位額面は5万円となるので、出資額5万円を1株に変換した。信金時代の最低出資額は1万円であったため、5万円未満の出資金および5万円の倍数に満たない額は端株とした。端株券は発行せず、定款に定める端株原簿に掲載した。普銀に対する反対会員の払戻請求には出資額を限度に応じることとしたが、反対会員は皆無であった。

③ 　株主数……株式総数は33億1,205万円を5万円で控除した6万6,242株であるが、うち単位株式数は4万2,634株でその株主数は9,527名、端株数は2万3,608株で株主数は6万7,108名となった。

④ 　端株の買取請求……端株株主の買取請求には対応した。買取価格は類似会社比準方式により、1991年当時の5万円券が126万円の買取価格になった。端株を集めて、単位株（5万円額面）とし、他行などの引受けとした。端株の買取りは普銀転換後、現在でも継続している。『東洋経済四季報・未上場会社版』（1999年下半期版）によれば、株主には、従業員持株会（3.9％）、住友銀行（2.4％）、野村證券（1.2％）、東京都民銀行（1.1％）などの信金時代には非会員であった株主が存在する。端株の買取りについては、出資者の所在確認などによる事務作業が継続しているが、難航している。

⑤ 　単位株の取引……単位株は相対取引が原則で、証券会社の窓口で受け付け、端株買取価格で、機関投資家等の引受けとした。単位株株主の売却も

あったが、単位株主数の変化はない。
⑥ 上場の要請……株主の上場期待は大きい。1999年9月に第三者割当増資を実施し（約2,500名）、増資に応じた先からの要望は大きい。上場後、金融機関としてはTier 1が過小なので、時価発行増資を申請したが、認可されなかった。
⑦ ガバナンスの変化……中小零細企業の専門金融機関としての経営理念は不変だが、出資者と株主の意識構造の変化は大きい。株主総会は総代会に比べて経営者にとって、不特定の株主の出席もあり、緊張感ないし対応姿勢の厳しさが求められるようになったと認識している。経営の細部まで精査し、対応策を検討しておく必要がある。

以上のように、協同組織から株式組織への転換はおおむね円滑に行われたといえるが、その事務処理は相当であったという。出資者は約7万人程度であったから、生命保険会社の契約者数に比べれば、事務量はかなり小さかったはずであるが、転換後ほぼ10年を経過しても端株買取請求が終了していないことなどを考えると、転換に伴う事務は相当の負担となるといえよう。また、出資金相当の資本金ということから過小資本気味であり、自己資本の充実に課題があった。さらに、地域金融機関であるので株主が地域的に偏ってしまい、敵対的買収の懸念があるとの指摘があるともいわれ、企業結合の容易性が増大しているとみることもできよう。

なお、生命保険会社の場合には、圧倒的な事務量のほかに、資本金規模設定と株主への割当て（寄与分）、端株・端株未満の買取りとその引受けおよび買取価格の設定が問題となる。買取価格が高ければ、株式を手放す株主が多くなって、敵対的買収に遭うこともありえよう。

5　株式会社化の課題

(1)　ウィンドフォールの発生

株式会社化する際、相互組織での社員権のうち所有権である残余財産分配請求権が発生し、株式割当てや現金の分配によって行われる。それまで経済

的な利益として認識されていなかったものが顕在化するわけで、社員にとっては臨時収入となる。過去に保険契約が終了した人が残していった財産に起因する利益（わが国では、エンティティ・キャピタルとされ、株式会社後も永遠に留保される独特の扱いで配当にはできない）についても、現在の社員で分配することになる場合には、社員の剰余への貢献分（寄与分）以上の経済的価値が分配されることになる（これをウィンドフォールという）。また、上場して、市場でプレミアムがつけば、キャピタル・ゲインも発生する。

このようなウィンドフォールの発生が、1990年代半ばのイギリスの住宅金融組合（BS）の株式会社化によって、社員権を有する預金者等に生じたといわれる。このようなウィンドフォールを見込める相互組織の金融機関をターゲットにして、相当の社員権を取得したうえで、株式会社化の要求を突き付けるのがカーペットバガー（carpetbagger）と呼ばれる投資グループの存在である。これまで、ネーションワイド、チェルサー＆スキプトンなどのBSがその攻勢を受けたといわれる。

このBSに対する投資家グループの攻勢は生保相互会社にも及び、イギリスで業界第2位、ヨーロッパでも相互組織の生保としてはトップでスコットランドに本拠を置くスタンダードライフ社に対して、2000年2月にモナコのカーペットバガーによる株式会社化の要求が出され、6月27日に臨時社員総会が開催された。株式会社化して証券取引所に上場すれば、会社の市場価値が高まり、社員（有配当契約者）に相当のウィンドフォールが確保できる、というのがカーペットバガーの主張である（社員1人当り5,000～6,300ポンドのウィンドフォール）。社員総会では、契約者の45％が支持したものの株式会社転換に必要な75％には及ばず、カーペットバガーの要求は否決された。同様の要求がスコティッシュプロビデント、フレンズプロビデントにも出されていたとされる[14]。

このように株式会社化は、IPO（株式公開）によるウィンドフォールの発生をもたらすので、ある意味で株式会社化の利点であるのかもしれないが、カーペットバガーの排除は必要であろう。また、株式会社化してもしばらく

---

[14] 松岡〔2000〕17～18頁。

は経営の安定が図れないことがあることや、株価が低水準にとどまったり、敵対的買収を受けたりすることがありうるので、保険契約者にとって好ましくない状況も予想される。そこで、一定期間買収を禁止することも必要となろう。アメリカでは、州保険法で買収禁止規定があるケースが多く、オーストラリアでも禁止しているが、イギリス、日本にはこうした規定は存在しない[15]。

(2) S&Lの株式会社化の問題

　アメリカのS&Lは、相互組織と株式組織が併存しているが、現実には株式組織（会社）化が進んでいる。少なくとも資産ベースでは、圧倒的に株式組織のS&Lによって占められている。これは、アメリカでも金融規制緩和の潮流の進行によって、①商業銀行とS&Lの同質化が進んだこと、②S&Lの破綻処理の過程で資本注入の必要性があり、株式組織が活用されたことによるものであろう。

　S&Lの株式会社化には、その破綻の過程で別の側面も呈していた。株式会社化により、自企業グループの機関銀行（ポケットバンク）化すること、敵対的買収をかけることなどの弊害である。典型的なS&L破綻のケースとして、業務多角化のために規制の緩い州法免許に変更し、相互組織から株式組織への変更を行った例が見受けられる。1981年以降、株主数の最低人数制限が撤廃され、少数の株主による支配（極端には1人）が可能になったため、ワンマン経営が行えるようになった。さらに増資が容易になったので、資産の膨張につながり、その劣化が進むことに拍車をかけたのである[16]。

(3) 生保株式会社の存在の意義

　生保相互会社の経営者には、コーポレートガバナンス的にみて、経営の安定性の重視、効率性の追求の軽視、という経営スタンスをとる誘因がある。このため、経営者の行動を規律づける工夫が必要になるかもしれない。制度的には特別の工夫はないが、もし大規模な生保株式会社が誕生すれば、大規

15　村上〔2000〕56頁。
16　柴田〔1992〕83頁、Eichler〔1989〕pp.106〜107。

模な生保相互会社としても競争上、株式会社並みの規律づけが事実上行われることになる可能性がある[17]。

これまで、日本の大手生保会社は相互会社で、株式会社組織の生保会社の行動を予測して行動することはほとんどなかった。今後、大規模な生保株式会社が誕生すれば、そして一定の競争条件が確保されれば、生保相互会社の行動に影響が出てこよう。

このことは、ゲーム理論的にも、異なる目的関数をもつ主体間の行動として理解でき、経済厚生が高まることが期待できることと整合的である[18]。

問題は、生保契約者にとってふさわしいコーポレートガバナンスとは何か、という視点であろう。金融ビッグバン以降の規制緩和のもとで、利便性の高い多様な商品を享受したいというのが契約者のニーズであろう。この点で、保険加入者は生保相互会社の社員になるといっても、その経営に参加することに興味があるというよりは、「相互会社の社員となることによって、まさに協同組合加入時のようなメリットとともに生命保険事業への投資に対するリターンを得ることが可能となる」[19]という主張は説得的である。長濱〔1992〕は、積極的な利益追求行為を相互会社にも認め、その剰余あるいは利益を可能な限り公平に分配することで、社員への賦課を極力少なくしていくことを求めるとともに、閉鎖集団としての相互会社がありうるとする。さらに保険料が相互会社への出資という側面には、保険事業が保障の提供だけでなく、アセットマネジメント事業を営んでいるので、それへの投資である（生命保険事業への投資）と考えている[20]。

このように考えると、株主という目的関数の異なる主体が加わることは、リターンの最大化という面では保険契約者のニーズと合致するかもしれない。しかし、保険契約者の保険関係でのニーズとはアンビバレントである。したがって、生保相互会社の総代会が生保事業のアセットマネジメント事業にも適切な経営監視機能を果たせるのであれば、相互会社という組織形態に

---

17 三隅〔2000①〕〔2000②〕
18 村本〔1999〕
19 長濱〔1992〕66頁。
20 長濱〔1992〕

問題はない。単純にいえば、株式会社化は不要となる。

　ただし、相互会社にとどまる限り、生保会社の逆鞘問題などから自己資本増強の必要性に十分対応できない（基金による自己資本調達には総代会の付議事項で機動性に欠ける、剰余から積み立てるので償却負担が増大する、償却が有税なので法人税負担が増加する、といった問題がある）。さらに、積極的な事業展開・総合金融サービス業化するには株式会社化が課題になる。しかし、すでに指摘したように、外部株主と保険契約者の間、株主契約者と非株主契約者との間には利害の対立があり（利益相反）、保険契約者にとってふさわしい企業形態ではない。こうした点にかんがみれば、保険契約者の利益が確保される持株相互会社が適当であろう（少なくとも外部株主が過半になることはない。株式会社化であれば、過半を超えることがあり、保険契約者の利害は毀損される可能性が大きくなる）。

第8章

信用金庫のガバナンス

1 相互会社のガバナンス―エージェンシー問題―

(1) コーポレートガバナンス

a コーポレートガバナンス

　一般に、コーポレートガバナンスというのは利害関係者（主体。ステークホルダー）が自己の利益（利害）に基づき、企業（組織）に対して影響力を行使（手段）することと理解されるが、
・企業に対する外部からのチェック（牽制機能）
・ステークホルダー間の利害衝突問題
という2つの側面がある。さらに、企業（組織）内の内部統制やリスク管理に対する経営陣の対応も重要な視点とされる。

　従来、日本型システムでは持合いによる株式の安定保有という特徴的な構造があり、コーポレートガバナンスの機能がゆがめられている、ないしは健全に機能していないと議論される一方で、日本型システムでのコーポレートガバナンスは一般企業の場合、統治・監視する主体が株主（株式持合い）と資金調達先の金融機関（メインバンク）であり、メインバンクの監視機能が重要であったと整理されてきた[1]。

　これに対し金融機関のコーポレートガバナンスは、株主は持合いという点で一般企業と同じであるが、資金調達源（債権者）は預金者や保険加入者であり、一般企業と異なり有力な経営監視主体（大口債権者）が存在しない、という意味でステークホルダー間の利害衝突問題は一般企業と相違する。特に、相互会社形態・協同組織形態の場合には、社員（保険会社）・会員（信用

---

[1] 日本型企業システムとして、①企業がある程度利益を犠牲にしても、正社員の長期安定的な雇用と年功に応じた収入を保証する終身雇用システム、②企業が1つないし少数の銀行と、株式の持合いや借入れなどの取引関係を長期的に結び、経営が困難になった場合に支援を受けようとする「メインバンク」システム、③企業間取引においても、外部の企業と長期的な取引関係（一部に株式の持合いを含む）を結んで企業グループを形成する「企業系列」システムがあるほか、資本市場・労働市場などの企業が活動する市場で文書化された契約や文書化されなくとも関係者が当然のこととして受け止めている暗黙の契約、取引慣行に支えられているものと理解される。深尾〔1999〕195～196頁。

金庫)・組合員(信用組合・農協等・労働金庫)が企業の所有者となり、株式会社の株主とは異なる役割を果たしているので、ステークホルダー間の利害衝突問題は発生しないか、ないしは少ないと考えられる。

b 株式組織のコーポレートガバナンス

　株式組織は、株主が企業に出資することによって、株主総会での経営参加権と保有株式の市場売却権という2つの権利が生じる。経営参加権についていえば、株主総会での議決権により、配当の分配請求権、役員任命権、残余財産請求権などを行使して企業経営に影響を与えることが可能となるわけであるが、これを株主権という。コーポレートガバナンスとしては、株価の動向や株主総会などによって企業経営者にその経営に関する規律づけが行われることになる。株価が下がれば、株主利益の喪失になり、株主からのクレームが経営者に規律を与えることになる。株式上場は公開市場での取引であり、敵対的買収(乗っ取り)の問題もある。

　また、経営の失敗や企業戦略に問題があれば、株主総会での質問が先鋭化し、経営者は窮地に陥るので、できるだけ日常の経営に配慮するインセンティブが発生する。日常的に外部からのチェックを有効にするには、委員会等設置会社のように報酬委員会・役員指名委員会などを組成し、社外からの監視を強めることが重要である。

c 協同組織のコーポレートガバナンス

　これに対して協同組織への出資は、その協同組織の利用権の確保である。いわば、ゴルフクラブやスポーツクラブの会員になるときに出資して、そのメンバーになることと同じであり、出資してメンバーになれば、そのクラブが利用可能となるのである。出資者であるからクラブの経営に関与できるが、その権利は1人1票で、出資額が多くても権利は小さい。そもそもの協同組織は、出資した仲間しかメンバーはおらず、その仲間のなかから経営者を選び、かつクラブの利用をするという「出資者＝経営者＝利用者」という構図である。

　協同組織金融機関というのは、資金の相互融通から始まったもので、何人かが資金を出し合って、それを必要な人に貸して、事業活動に活用してもらい、返済を受けて、次の人に貸すという仕組みである。したがって経営者と

いっても、「今度はこの人に、次はあの人に使ってもらおう」という交通整理と、返済の監視をしていたにすぎないのであろう。利害の衝突ないし対立というコーポレートガバナンス的問題はなかったのである。

　しかし、協同組織も市場メカニズムのなかに組み込まれ、メンバーが増大したり、メンバー以外の利用が増えたりすると、メンバー間の利害衝突・対立が発生する。そこで、専門的な経営者の必要性が生じて、この経営者にいかにコーポレートガバナンスの視点からの影響を与えるかという問題が生じる。

d　利害対立の回避

　協同組織の利害関係者は、出資者・経営者・利用者・従業員などである。問題は、出資者・利用者の利害がいかに経営に反映されるかである。そのため出資総会が開かれるが、出資者が多いとこれが開催不能となる。そこで、出資者総会にかわって、総代を出資者から選び、総代会で経営問題を議することになる。この総代の選出方法が経営者寄りであれば、総代会は経営者の意向どおりとなり、あまり機能しているとはいえない。また出資証券は上場されないので、株価の動向のような規律づけが経営者に働くわけではないし、敵対的買収に遭うこともない。このような意味で、協同組織は株式組織に比して経営者に対する規律づけは少ないのである。コーポレートガバナンス的には弱いという指摘も根強い。

　コーポレートガバナンスというのは、外部からの規律づけだけが問題になるわけではない。コーポレートガバナンスの目的は、企業経営が公正・信義誠実に行われ、ステークホルダーにとって満足のいくことが肝要である。特に、経営者と出資者（株主）、出資者と債権者などの間では利害対立が生じやすい。株主総会対策などのかたちで問題化するコーポレートガバナンスは、株式組織には避けられないものであるが、協同組織では「出資者＝経営者」ということになるので、利害対立は発生せず、コーポレートガバナンス的には問題回避のよい手段となっているともいえよう。

(2)　相互会社のガバナンス構造—外部からのチェック—

　相互会社は、保険業法によって保険事業を営む場合に限って認められる特

殊な法人であり、営利法人でもなく公益法人でもない、という意味で「中間法人」と呼ばれることもある[2]。生命保険会社の企業性については、村本・小平〔1997〕で整理したことがあり、またコーポレートガバナンスからみた生命保険会社の組織形態については、村本〔1999〕で検討したことがあるので、それらを参照されたい。

一般的に生命保険会社は、保険業法で保険会社のみに認められた相互会社組織をとるものと、株式会社組織をとるものとがある。日本では、大手生保会社の大半は相互会社であり、株式会社組織のものは小規模ないし企業保険に特化したところが多い（相互会社組織生保で、新契約高（個人保険）の約8割、保有契約高（個人保険）・保険料収入・総資産ベースではそれぞれ9割を占める）。日本でも多くの生保会社は株式会社で出発したが、1947（昭和22）年に金融機関再建整備法により相互会社に転換した経緯がある。生命保険事業が保険加入者相互の扶助的性格・共益追求という目的を有し、生保事業から生ずる剰余は加入者に分配されるべき、とのコンセプトがあったからである。

コーポレートガバナンス的には、保険契約者が社員としての地位を有することから、株式会社の場合のように会社の保有者である株主と保険契約者による利害の対立は存在しないものと理解される[3]。相互会社は社員の社員による社員のための会社であり、最高意思決定機関は社員総会にあることになっているため、社員自治による経営チェック機能の充実が重要とされている。

生命保険会社が相互会社として運営されることは、「社員自治と実費主義の原則に基づいて可及的に安い費用で保険事業を運営し、より多くの成果を保険契約者に還元することができることをその最大の特徴」とするもので、「同時に、この特徴こそが相互会社の存在意義であると言われてきた」。しかし、「その反面で、株式会社と比較した場合に、相互会社の経営チェック機能は構造的に劣っているのではないかという批判や、社員（保険契約者）からの拠出のみによって資産を形成しているが故の資金調達における機動性の不足に対する不安等」も存在している、といわれる[4]。

2　刀禰・北野〔1993〕168頁。
3　米田〔1996〕4頁。
4　米田〔1996〕4頁。

すなわち相互会社形態の場合、外部からのチェック機能は総代制度によって遂行されるが、株主総会の役割（監視機能）に比べて総代会制度の経営監視機能は劣後していると指摘されるのである。これは、株価のような経営者に対する規律づけの装置がないこと、社員総代の選出が経営者の意向を反映する可能性が高いこと（総代に対する信任投票を契約者が行うというチェックはある）などによるからとされる。しかし、株式会社であっても、持合い構造から株主によるガバナンスが不十分である（サイレント株主）ともいわれるように、生保相互会社に対するガバナンスが格段に劣っているわけではないとの評価もある。そのほか株主のいない生保相互会社では、かつて従業員代表の労働組合が経営者に対する一定の牽制機能を果たしたことがあったというが、現状では十分な監視者がいないとの評価もある[5]。

　このため、生保相互会社は総代会の活性化のほか、外部からのチェックが有効になるように、契約者懇談会、外部識者による評議員会などの仕組みを構築している。総代会の機能強化には、1989（平成元）年5月の保険問題研究会報告「相互会社制度運営の改善について」にあるように、総代の選出にあたって立候補制度、無作為選出や直接選挙、推薦制、一定数の団体年金の代表者などの選任なども考慮する必要があるし、新保険業法で整備された社員代表訴訟制度の活用なども重要である。実際、一部の生保相互会社では立候補制度が導入されている。

(3)　ステークホルダー間の利害衝突問題—相互組織対株式組織—

a　生命保険会社のステークホルダー

　金融機関という企業組織の場合、三隅〔2000①〕が指摘するように「所有者・債権者・経営者」というステークホルダーが存在するので、これを手がかりに考察しよう。

　保険会社の場合に、保険加入者がある保険会社の保険に入る動機は、一義的には保険契約の履行が安全に行われること、そしてできうれば剰余金の配当を受け取ることということであり、これは債権者としての立場と考えられ

---

[5]　橘木・深尾・ニッセイ基礎研〔1999①〕6頁。

る。ところが、生保相互会社の場合、契約加入者はその生保相互会社の社員となるというもう1つの側面がある。社員というのは、その生保相互会社の所有者となることを意味し、残余財産請求権や議決権などを有することになる。つまり相互会社の場合には、保険加入者は「債権者」であると同時に「所有者」なのである。

したがって生保相互会社の場合には、保険契約者（保険加入者）、経営者、従業員（コアとその他）というステークホルダーが存在することになる。他方、生保株式会社の場合には契約者、債権者、経営者、従業員（コアとその他）、外部株主（＝所有者）というステークホルダーが存在する[6]。

生命保険会社のステークホルダーを、所有者・保険契約者・経営者という3者に単純化し、その利害関係をみることとしよう[7]。まず、それぞれの目的関数は、

① 所有者の行動……自ら供給する資金が効率的に利用され、企業が利益最大化するように行動することを要求する。有限責任制では残余請求権の行使上、企業経営の成功の果実を最大化するよう企業に期待する（企業にリスクテイキングを期待。株主利益最大化）
② 保険契約者の行動……保険事故の際に保険金の確実な受取りを可能にするように、企業が利益の安定的獲得をすることを期待する（企業にリスク回避を期待）[8]
③ 経営者の行動……企業の利潤最大化による経営者個人の利益最大化を期待する

ということになろう。

このように、この3者の利害には不一致がみられるが、より具体的には、
① 経営者対所有者……企業利益よりも個人的利益を優先させる経営者と、

---

[6] 村本〔1999〕参照。生保相互会社の株式会社化の場合には、外部株主（＝所有者）と保険契約者との間、株主契約者（＝所有者）と非株主契約者との間に利害対立（利益相反）が起こる。
[7] 以下は、基本的には三隅〔2000①〕〔2000②〕に依拠している。
[8] 債権者の行動：企業利潤の大きさに関係なく、一定額の返済が行われることを前提に企業に資金提供しているので、企業利益の安定を期待する。保険契約者の行動とほぼ類似と考えられる。

企業利益の優先を請求する所有者間に発生する利害の衝突（経営者が自分の利益を追求すると、所有者の利益が毀損され、企業行動は非効率となる）

② 所有者対保険契約者（債権者）……企業にリスクテイキングを期待する所有者と、企業にリスク回避を期待する保険契約者との間に発生する利害の衝突（所有者が保険契約者の犠牲のもとに自らの利益を追求する、企業行動は非効率となる）

という2つの利害衝突（エージェンシー問題）が発生する。

b　エージェンシー問題―相互組織形態と株式組織形態―

相互組織形態では、保険契約者はその相互会社の社員（所有者）であり、所有者＝保険契約者なので（保険契約者は債権者と同等の機能を有するので債権者とも置き換えられる）、前記②のエージェンシー問題は発生しないと考えられる。相互会社組織は所有者と保険契約者との間に発生するエージェンシー問題に適した企業形態なのである。しかし、①の所有者と経営者のエージェンシー問題は、社員総代制度により、総代会という決議機関の意思決定が経営者に規律を与えることを通じて対応されることになる[9]。ところが、相互会社では株式発行がないので、株式売却権の行使という方法による経営者への規律づけはない。総代会が強ければ、利潤安定を期待する保険契約者に有利となる一方、経営者が規律づけのないことを活用すれば経営者の利益追求となって、いずれも効率性の追求は軽視される可能性がある。すなわち、相互会社形態では所有者と経営者の間のエージェンシー問題の解決には制約がある。

株式組織形態では、株主総会での経営参加権と保有株式の市場売却権という2つの権利が株主（所有者）に付与されているので、前記①のエージェンシー問題は解決される。株式会社形態は、所有者と経営者との間に発生するエージェンシー問題の解決に適した企業形態なのである。しかし、外部株主（所有者）と保険契約者（債権者も）とが同一主体ではないので、所有者（外部株主）・保険契約者間の前記②のエージェンシー問題には対応できない（あらかじめ企業行動を制約する制限条項を締結することはありうるが、これは株式

9　社員総代制度の問題については、村本〔1999〕参照。

組織に固有といえない)。いわゆる、利益相反の問題である(これは債権者と所有者との間にも発生する)。その結果として、利潤最大化を期待する所有者に有利となる可能性が高くなり、経営の安定性が阻害される可能性も存在する。すなわち株式会社形態では、所有者と保険契約者との間のエージェンシー問題はクリアできない。

さらに相互会社の株式会社化の場合には、寄与分に応じて株式の割当てが行われる結果、株主契約者(＝所有者)と非株主契約者(債権者も)が生まれ、この両者の間にエージェンシー問題が発生する。加えて、株主契約者と外部株主の間にもエージェンシー問題が存在し、企業に期待するリスクテイキングの度合いは外部株主のほうが強いであろう(後述)。

このように相互組織であっても、株式組織であっても、コーポレートガバナンス面で発生するエージェンシー問題(利害の衝突)は完全には解決できない。

(4) 相互組織の株式会社化との関連

a 株式組織と有配当保険

株式組織のもとでは、所有者(外部株主)と保険契約者との間に生じるエージェンシー問題、いわゆる利益相反の発生を解決できないとした。この点について、三隅〔2000②〕は、有配当保険が保険契約者に配当というかたちで残余(財産分配)請求権の一部を付与するので、所有者(外部株主)と保険契約者との機能が部分的に統合される、と主張する。この統合が、契約者の犠牲のもとに自らの利益をあげようとする生保株式会社の所有者の誘因を部分的に抑制することが可能になる、とするのである。

この三隅の主張は、もともと株式組織であった生保会社については妥当するといえよう。しかし相互会社が株式会社に転換する場合には、事態はやや異なる。株式会社化に伴い、保険契約者は株主になり(特に、大口契約者の場合。端株主・端株未満株主になる契約者は、現金支給で補てんされれば株主ではなくなる)、所有者となるので、所有者＝保険契約者の関係は維持され、両者の間のエージェンシー問題は、株主保険契約者としての側面だけは部分的に解決される(外部株主と株主保険契約者の間の利害は一致しない可能性があ

る)。

したがって解決されないのは、外部株主と保険契約者との間のエージェンシー問題である。より正確には、
・外部株主と株主保険契約者
・外部株主と、非株主化した小口保険契約者と株式会社化後に加入した保険契約者との間
・株主保険契約者と非株主保険契約者との間

にエージェンシー問題が生ずるかもしれない。この非株主保険契約者についての有配当保険部分が三隅の主張のようになると考えられる。したがって、有配当保険のもつコーポレートガバナンス機能は限定的であろう。

ところで、株式会社化に伴う有配当保険契約者の権利を確保するには、アメリカ・カナダ型の閉鎖勘定方式、イギリスの有配当ファンド、オーストラリアの分配基準などの方式がある。契約者配当が有配当保険勘定から支払われ、他方株主配当が株主勘定から支払われれば、一応両者の利益相反は回避できる。

無論、株式会社化しても、有配当保険勘定が契約者配当に充当され、無配当保険勘定が株主勘定になるので、利益相反は回避されるとしても、その規模は部分的かもしれない。所有者の利益が優先され、有配当勘定を限定的にする経営が行われる可能性があるからである。しかし、株式会社化によって、無配当保険に傾斜する経営に移行すれば、所有者と保険契約者(既契約)の間の利益相反が顕在化することになる。すなわち、株式会社化は生保相互会社にとって経営スタンスを変更し、その提供する保険商品の性格も変更することになろう。

b　ステークホルダーの相対的位置

深尾〔1999〕は、日米のコーポレートガバナンスにつき、企業の総資産に対する、広い意味での会社の利害関係者が保有する持分の相対的位置づけを、
・日本……債権者＞コアの従業員＞経営陣＞株主(実現された配当可能利益についてのみ)＞その他の従業員
・アメリカ……経営陣＞債権者＞ごく少数の従業員＞株主(利益および払込

資本の大部分）＞大多数の従業員

と整理している。

さらに、アメリカでは企業は株主主権で貫かれている、という通説は正しくないとしている。日本では、株主が総会の議決で自由に払出し可能なのは配当可能利益だけで、会社の自己資本はすべて株主のものというわけではなく、資本金・資本準備金を含む法定準備金は債権者や従業員に対する保証金の役割があり、株主が使うには種々の制約がある。アメリカでは、資本準備金相当分も株主の自由になる点で日本よりも株主の地位は強い一方、取締役会の議決だけで経営陣の報酬も決められるし、敵対的買収の対抗策の決定権をもち、経営を乗っ取られた経営陣でもゴールデン・パラシュートという多額の解雇手当も株主総会の了承なしに受け取れる、といった具合に株主の権利はオールマイティではない。

深尾に従って、生保会社の各種の組織形態ごとに権利を整理すると、

・生保相互会社……契約者（・債権者）＞コアの従業員＞経営陣＞社員（契約者）＞その他の従業員
・生保株式会社化……契約者・債権者＞コアの従業員＞経営陣＞株主（外部・契約者）＞その他の従業員
・持株相互会社……契約者＞債権者＞コアの従業員＞経営陣＞株主（社員＞外部）

となろう[10]。したがって、相互会社形態が最も保険契約者にとって権利が大きいが、もし各種の必要から組織変更するとすれば、長期的には持株相互会社が優れているといえよう。コーポレートガバナンス的には、外部株主の存在しない場合の生保株式会社となろうが、これは現実的ではない。外部株主が存在すれば利益相反の程度に依存しよう。

---

[10] 生保株式会社には、旧保険法では先取特権があり（第32条）、相互会社の社員は一般債権者よりも後順位（第75条）だったが、改正法ではこの規定が廃止され、株式会社・相互会社を問わず、一般債権者と同順位（第181条）になった。

2 協同組織でのコーポレートガバナンス

(1) 外部からのチェック

協同組織金融機関のコーポレートガバナンスには、通常の企業と同様の側面があるが、組織形態としては相互会社のそれと類似する。信用金庫の場合には、「会員のための経営の監視とその経営を牽制する仕組み」で、会員等のステークホルダーによる規律づけと整理される。より具体的には、
・信用金庫に対して意見を陳述することによる改善の要求（発言：voice）
・その信用金庫の会員をやめて、他の金融機関を利用することにより、その信金に抗議し変革を促す行為（退出：exit）
という形態によるガバナンス機能の発揮がある。

voiceには、会員等の意見を経営に反映する取組み、会員等への情報提供の充実、会員等の意見を反映した適正な金庫経営の仕組みとそのチェックの仕組み、がその内容であるが、総代会制度の機能向上が重要である。この点は、相互会社の総代会制度の改革と同様であり、
・総代の選任対象の拡大（非会員からの選出、非金庫利用者からの選出、立候補制度等）
・総代候補者に対する信任投票の導入、総代の定年制・重任制限、総代の選考基準の見直し
・総代会の傍聴制度
等が重要となる。さらに、評議員会や出資者懇談会なども必要な仕組みとなる。

(2) ステークホルダー間の利害衝突問題

協同組織形態の金融機関の場合にも、相互組織形態の場合とコーポレートガバナンスの状況は同じであると考えられる。協同組合の場合組合員となるというのは、出資を行うのでその組合の所有者になることである一方で、預金をすれば預金者という債権者になることになるので、結果として所有者＝

債権者の関係となるのである。

　欧米では、出資者が預金者になっているので、預金（deposit）といわずに出資金（share）という表現で預金を表していることがある（アメリカのcredit union）。さらに、組合員の代表が経営者にもなることが多いので、一般的には所有者対経営者の間のエージェンシー問題は発生しないことが予想される。無論、専門的な経営者が存在することもあるので、所有者対経営者のエージェンシー問題の発生の可能性はある。

　同じ協同組織形態でも信用金庫の場合には、ややコーポレートガバナンスが異なるかもしれない。というのは、信用金庫の債権者である預金者は銀行と同じで受入先については制約がなく、広く一般から受け入れることが可能である（他の協同組織金融機関の場合には員外預金は20％の制約がある）。信用金庫の負債サイドには協同組織性が存在しない。信用金庫の協同組織性はもっぱら資産サイドに存在し、会員制度という融資を受けるときにその信用金庫の会員（出資者）になる。もっとも信用金庫設立当初は、出資のみの会員が存在したであろう。また、預金金利よりも高い配当率を期待して会員になる場合もありえよう。

　ということは、信用金庫のコーポレートガバナンスにおいて、所有者（出資者）・会員でない預金者（債権者）・経営者という3者がステークホルダーになる。通常、会員（出資者）は預金者になるので、所有者＝債権者となっており、所有者たる会員と債権者たる会員の利害の衝突はなくなる。しかも会員外の預金者という債権者の存在は、信用金庫にリスク回避を要求するので、預金を保有している会員である債権者と会員外預金者という債権者の間の利害対立は基本的には存在しない。もし会員が預金を保有せず、もっぱら融資を受けるのみで、リスクの高い融資を迫る（リスクテイキング行動を経営者に迫る）ことになると、会員対会員外預金者という債権者の間にエージェンシー問題が発生することになる。

　信用金庫経営が出資者のリスクテイキングの意思を強く反映すると、そもそも解決可能であった所有者対債権者のエージェンシー問題が解決できないことになる。反対に、経営者に対して出資者がもつ総代会での議決権行使が正当に活用されれば、所有者対経営者のエージェンシー問題は解決されよ

図表8-1 協同組織と株式組織のガバナンスの相違

	協同組織（信用金庫）	株式会社
会員・株主の位置づけ	会員＝所有者＝利用者	株主＝所有者≠利用者
会員（非会員）・株主の関心	① 配当（特に借入れのない会員） ② 事業利用価値の向上（会員利益の最大化〔自助を促すこと、継続的な借入れが可能なこと〕） ③ 非会員の利益とは、預金のデフォルトがないことと（会員利益でもある）、やや迂遠だが自分の預金が地域に還元されること⇒会員預金のみで事業が成り立っていれば、会員利益最大化で問題はないが、非会員預金者の預金の多寡によっては非会員利益の追求が重要となる。自助を促しても自立できない会員のソフトバジェット問題が課題となる。	① 配当 ② 株主価値の向上（株価の上昇）
運営方法	総代会で決定（会員（総代）から経営を委託された経営陣が理事会で決定）⇒信用金庫法第33条に基づき、経営陣が決定することは可能だが、会員の声を反映することから理事会で決定することになる。利用者が会員制度から脱退すると、利用者としての地位も失い、資本が不安定になる。	株主総会で決定（株主から経営を委託されている経営陣が決定）⇒株主≠利用者なので、株主の経営への介入は協同組織より希薄。

---

11 非会員の利益とは、預金のデフォルトがないことであるが、これは会員利益でもあり、両者に共通する利益である。さらに非会員のなかには、意識的ないし無意識的に自らの預金が地域に還元されることを期待する者もあり、これも非会員利益である。会員預金のみで信用金庫の事業が成り立つ場合には、会員利益最大化で問題はないが、非会員預金者の預金の多寡によっては非会員利益の追求が重要となる。ただし、デフォルト回避であれば、自助を促しても自立できない会員は排除されることになるはずであるが、もし会員の利益を経営者が重視すると自立しない会員が蔓延し、いわゆるソフトバジェット問題が発生し、不良な会員の温存となるという意味での課題を提起する。

う。ただし、もし総代会が経営サイドの都合で運営されれば、その限りではなく、所有者対債権者のエージェンシー問題も解決できない可能性があって、信用金庫のコーポレートガバナンスは脆弱なものになってしまう[11]。

なお、協同組織と株式組織のガバナンスの相違については、図表8－1を参照されたい。

(3) 信用金庫の内部統制

ガバナンスには、組織のステークホルダーが経営者に対する規律づけを行うシステムであるほか、適切な経営管理、すなわち健全な内部環境の整備・運営（リスク管理、内部統制）の側面もある。この外部からのチェックこそ、株主組織における株主総会にかわる総代会ないし総会の機能そのものであるが、このほかに地域での評判（レピュテーション）も重要である。協同組織には株価に相当するものがないが、これは出資証券の上場問題と絡む課題かもしれない。最近は格付会社が信用金庫の格付も行っており、これも規律づけに機能する。

適切な経営管理、すなわち健全な内部環境の整備・運営（リスク管理、内部統制）は、組織体であれば当然のことであり、特段の措置は必要ないはずであるが、コンプライアンスの徹底など体制整備とそのチェック体制こそが課題である。この点で、協同組織固有の問題は存在しない。

しかし、デフォルトを発生させないという会員・非会員に共通の利益追求は、内部環境の整備・運営（リスク管理、内部統制）によって達成されるこ

図表8－2　ガバナンス・システム

	当局	総会	社外	格付	外部評価	取引者
上場株式銀行	監督当局	株主総会	社外取締役・監査役	格付	株価	預金者・借入者
非上場株式銀行	監督当局	株主総会	監査役・（社外取締役）	格付	地域のreputation	預金者・借入者
協同組織金融機関	監督当局	総会・総代会	非常勤理事・監事	格付（Fitch-rating等）	地域のreputation	預金者・借入者（会員・組合員）

とになり、会員と非会員の間の利益衝突は発生しない。会員と非会員の利害衝突が発生する場合にはガバナンスの機能が不十分という状況にある。これこそが信用金庫の内部環境の整備・運営（リスク管理、内部統制）の要諦となる。

なお、上場株式銀行、非上場株式銀行、協同組織金融機関のガバナンス・システムをまとめると、図表8－2のように整理できる。

3　協同組織金融とライン型資本主義

(1)　EU諸国の協同組織金融機関

協同組織金融機関が金融システムで大きなプレゼンスを示しているのがEU諸国である。EU諸国の資本主義観が「ライン型資本主義」であることを考えると、その基本的考え方が協同組織金融機関を意味あるものとしているといえよう。EU諸国では、協同組織金融機関のプレゼンスが大きく、ドイツ、フランス、イタリア、フィンランド、オーストリア、オランダなどでそのシェアが高い。特に、ライン型資本主義諸国でその傾向が強い。

図表8－3のように、ドイツでは協同組織金融機関が統合し、DZBANKグループとなっているが、預金シェアで2割弱を占める。フランスは農業系・中小企業系・個人系の3つの協同組織金融機関のグループが並存するが、その預金シェアは5割を超える。オランダのRabobankも預金シェアは4割であるほか、フィンランドやオーストリアの協同組織金融機関の預金シェアは30％に達する。

このようにEU諸国で協同組織金融機関のプレゼンスは大きいのであるが、その理由は金融システムの経路依存性に基づく。その背景には、市場メカニズムによらない金融システムの必要性があると考えられる。もともと市場メカニズムから排除された層がつくりだしたのが協同組織金融機関であり、その存在はライン型資本主義に依拠するといえよう。

反対に「アングロアメリカン型」の金融システムでは、協同組織金融機関のプレゼンスは決して大きいものではない。イギリスやアメリカではcredit unionが存在するが、そのシェアは低い。協同組織金融機関のかわりに相互組織の金融機関がイギリスの住宅金融組合（Building Society：BS）、アメリカの貯蓄貸付組合（S&L）として存在するが、グローバル資本主義の展開したこの20〜30年の間に株式組織に転換してきた経緯も影響している[12]。

このようにEU諸国での高い協同組織金融機関の大きいプレゼンスはライン型資本主義に由来するものと理解できる。

(2) ライン型資本主義

ライン型資本主義については別に論じたことがあるので（村本〔2010〕第7章）、ここではその詳細は省略するが、『資本主義対資本主義』（1991年）のなかで、アルベールはライン型資本主義の意義を明らかにした。ライン型資本主義のエッセンスは、コンセンサス重視、企業に所属している共同心理、自社愛、共同責任などの長期的契約と協調関係にあるが、一面で「銀行型資本主義」ともいわれる[13]。アルベールは、このような銀行型資本主義の長所を次のように列挙する。

① 取引先企業の長期的発展に配慮する。
② 安定的な大口株主の存在が非友好的な乗っ取りから会社を防衛している。
③ 経営は相互の納得のうえで、相互に面識があり、頻繁に会合をもっている少数の人々が動かしている。

これは「永い付き合い」ないし「リレーションシップ」によって共存共栄を図ろうとする意図があり、それを支援する政策がライン型資本主義にはあった。このような「永い付き合い」ないし「リレーションシップ」こそ、協同組織金融機関の人的紐帯（人縁・地縁）を重視する経営と平仄をあわせ

---

[12] アメリカには農業系銀行も存在するが、プレゼンスは大きいものではない。アメリカのcredit unionは、法人税非課税で、2007年に8,396組合存在し（1982年1万9,897組合、2000年1万684組合）、07年に総資産7,766億ドル（＝約66兆円）、1組合当り平均資産9,250万ドルで、最大のNavy Federal Credit Unionの資産は200億ドルであり、預金100万ドル未満は800組合以上ある一方、10億ドル以上は127組合である。credit unionが預金金融機関の資産に占めるシェアは5.6％程度、貯蓄金融機関のシェアは13.5％である。内田〔2009〕参照。
[13] Albert〔1991〕邦訳145〜156頁。

図表 8 - 3　EU諸国の協同組織金融機関の概要（2007年末）

国　名	協同組合銀行グループ	預金（百万ユーロ）	貸出（百万ユーロ）
ドイツ	BVR/DZ BANK	573,771	514,801
フランス	Crédit Agricole	485,140	643,100
	Crédit Mutuel	469,000	258,600
	Banques Populaires	167,900	122,700
イタリア	Assoc. Nazionale fra le Banche Popolari	220,900	319,200
	FEDERCASSE	121,416	105,715
スペイン	Unión Nacional de Cooperativas de Crédito	91,293	89,905
オランダ	Rabobank Nederland	249,515	355,973
ベルギー	Crédit Professionnel	3,107	2,222
スウェーデン	Landshypotek	-	4,123
オーストリア	Österreichische Raiffeisenbanken	132,046	144,909
	Österreichischer Genossenschaftsverband	62,666	52,773
ポーランド	Krajowy Zwiazek Banków Spóldzielczych	10,740	8,146
デンマーク	Sammenslutningen Danske Andelskasser	1,285	1,146
ギリシャ	Association of Cooperative Banks of Greece	2,135	1,935
フィンランド	OP-Pohjola Group	31,224	44,776
ポルトガル	Crédito Agricola	9,158	7,188
ハンガリー	National Federation of Savings Co-operatives	4,317	2,232
ルーマニア	Creditcoop	25,800	39,600
ルクセンブルク	Banque Raiffeisen	3,417	2,439
スロベニア	Dezelna Banka Slovenij ed.d.	627	528
ブルガリア	Central Co-operative Bank	679	335
リトアニア	Association of Lithuanian credit unions	146	129

（出所）　European Association of Co-operative Banks（EACB）資料（ベルギー、スウェーデン、デンマーク、ギリシャ、ルーマニア、ブルガリアは2006年末）

シェア		従業員数	顧客数	機関数	支店数	会員数
預金	貸出					
18.3%	16.0%	186,848	30,000,000	1,232	13,625	16,100,000
29.0%	25.0%	163,126	44,000,000	39	11,000	6,000,000
17.3%	12.7%	59,450	14,900,000	18	5,149	7,100,000
6.7%	7.6%	40,855	7,800,000	20	2,938	3,300,000
24.6%	22.5%	80,300	9,150,000	97	8,988	1,021,500
9.1%	7.0%	29,066	5,100,000	442	3,926	884,858
5.0%	5.2%	20,368	10,346,538	82	5,006	2,008,074
41.0%	28.0%	54,737	9,000,000	174	1,159	1,638,000
−	−	−	−	8	162	−
−	−	100	69,216	10	−	57,606
27.8%	23.8%	32,000	3,600,000	548	1,746	1,700,000
8.0%	7.5%	13,637	1,500,000	80	1,054	674,000
8.8%	6.5%	30,105	10,500,000	584	4,021	2,500,000
−	−	580	122,000	23	80	64,000
0.8%	1.0%	974	175,541	15	104	175,541
32.3%	31.1%	12,471	4,086,000	229	630	1,202,000
5.5%	3.2%	4,166	1,888,866	100	627	284,995
9.1%	3.1%	7,789	1,100,000	143	1,599	250,000
1.0%	0.7%	2,562	1,103,851	124	−	760,000
10.0%	10.0%	450	100,000	13	51	5,000
1.8%	1.7%	417	85,215	1	1	374
2.6%	2.4%	1,661	881,318	−	251	5,796
1.4%	0.8%	371	81,888	59	152	81,188

るものである。

　このような企業と企業、金融と企業がその長期にわたる関係（リレーション）を重視し、その信頼関係の構築に基づくのがライン型資本主義なのである。アルベールは、ライン型資本主義のほうがネオアメリカ型よりも「相対的にずっと競争力がある」にもかかわらず、ネオアメリカ型資本主義のイメージ面・メディア活用面などが資本市場の活用による一攫千金性などをアピールしたことを指摘し、優位性をもったとしている[14]。

　このように、ライン型資本主義は「つながり力」「つなぐ力」ないし「リレーション」を重視するもので、協同組織の理念はこの範疇に入るという点で、ライン型資本主義の理念の具体化でもある。協同組織金融機関こそライン型資本主義を特色づけるものなのである。

(3)　ポラニー『大転換』と協同組織金融

a　ポラニー『大転換』

　カール・ポラニー（Polanyi,K.）の *The Great Transformation: The Political and Economic Origins of Our Time*, Farra & Rinehart, 1944の2001年版 Foreword by Joseph Stiglitz and Introduction by Fred Block, Boston, Beacon Press, 2001が、新訳として09年に刊行された。なぜ新訳なのかについては、同翻訳書の「訳者あとがき」に詳しい。この経済史ないし経済人類学では標準的な古典として定着していた文献が、01年にペーパーバック版（1957年）の再版として刊行されたのは、90年代の世界金融危機との関連など国際金融の分野での評価とグローバル資本主義への懸念があるからであろう。

　ポラニーの『大転換』は、19世紀までにヨーロッパで成立した自己調節的市場社会が世界恐慌とファシズムの台頭のなかで崩壊するまでを描いたもので、自己調節的市場社会は普遍的な存在ではなく、特殊な歴史状況で生まれたものであり、適切な政府の介入がなければ存続しえない、という論旨である。

　国際金融の分野では、Eichengreen〔1996〕、Soros〔1998〕やHelleiner〔2000〕

14　前掲書237〜262頁。

などが、1990年代以降のグローバリゼーションのなかで、国際資本移動や為替レート変動の激化などの国際金融システムの混乱をポラニーの所説と関連づけて議論したことが知られている。すなわち、ポラニーは19世紀文明を、①バランス・オブ・パワー・システム、②国際金本位制、③自己調整的市場（self-regulating market）、④自由主義的国家の4つの制度から成り立つことを示し、「金本位制は、その崩壊が直接の原因であったという意味で決定的なものであった」と指摘した点に関心が向けられるからであろう[15]。

さらに2001年版には、J.E.スティグリッツの序文とフレッド・ブロックによるイントロダクションが追加され、現代的意義を明らかにしていることもポラニーの現代的評価として重要であろう。

Stigliz〔2002〕は、自身が世界銀行に勤務していたときの経験をもとに、グローバリゼーションが発展途上国、特にその国の貧困層に与える破壊的な影響を目の当たりにしたことから、グローバリゼーションの負の側面を解明して、その弊害を指摘し、自由化・民営化・均衡財政を求める市場原理主義への批判を展開した。ワシントンコンセンサスといわれるIMFの解決策・処方箋がアメリカのグローバリズムの帰結であるとスティグリッツは主張しているのであるが、現代の世界が直面している問題の根源がポラニーのいう自己調整的市場の限界にあることを認識している。

スティグリッツはポラニーの描出した19世紀文明の転換が現代の発展途上国の直面する転換に類似していることや、「ごく最近の世界的な金融危機は、現世代の人々に、彼らの祖父母が世界大恐慌で学んだ教訓、すなわち、自己調整的市場は、その支持者たちがわれわれに信じさせたがっているように、いつも機能するとは限らないという教訓を思い出させてくれた」と指摘して、市場メカニズムの限界をも指摘している[16]。

b　ポラニーの伝統的社会と自己調整的市場社会

ポラニーは、『大転換』の冒頭で「19世紀文明は崩壊した」とし、その崩

---

[15] Polanyi〔1944〕〔2001〕邦訳5頁。フレッド・ブロックはイントロダクションのなかで、「各国社会およびグローバル・エコノミーは自己調整的市場によって組織できるし、また組織されねばならないという市場自由主義の信条に対して、これまででもっとも強力な批判を提供している」（前掲書p.xxii）、「ポラニーの主張はグローバリゼーションをめぐる現代の論争にとってきわめて重要である」（前掲書p.xxxviii）と指摘した。

壊がもたらした世界的な変革を「大転換」と表現した。ポラニーは前述のとおり、19世紀文明をバランス・オブ・パワー・システム、国際金本位制、自己調整的市場、自由主義的国家からなるとしたが、「この体制の源泉であり母体であったものは、自己調整的市場であった。ある独特の文明の勃興をもたらしたのは、この画期的発明である」[17]とした。

特に、金本位制は国内市場システムを国際的に拡大するものにすぎないこと、バランス・オブ・パワー・システムは金本位制の上部構造であること、自由主義的国家はそれ自体が自己調整的市場から生み出されたものであることから、「19世紀の制度的システムを構成する鍵は、市場経済を支配する法則にあった」とし、市場が根幹であると認識した。しかし、「自己調整的市場という考えはまったくのユートピアであったということ、これがわれわれの主張する命題である」として、市場の限界を論じたことがポイントである[18]。

19世紀文明・社会の根幹が市場（自己調整的市場）にあるとして、その対比にあるのがそれ以前の伝統的諸社会である。社会的諸関係とは独立した自

---

[16] 野口・栖原訳〔2009〕(Polanyi〔2001〕の邦訳) ix頁。スティグリッツは、「さらにポラニーは、自己調整的経済に特有な欠陥を強調し、それがようやく最近になって、また議論されてきている。その欠陥とは、経済と社会との関係にかかわるもので、経済体制や改革が人間一人ひとりの相互関係の在り方に、いかなる影響を及ぼすのかということである」（前掲書xi頁）とも記している。「商業階級は、労働者の肉体的能力の搾取、家庭生活の破壊、近隣の荒廃、森林の喪失、河川の汚染、技能水準の低下、習俗の紊乱、また住宅と技術、および利潤にかかわりをもたない私的、公的な無数の生活形態を含む人間環境の全体的な悪化から生ずるさまざまな記念について、それを感受する何の器官ももっていなかった」（同書241頁）、「金本位制の最終的な破綻は、市場経済の最終的な破綻でもあった」（同書360頁）、「(19世紀文明の) 解体は自己調整的市場の作用に対し、それによっては壊滅的な打撃を受けまいとして社会が採用した措置によってもたらされた」（同書452頁）、「市場経済の消滅は、これまでになかった自由の時代の幕開けとなる」（同書462頁）、「市場ユートピアを放棄することによって、われわれは社会の現実とまともに向き合うことになる」（同書465頁）、などの指摘は市場経済の限界を指摘したものである。

[17] 前掲書5～6頁。

[18] 前掲書6頁。「社会的な大変動の源泉は、自己調整的な市場システムを打ち立てようとした経済的自由主義のユートピア的な試みにあった。……このような命題は、自己調整的市場システムにはほとんど神話的な力量を賦与するように見える。……それはバランス・オブ・パワー、金本位制、そして自由主義的国家という19世紀文明の基本要素が、最終的には、まさに1つの共通の基盤、すなわち自己調整的市場においてかたちづくられていた」（前掲書49頁）。

己完結的存在が市場で、人間の諸関係から経済を独立させ、経済が最優先されるのに対し、経済が人間の社会的諸関係に組み込まれているのが伝統的社会である。その組み込まれた状況ないし市場の存在しない「自然で生来的な伝統的諸社会」は、互酬、再分配、家政、交換である。この社会はsociety、communityの意味で、特に地縁的組織・血縁的組織のことを意味する。

互酬は、血縁的組織や隣人・友人関係や共同体のなかで、相互間で贈与的な物資・サービスを慣例的にやりとりする関係を意味する。互助に基づく農作業などの労働、冠婚葬祭の儀式、慣習も基づく儀礼的で贈与的な物資のやりとりなどが具体的である。いわゆる相互扶助である。この互酬こそ協同組織の理念であり、市場の成立以前の社会で重要なものであった[19]。

市場社会（自己調整的市場社会）では交換が行動原理で、私的な物質的利益を自由な交換によって獲得しようとする主体の集合体であり、参入・退出が自由な価格の決定市場で物・サービスの需要・供給を行う。市場では、人間の固定・相互依存的な関係を支えてきた伝統的な組織や制度は熔解することになる[20]。ポラニーの大転換とはこの市場自由主義の台頭（第1の大転換）であり、さらに世界大恐慌を導いた経済体制の崩壊を第2の大転換とする（ファシズムの台頭）。第2の大転換は、第1の大転換で実現した市場自由主義を基盤としたグローバル・エコノミーを組織化しようとした試みの結果なのである[21]。

協同組織金融は相互扶助を実現するシステムであるが、これはポラニーの互酬を実現する仕組みである。別言すれば、協同組織金融は市場とはなじまない分野・方向で形成されるシステムであること、市場が機能するとしても

---

19 再分配は、社会組織が中心性をもつ場合に機能するもので、共同体の成員の生産物はいったん中心に位置する人物に集められて貯蔵され、さまざまな機会に再び成員に分配される。具体的には、居住地域の拡大や外敵を排除するための軍事活動の組織化、公的な施設・設備の建造・維持・修理、司法や行政・外交などにかかわる人員の任命と報酬の支払、共同体の安全のための食料調達・備蓄など。家政は自らが使用するための生産を行う閉鎖的な集団（家族、村落、荘園など）の自給自足の単位で機能する。交換は古くから人類とともにあるが、社会の経済活動としては大きな影響はもたず、市場も普遍的な制度ではなかった。自己調整的市場社会では交換が主たる行動原理となる（前掲書537～538頁）。

20 前掲書538～539頁。

21 前掲書xxvi～xxvii頁。

その補完を担当し市場の失敗・欠陥を解決するシステムとして機能することが、そのミッションと整理できる。

c　協同組織金融との関係

　ポラニーは、市場の存在しない（交換が限定的な）社会と市場メカニズムが機能する社会を対比させて考察したが、現在の市場メカニズムを基本とする資本主義社会でもポラニーの伝統的社会の要素は大きい。特に「互酬」を「相互扶助」として読み替えれば協同組織金融の分野になるし、それ以外の市場メカニズムと大きなかかわりをもつとしても完全には市場メカニズムに組み込まれない主体は多く、そのタイプは多様化しつつある。市場経済と公共部門のほかに別の大きな分野が存在する。そのすべてを協同組織金融が担うわけではないが、協同組織金融が基本とする相互扶助は、その発足当初のメンバー間の相互扶助から、その協同組織金融を利用する者の相互扶助としても把握可能になる。

　信用金庫であれば、その会員（出資者）がメンバーであり、このメンバー間の相互扶助が一義的である。ところが、信用金庫の場合、資金調達の預金者は預金をするだけではメンバーになるわけではない。融資を受けるために出資をして会員になることでメンバーになる。そこで、預金者という信金の債権者をいかにメンバーとして組み込むかも重要な観点である。信用金庫の預金者の相互扶助をいかに実現するかも検討されるべき課題である。無論、信用金庫の預金者の過半は出資者すなわち会員で融資を受けている者であると考えられるが、理論的には非会員の預金者が過半ということもありうるので、実態とは区別して整理すべきであろう。他方、信用組合は員外部分を除けば、出資者＝借入者＝預金者であるので、信用金庫のような非組合員預金者は基本的には存在しない。

　いずれにしても協同組織金融は、原初的にはポラニーの伝統的社会の互酬を基本にしているが、資本主義経済の発展のなかで、市場メカニズムに完全には組み込まれない分野を対象にそのミッションを実現しようとしている。その切り口が「ソーシャル・イノベーション」といえよう。

4 宮村〔2008〕の所論

　宮村健一郎は信用金庫の諸課題について、独自のアンケート調査などを用いて、その最適規模、ガバナンスなどについて所論をまとめているが、以下では、2008（平成20）年6月20日の金融審議会「協同組織金融機関のあり方に関するワーキング・グループ」におけるプレゼンテーションに基づき整理しておきたい[22]。

(1) 信用金庫の最適規模

　宮村は信用金庫の役割を、①資金調達弱者への安定的な低利での資金供給、②金融過疎地における地域金融の確保、と整理している。

　①については、資金調達が困難な者（「資金調達弱者」）に、株式会社組織の金融会社（銀行、ノンバンク）では提供できない安定的な低利の資金を供給すること、このために自身で借り手を数量に基づいて審査するだけでなく、お互いにある程度知り合っていて仲間意識があるようなコモンボンドでの人間関係、地域密着から得られる定性情報や相互チェックシステムを利用する（都市部では、個人間の付合いは薄いだろうが、町の商工業者同士および金融機関は取引や各種活動を通じてある程度の関係をもっている）、としている。

　②については、受信・決済面での地域金融サービスの確保、すなわち地域というコモンボンド上に成立する信用金庫は、必然的にその地域の金融サービス（受信・決済面）を安定的に提供することができる（ゆうちょ銀行、農協、ネットでも一部代替可能）こと、与信面では、地域の資金の地域への還元、すなわち地域から調達された資金を同じ地域の中小企業個人に供給することにより地域経済を支える（事業性資金は、ゆうちょ銀行、農協、ネットでは代替不可能。この点で預貸率低下や広域化は問題）、としている。

　そのうえで、信用金庫は資金量400億円に欠けるものから3兆円を超えるところまで、その規模の違いは100倍近いことから、信用金庫について預貸

---

[22] http://www.fsa.go.jp/singi/singi_kinyu/dai2/siryou/20080620/03.pdf

率、経費およびアンケート調査などに基づいて、資金量2,000億円を境に2グループに分類できるとした。そして、2,000億~5,000億円のグループのパフォーマンスは低いとしている。

なお、図表8-4~図表8-6はそれぞれ、信用金庫の預貸率、分類別（規模別）にみた信用金庫の特徴、信用金庫の考え方—2グループ化—につ

図表8-4　信用金庫の預貸率

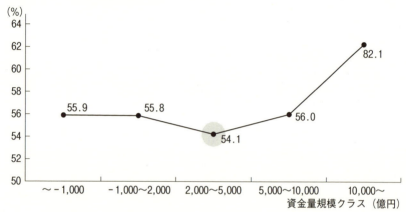

（出所）　金融審議会「協同組織金融機関のあり方に関するワーキング・グループ」2008年6月20日資料5-3、16頁（http://www.fsa.go.jp/singi/singi_kinyu/dai2/siryou/20080620/03.pdf）

図表8-5　分類別（規模別）にみた信用金庫の特徴

信用金庫の分類	2,000億円以下の信金	2,000億~5,000億円の信金	5,000億円以上の信金
預貸率	やや高い	やや低い	やや高い
銀行との競争	激しくない	激しい	やや激しい
貸出金利	高い	低い	低い
地域	停滞	普通	高成長
人材	やや問題	問題	あまり問題でない
機械化の進展	やや問題	問題	あまり問題でない
融資審査速度	やや速い	やや遅い	やや速い

（出所）　図表8-4に同じ、同資料14頁

図表 8 – 6　信用金庫の考え方―2グループ化―

【信用金庫を一体に考えるよりも、2つのグループに分けたほうが合理的】

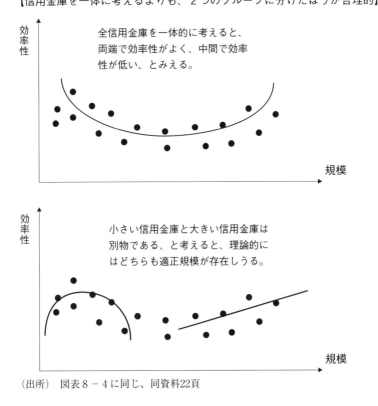

（出所）　図表 8 – 4 に同じ、同資料22頁

いて示したものである。

(2) ガバナンスの問題

　協同組織金融機関のなかでも業域・職域信用組合の場合、概して業界からの強力なチェックが期待できることからガバナンスが機能する（業界がオーナー意識をもっていること、「業界あっての組合」なので信用組合の立場が弱いこと、総代がその業界の幹部から構成されていること、総代同士の横のつながりが同業者や同僚であるためきわめて強いこと、などがあることによる）、と宮村は指摘している。

しかし信用金庫や地域信用組合の場合は、業域・職域信用組合よりガバナンスは弱いという。その理由は、①会員・組合員が企業の代表者等が中心であり、業域・職域信用組合と比べれば会員・組合員のオーナー意識は概して低いこと、②会員・組合員相互のつながりが弱いこと、③したがって経営側に対する交渉力としてまとまらないこと、をあげている。ただし、狭い地域に位置する信金・信組には当てはまらないともしている。

都市部であるほど、また大きな協同組織金融機関であるほど、会員・組合員のオーナー意識は低下し、会員・組合員と経営者との距離は遠くなり、組織本来の目的と経営者の目的が乖離する可能性が高くなる、という「エージェンシー問題」があるという。ただ、ガバナンス構造が弱いにもかかわらず、高いパフォーマンスをもち評判のよい大きなところも少なくないが、これについてはもっぱら経営陣と職員の個人的な資質や努力、心意気に負うところが大きいものと思われるとしている。

そこで、信用金庫・地域信用組合のガバナンスが弱いことの間接的な証拠として、信用金庫においては、①大きい信用金庫のほうでトップの世襲や長期在職が多く（宮村〔2002〕、図表 8 − 7 参照）、非常勤理事が少ない傾向があ

図表 8 − 7　長期在職・世襲のまとめ

		長期在職なし	長期在職あり	計
世襲なし	信用金庫数 預金（相加平均） 預金（相乗平均）	169 (42.8%) 2,002億円 1,267億円	178 (45.1%) 2,568億円 1,513億円	347 (87.8%) 2,292億円 1,388億円
世襲あり	信用金庫数 預金（相加平均） 預金（相乗平均）	11 (2.8%) 4,434億円 2,408億円	37 (9.4%) 3,489億円 2,264億円	48 (12.2%) 3,705億円 2,296億円
計	信用金庫数 預金（相加平均） 預金（相乗平均）	180 (45.6%) 2,151億円 1,318億円	215 (54.4%) 2,726億円 1,621億円	395 (100.0%) 2,464億円 1,475億円

（注）　預金額は1998年 3 月末。長期在職（10年超）・世襲は、平成11年（1999年 6 月）、平成元年（1989年 8 月）、昭和54年（1979年 8 月）の『全国信用金庫名鑑』に掲載された理事長名と会長名に基づき作成。
（出所）　図表 8 − 4 に同じ、30頁

ること、②世襲信用金庫のほうが概してパフォーマンスが悪く、信用金庫ごとの業績の違いも大きいこと（宮村〔2000①〕）、③世襲信用金庫は経常費用がより高いこと、④預金・法人貸出・個人貸出の5年間（1995～2000（平成7～12）年度末）の伸びの平均は低いこと、をあげている。

以上より、世襲が多い、非常勤理事が少ないことにより、経営者へのチェックが機能していない可能性を排除できない、と主張している。

(3) ガバナンスの強化

a　総代会をめぐる問題

信用金庫のガバナンスについて、宮村は総代会の問題を指摘している。信用金庫法は「会員のうちから公平に選任されなければならない」と規定しているが、実際には選任区域ごと（大抵は店舗）で信用金庫内の選考委員が候補者を指名し、店舗内に候補者名を1週間掲示し、その間に会員からの異議が5分の1または3分の1に達しなければ総代に選任される。そのルールは、旧大蔵省「信用金庫基本通達」の「信用金庫定款例」に倣って、自金庫の定款や総代制度を決めている。この点で、宮村は会員の立候補は認められていないことを重視している。

b　理事の選任方法

理事については、信用金庫の場合は5人以上（信用組合の場合は3人以上）の理事のうち、3分の2以上は会員（信用組合の場合は組合員）であることとされている点に注目する。この規定の趣旨は当然、外部（職員外の会員）からのチェックであるが、信用金庫・信用組合の会員・組合員の資格の1つとして、「地区内において勤労に従事する者」がある。よって、当該信用金庫・信用組合に勤務していれば会員・組合員資格があるので、理事の全部を職員出身者にすることができる。実際、多くの信用金庫・信用組合では職員出身者が多数派で、法の趣旨は骨抜きとなっていると指摘し、関係者は除くべきと主張している。

そこで宮村は理事について、①3分の2は職員ではない会員・組合員にすること、②規模の大きい金庫ほどガバナンスに問題が生じる可能性があるので、預金積金を基準に、監事会設置または委員会設置とすること、の必要性

を示している。

　具体的には、資金量2,000億円を基準とする可能性を提示したが、その理由として、
・信用金庫の場合、2,000億円を超えると世襲が多くなること（世襲なしの相乗平均は1,388億円、世襲の相乗平均は2,296億円）
・2,000億円を境に市場や行動が変わること（2,000億円超の信用金庫は関東・東海・近畿地区で多く、貸出金利は低下し、銀行との競争が激化する）
といった点をあげている（総じて資金量2,000億円の信用金庫は、従業員数が200～300人程度、店舗数は15～25程度）。

c　会員や顧客を意識した仕組み

　法的には、信用金庫は会員のものであるが、ヒアリングによると「信用金庫内で「会員」を意識して、または優先して仕事をすることはないし、そのような考え方自体が存在しない。預金者も借り手も大切なお客様」という信用金庫の職員もいる。信用金庫の場合には非会員からの預金（員外預金）が認められているが、員外預金の規模は資金量の70％弱であり、非会員のお陰で成り立っているという面も強いので（非会員も潜在的な会員ではある）、信用金庫内では総代会以外の会員からの意見を吸い上げる仕組みも強化されつつあるものの、総じて不十分であるとしている。

　そこで宮村は、①総代を会員・組合員のほうに向かせること、②経営チェックのインセンティブを高めること、③非会員預金者の会員化・総代化が必要としている。具体的には、①信用金庫の総代選出方法は選挙とすること、②総代会での誤った意思決定に対して総代は会員・組合員に委任規定などにより責任をもつべきこと、を主張している。

　さらに、①経営状態が会員・組合員の利益に影響する仕組みの導入（配当率が業績に応じてある程度変化する、普通出資証券の売買ルールを透明化して売買しやすくする等）、②総代の職業、取引の種類などの構成を開示し、会員の構成（これも開示）にある程度近づけること（弱者に配慮した1人1票原則は協同組織の根幹である）、③預金のみの顧客の総代選任（彼らは非会員であり、顧客としては重要であるにもかかわらず軽視された存在である）が必要としている。

(4) 宮村説へのコメント

　宮村は、信用金庫の存在意義を認めたうえで、課題を提起している。特に、①中小企業と個人の1先当り貸出額を計算すると、地方銀行と信用金庫の違いが存在することから、1先当り貸出額が異なることは顧客層が異なることを意味していること、さらに、②大規模信用金庫と小規模信用金庫で特に差はないこと（東京では、信用金庫の規模が大きくなっても、1先当り貸出額は小さい信用金庫と同じであり、「地銀と同質化」はしていない）、を指摘して、信用金庫にしか対応できない分野の存在を力説していることは説得的である。また、預金規模で2,000億〜5,000億円規模のクラスで種々の問題があることを指摘し、信用金庫全体を一括りに論ずることの問題点を指摘したことも重要である。

　しかし制度論としてみると、信用金庫を規模別にいくつかに分解して制度設計することにもなり、現実的ではない。したがって、中央組織との関係ないし距離感で制度設計することもありうると考えられる（第10章参照）。

　ガバナンスの強化については異論はない。総代の立候補制、非会員からの総代選出、職業別構成比に応じた総代の選出等にも異論はない。むしろ、より発展させて、生保相互会が採用している総代に対する信任投票制度等も提案されてよいと思われる。もし、総代の選出母体が会員に限定されるという縛りが法的に厳しいのであれば、別に評議員会制度を導入することで解決可能かもしれない。

5　家森〔2008〕の所論

　家森信善は信用金庫の諸課題について、独自のアンケート調査などを用いて、ガバナンス等について所論をまとめているが、以下では2008（平成20）年5月30日の金融審議会「協同組織金融機関のあり方に関するワーキング・グループ」におけるプレゼンテーションに基づき整理しておきたい[23]。

(1) 信用金庫の存在意義

a 信用金庫と地域経済

　経済のグローバル化が進み、国境すら意味をもたない時代になって、経済が完全に統合されれば、地域として問題は生じない。なぜなら、不況地域の労働者は好況地域に移住すればよいからである。しかし、実際には地域によって経済活動の水準が異なり、平準化は困難である。調整はゆっくりとしか進まないのが現実であり、「地域」特有の経済問題が残るからである。

　ITが発達して金融取引において距離が問題にならなくなったことから、地域の問題は解決されたともいわれるが、それは完全に誤解である。実際には、中小企業においては、情報の非対称性の問題があり、全国の公開市場で資金調達が可能にはならない。中小企業にとっては、物理的に近くにある金融機関に頼らざるをえないのである[24]。

　さらに地域経済にとって、協同組織金融機関の経営は大きな影響を与えることを示した。家森・打田〔2007〕は、信用金庫の経営指標とその本店立地の市町村の経済パフォーマンスを分析し（2001年度・2002年度を分析対象）、
・信用金庫の経営方針は、市町村の実体経済活動に大きな影響を与えている
・信用金庫の機能不全（貸渋り）が地域経済にマイナスの影響を与えた、という仮説は否定される
・信用金庫が慎重な貸出態度をとっている地域では経済活動が抑制されていた
ことを指摘した。

---

[23] http://www.fsa.go.jp/singi/singi_kinyu/dai2/siryou/20080530-2/01.pdf
[24] Stiglitz and Greenwald〔2003〕によると「信用は非常に個別的であり、信用供与のための情報は非常に特定化されたものである。こうした情報を入手する支出はほとんどがサンクコストであり、また、情報の多くは簡単に移転したり、"市場化"したりできない。一言で言えば、市場における企業数はどうあれ、信用市場は非常に不完全な競争によって特徴付けられる」とされる。
　Degryse and Ongena〔2004〕が引用した研究によると、アメリカでは、企業と金融機関の平均距離は8キロメートル（1998年調査）、ベルギーでは2キロメートル強（1997年調査）である。多和田・家森〔2005〕〔2008〕の企業アンケートでも、30分以内で直接面談が重要という回答であった。

b 信用金庫と銀行の同質化

　信用金庫と銀行の同質化問題に関しては、株式会社である銀行は収益を重視するのに対して、非営利の協同組織金融機関では収益の最大化が本来的な目的ではないことから、業務の同質化が進むなかで、行動が同質化してきているか—すなわち本来の目的が追求されなくなっている可能性があるか—という点について以下のように論じた。

　各業態の店舗展開をみると、家森〔2003〕では、1999（平成11）年3月末の愛知県内の各市町村（名古屋市は区単位）の金融機関の店舗数を使って、人口密度別に各業態の店舗数を計算し、人口密度の高い地域では銀行、中程度の人口密度の地域では信用金庫、低人口密度の地域ではJAや郵便局が（相対的には）重点的に展開しているとして、すみ分けの状況にあることを提示した。

　また家森・齋藤〔2008〕は、東京商工リサーチ社の退出企業データ（2006年、4万社）を用いて、2005（平成17）年には存在していたが翌06（平成18）年には存在しなくなった企業について、メインバンクの業態ごとに退出理由を整理した（母数は約80万社）。そこから、メインバンクごとの退出発生率を05（平成17）年の売上高利益率で区分し、

- 倒産発生率は信用組合や信用金庫で高い。都銀・地銀とはかなりの差がある
- 逆に、解散・廃業・休業の発生率（早期処理）は協同組織金融機関で低い
- 合併発生率は、都銀と他業態で大きな格差がある。協同組織金融機関は低い

といった傾向があることを指摘した。以上から、次のような提示を行っている。

- 協同組織金融機関はギリギリまで支えようとすること。
- 支えきれなくなったときには、倒産以外の方策がなくなっていること。
- 合併では、適当な相手を探し、交渉をまとめるなどの総合力が必要で、また解散・廃業・休業の早期処理でも経営者に対する説得が必要になるが、こうした点で十分ではないために、協同組織金融機関がギリギリまで支えている面もあり、協同組織金融機関の力量アップが必要なこと。

・悪いところを支え続けるという誤りを犯す可能性が協同組織金融機関は高く、支援決定の際の目利き力を高める必要が他業態以上に求められること。

c　信用金庫とリレーションシップバンキング

リレーションシップバンキングについても、中小企業の取引金融機関が少ないこと、財務諸表の精度が低いこと、本業のリスク分散がむずかしいこ

図表8－8　メインバンクとの長期取引によるメリット

	資本金1,000万円以下			1,000万円超3,000万円以下		
	都市銀行	地域銀行	信金・信組	都市銀行	地域銀行	信金・信組
借入金利が他社よりも優遇された（低い）	23.8%	36.1%	33.6%	33.0%	32.7%	31.3%
借入条件（担保、保証など）が他社よりも優遇された	18.9%	24.7%	33.6%	23.5%	20.4%	28.8%
安定的に資金調達ができた	50.8%	53.6%	68.1%	64.4%	72.4%	57.5%
借入れが迅速にできた	40.0%	51.5%	63.7%	46.6%	60.2%	62.5%
経営相談にのってもらえた	7.6%	9.3%	7.1%	11.7%	15.3%	12.5%
取引先から信用され、ステータスが得られた	20.0%	8.2%	2.7%	15.2%	5.1%	7.5%
メインバンクを変更するのが面倒（担保・書類等手続）であっただけ	14.1%	12.4%	14.2%	9.5%	13.3%	17.5%
特に何もメリットはなかった	13.5%	8.2%	5.3%	4.2%	5.1%	7.5%
回答企業数	185	97	113	264	98	80

（資料）　RIETI（経済産業研究所）関西アンケート
（出所）　金融審議会「協同組織金融機関のあり方に関するワーキング・グループ」2008年5月30日 資料4－1、18頁（http://www.fsa.go.jp/singi/singi_kinyu/dai2/siryou/20080530-2/01.pdf）

図表8-9　業態別のメインバンクの満足度

	都銀	地銀・Ⅱ地銀	信金・信組	政府系金融機関
満足	17.6%	28.2%	29.6%	42.1%
やや満足	11.8%	16.8%	21.6%	26.3%
普通	47.4%	39.1%	33.2%	31.6%
やや不満	14.9%	14.1%	12.1%	0.0%
不満	8.3%	1.8%	3.5%	0.0%
企業数	289	220	199	19

(資料)　愛知県産業労働部「愛知県に求められる中小企業金融施策の方向に関する調査」
　　　　（2006年8月）
(出所)　図表8-8に同じ、同資料21頁

と、また情報の非対称性が大きいことから新しい金融機関との取引を始めるのは困難で、直接金融もむずかしいので、小企業ほど地域金融機関への依存度が大きく、長期的関係のメリットは価格よりも資金量の確保にあることを指摘した。アンケート調査によれば、中小企業は地元の金融機関に期待しており、業態別にみると「いざという場合に支援してくれる」という回答が信用金庫では多いという点から、信用金庫の存在意義を明確化した。

なお、図表8-8にメインバンクとの長期取引によるメリット、図表8-9に業態別のメインバンクの満足度を示したので参照されたい。

(2)　信用金庫の課題―経営改善支援とアドバイス提供能力―

信用金庫の経営改善支援について、経営改善支援の取組状況を地域金融機関の4業態について比較した分析結果を用い、①「その他要注意先」「要管理先」および「破綻懸念先」の合計に関しての経営改善支援率のデータから、信用金庫は地域金融機関のなかで最も積極的に取引先企業に対する経営改善の支援を続けていること、②「要注意先」以下の企業全体での上位遷移率（ランクアップ率。経営改善の取組みを行った先のうち、債務者区分が向上した企業の比率）では、4業態のなかで信用金庫が最も悪いこと、③上位遷移率という観点でみると信用金庫の成績が優れているとはいえないこと、を示

した。

　ただし、下位遷移率(経営改善の取組みを行った先のうち、債務者区分が悪化した企業の比率)をみると、協同組織金融機関での下位遷移率が銀行よりも明確に低いことから、信用金庫の経営支援策はこれまでのところ、経営悪化を食い止めることにおいては銀行よりもかなり効果的であったが、経営改善にまでつながるほどの強力なものではなかった、と指摘している。

　企業へのアドバイス提供の能力でみると、①企業間のネットワークが弱いために本業関連の支援機能が弱いこと(「新しい仕入れ先」「同業他社の動向」など)、②地元密着による情報提供は強いこと(「不動産」「制度融資」など)、③ビジネスマッチングの取組みは他業態に比べるとやや低調であること、が明らかである。しかし、協同組織金融機関は信用度の乏しい規模の小さな企業に強みがあるはずで、業歴の若い企業では相対的にシェアが高いものの、それでも1割のシェアも確保できていないことがあり、新規顧客を獲得していかないとジリ貧であるし、社会的な存在感を示せない、としている。

(3) ガバナンスの問題

a　信用金庫の理事会の実情

　リレーションシップバンキングという金融行政の導入で、信用金庫のガバナンスも強化されたが、たとえば総代会の機能についてはその強化は捗々(はかばか)しいものではないし、実質的な意味で強化されたかをみると必ずしも明らかではない。ある信用金庫が公表している「総代の選考基準」として示されているものは、「総代としてふさわしい見識を有している人」「良識をもって正しい判断ができる人」「地域における信望が厚く、総代としてふさわしい人」などの抽象的な「選考基準」が明らかにされているにすぎない。

　もっとも、総代の選任制度をいくら工夫しても、あるいは総会制度に変更しても、日常的な経営監視機能を期待するのはむずかしい。一定規模以上の組織になれば、総代や会員には経営監視をする動機が弱くなるし、専門知識も乏しいという問題もある。家森は、株式会社における取締役会と同様に理事会機能の強化を図ることが現実的であるとしている。

　株式会社に関する先行研究によると、規模の大きすぎる取締役会は企業価

値にマイナスとなることが通説であり、規模が大きすぎると、各取締役が自分は監視しなくても大丈夫というフリーライド問題、意思決定の調整に時間がかかるコーディネーション問題、各取締役の権限や情報が限定されCEOに対して「弱い」取締役となる問題などが発生するためである。

このような観点での信用金庫の理事会についてはほとんど研究がないが、家森・冨村〔2007，2008〕によると、理事数の全国平均は2000（平成12）年3月期で10.8人であったが、05（平成17）年3月期には10.1人と5年間で0.7人減少している。一方、00〜05（平成12〜17）年にかけて、信用金庫の平均規模は合併等によって大幅に増加している。近年、①信用金庫の役員数（＝理事＋監事）は減少していること、②特に非常勤役員の数が減少しており、役員の専業化（プロ化）が進んでいること、③役員数が全体として減少するなか、監事はわずかであるが増加していること、④大きな信用金庫ほど非常勤役員が少なく、役員の専業化が進んでいること、を指摘した。

b　非常勤理事の動向

理事会が理事長からどの程度独立的であるかが監視機能の強度を決めるが、そのために、株式会社なら社外取締役が重視され、委員会設置会社では法的に必ず社外取締役を設置しなければならないとされる。一方、信用金庫の場合、「社外」理事は法的に要求されていない。むしろ、会員理事が3分の2以上の法定条件となっている。しかし多くの信用金庫では、金庫外の多数の人物を非常勤理事として任命してきた経緯がある。

非常勤理事は、経営者に対して一定の独立性をもっており、信金経営において社外取締役的な役割を果たしているかどうかについてみると、

- 非常勤理事がゼロという信用金庫もある一方、10人を超えるような信用金庫もある
- 1金庫当りの非常勤理事の平均数は、2000（平成12）年3月期の3.69人から05（平成17）年3月期には3.13人に減少している。また同期間中、理事に占める非常勤理事の比率は0.34から0.31に低下している
- 内訳をみると、信用金庫のOB（OB理事）が0.29人、地元企業の経営者（経営者理事）は1.78人、弁護士・税理士などの専門家（専門家理事。20の信用金庫で選任されているのが確認できただけ）が0.08人、その他理事（判別の

むずかしいもの。たとえば、市町村長や助役）や不明理事（詳しい記載のないもの）は0.95人である
・社外者理事が1人もいない信用金庫は119金庫で、全体（291金庫）の41％である

という状況である。

c　社外者理事をめぐる問題点

　社外者理事のいる信用金庫をみると、規模が小さく、収益性が低く、自己資本比率が高めで、経費率も高めで、預貸率は低めであるといった傾向があるという。社外者理事は信用金庫の経営陣に対して保守的な経営を要求しており、金融システムの安定上、望ましい機能を果たしていると評価できる、としている。

　そのため、相互扶助から出発した協同組織金融機関のあり方として、会員の代表である企業経営者が非常勤・社外者理事に選任されることを積極的にとらえるべきである半面、現実には非常勤理事の数も比率も低下していると

図表8－10　協同組織金融機関の総代会制度の機能強化の状況

	信用金庫			信用組合		
	2004年3月	2005年3月	2007年3月	2004年3月	2005年3月	2007年3月
総代会の仕組みを公表	266	288	283	63	96	129
総代候補者選考基準を公表	232	253	256	26	42	41
総代の選考方法を公表	254	276	279	51	72	94
総代の氏名を公表	286	278	269	79	86	93
金融機関数	306	298	285（287）	181	175	163（168）

（注）　2004年と2005年については、「リレーションシップバンキングの機能強化計画の進捗状況」（金融庁取りまとめ）に基づく、2007年の値は、全国信用金庫協会および全国信用組合中央協会の開示資料に基づく、2007年の金融機関数は総代会制度をとる機関数（括弧内に全数）である。
（出所）　図表8－8に同じ、同資料29頁

する。金融業務が専門化し、経営リスクが高まっているので、企業経営者が信用金庫の理事になることのリスクや負担が増し、適任者を選任することがむずかしくなっているのではないか、と思われる。適任者を選任し、その社外者理事が期待される役割を果たしうるような権限と責任、およびその報酬のあり方について検討が必要となっているといえよう。

d　監事機能の強化─員外監事─

　監事機能の強化（員外監事）が、非常勤理事の監視機能を一部代替してい

図表8－11　非常勤理事の経歴別の内訳

	非常勤理事		社外者理事				⑤不明理事
		①OB理事		②経営者理事	③専門家理事	④その他理事	
0人	46	228	119	126	271	279	188
1	28	45	31	32	19	12	35
2	39	15	38	38	0		28
3	61	2	42	38	1		9
4	45	1	21	20			17
5	31		21	19			5
6	23		10	11			5
7	7		6	4			1
8	3		1	2			1
9	4		1	0			1
10	3		1	1			1
11	1						
平均値	3.13	0.29	1.89	1.78	0.08	0.04	0.95

（注）　平均値は、1信用金庫当りの該当理事の人数。その他の表の数字は、該当理事の人数別の信用金庫の数。たとえば、経営者理事が5名いる信用金庫が19あることを示している。
（出所）　図表8－8に同じ、同資料36頁

図表 8 - 12　非常勤理事数の状況

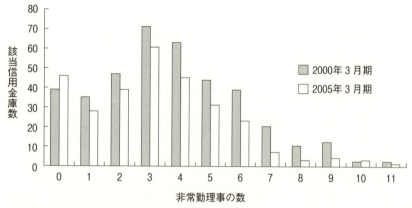

(出所)　図表 8 - 8 に同じ、同資料34頁

図表 8 - 13　不良債権の開示とその後の破綻の有無

	1996年 3 月の開示 開示レベル（1：低い- 2：高い）			1997年 3 月の開示 開示レベル（1：低い- 4：高い）				
破綻したか	1	2	合計	1	2	3	4	合計
破綻せず	105	297	402	29	222	5	137	393
破綻した	6	8	14	4	8	0	2	14
合計	111	305	416	33	230	5	139	407

(出所)　図表 8 - 8 に同じ、同資料38頁

る。近年、非常勤理事の比率よりも監事の比率のほうが重要となっており、監事の機能強化がうかがえるので、この点の強化も重要である。

　バーゼルⅢなどのもとで、市場による監視が当局による監視を補完するようになっているが、ディスクロージャーの改善により、利用者の監視という市場の規律づけを強化することが、協同組織金融機関の場合にガバナンス改善策としても有効であろう。信用金庫の不良債権の開示が任意だった時代の開示状況を分析したところ、不良債権問題が深刻なところほど開示に消極的であった。このことから、開示基準の規制は必要と思われる。

なお、図表8-10～図表8-13でそれぞれ、協同組織金融機関の総代会制度の機能強化の状況、非常勤理事の経歴別の内訳、非常勤理事数の状況、不良債権の開示とその後の破綻の有無について示したので参照されたい。

(4) 信用金庫の再編

信用金庫業界では近年、再編による平均規模の拡大がみられる。金融機関の数が減ると平均規模が拡大するのは自然ではある。しかし、大きな信用金庫の拡大スピードが速く、業態内格差が拡大している。この点で、業界内の多様性も考慮に入れておく必要がある。金融機関には規模の経済性が働くので、規模拡大には一定の合理性がある。しかし規模による費用低減効果の面では、銀行（メガバンクおよび大手地銀）と勝負するのは不可能であり、多くの協同組織金融機関にとっては違う道を選ばねばならない。

ガバナンスが弱い場合、会員価値とは違った、経営者の私益のための再編の心配がある。近年、効率性の改善が信用金庫の合併の重要な目的となっていたことが研究成果でみられ、吸収側の信用金庫の効率性は、合併直後は悪化するが、その後改善していくことを見出したとしている。平均的にみれば、効率性を改善するような合併が行われてきたといえよう。

また再編によって、企業は従来の金融機関との関係を清算するかもしれない。アンケート調査によると、企業にとって金融機関取引の停止理由としては「メインバンクの統合」も1割程度に達している。このように考えると、信用金庫が大組織化することにより、顧客との密着度が落ちるかもしれないことが懸念される。たとえば、担当者の転勤が広域化・頻繁化すると、顧客の評価は下がることにつながるのである。

(5) 家森説へのコメント

家森説はどの論点についても、実証研究に基づくもので、印象的ないし直感的な主張ではない。その点で、反証する材料がないものについては結論を留保せざるをえないが、多くの論点について異論はない。

ガバナンスについていえば、総代会の機能向上には時間を要することから、理事会の非常勤理事（社外者理事）の活用が論じられることも説得的で

ある。ただ、総代の選出方法などの改善もありえよう。また地域によっては、専門家が少ない、経営者も少ないという課題がどうしても残る。したがって監事機能の強化も説得的であるが、監事会制度もガバナンス向上の選択肢になりえよう。ただし員外監事も常勤でないと、日常的な牽制機能を発揮することは困難ではなかろうか。

第9章

信用金庫の地区

1　事業地区の制限

(1)　地区制限

　信用金庫は、営業地域が制限されている。ある一定地域を営業地域として定め、その地域内で店舗を設置でき、その地域内の会員に融資が可能というものである。地域内資金循環がその基本で、地区制限の意義もそこにある。しかし預金については、営業地区の制限はなく、地区以外からも受入可能である（信用金庫法第53条第1項第1号）[1]。

　この地区制限は、
① 　定款に地区を記載しなければならないこと（信用金庫法第23条第3項第3号）、定款は内閣総理大臣への事業免許申請の際の添付書類であること（同法第29条第2項）
② 　地区が会員の資格要件であること（同法第10条第1項）
③ 　定款を変更しようとするときは、総（代）会の決議を経たうえで、内閣総理大臣の認可（財務局長に委任）が必要であること（同法第31条）

によるもので、③にあるように信用金庫が自由に事業地区を決定・変更することはできない。

　このような地区制限は、歴史的な側面、行政監督の必要性、中小企業金融の円滑化と融資審査・管理などによるものである。

　この地区（事業地区）は会員構成区域であり、信用金庫が協同組織金融機関としての組織を構成し、会員との紐帯を維持するための基盤となっている。すなわち、事業地区内の会員・非会員から預金を受け入れ、それを原資に営業活動を行うという地域内資金循環を図ることが事業の基本である。地域内の情報を集積し、人的交流を濃密に実施することによって、中小企業との信頼関係が醸成され、景気の波にとらわれずに、中小企業や地域住民等に

---

[1] 信用金庫が会員以外の者に対して行う貸付と手形の割引については、当該信用金庫の貸付と手形の割引の総額の20％に制限されている（信用金庫法第53条第2項、信用金庫法施行令第8条第2項）。

必要な資金をできる限り安定的に供給することを可能にしている。

半面、地域と運命共同体を形成し、一定の地域の衰退リスクを回避できず、地域集中リスクを担うので、税制優遇がなされる根拠となっているといえよう[2]。この地区制限は、会員の側からすると、その地区外に移転すると、それまでの協同組織金融機関と融資取引ができなくなるという地区外取引の制限ともなるので、利用者にとって不便なこともありうる。

また、地域経済の低迷が続いた結果、信用金庫の経営に困難が生じるおそれがある場合、1989（平成元）年の金融制度調査会第一委員会中間報告（後述）にあるように、事業地区の範囲について弾力的な運用は必要になるといえよう。

この地区制度は、信用金庫の営業テリトリーを区分しているので、他の信用金庫が参入しにくい要因となっており、地域の競争を制限するとの批判もあるが[3]、他の信用金庫と事業地区が重なっており、また事業地区が2都道府県以上にまたがっている信用金庫は134金庫あり（2008（平成20）年当時、金融審議会協会WG 2008年7月4日資料6−3、34頁）、地区制度が信用金庫の競争を阻害しているとはいいにくい。また『中小企業白書〔2008年版〕』では、ほとんどの地域金融機関が「中小企業向け貸出の競合は厳しい」と認識しているとの分析を行っている。

(2) 歴史的側面

わが国の協同組合法の原点である産業組合法は、ドイツの協同組合を原点としているが、19世紀のドイツには2つの近代的な協同組合が創設されてい

2　金融制度調査会第一委員会「地域金融のあり方について」報告（1990（平成2）年6月）では、地域金融機関を「その地域を離れては営業が成り立たない、いわば地域と運命共同体的な関係にある金融機関や効率性、収益性をある程度犠牲にしても地域住民等のニーズに応ずる性格を有する金融機関」としている。

3　金融審議会協同組織金融機関のあり方に関するワーキング・グループ第3回会合（2008（平成20）年5月9日）において、筒井義郎大阪大学教授は実証研究の結果をふまえ、信用金庫の貸出市場は県ごとに分断されていること、その結果、高い貸出金利という好ましくない結果を生み出していると主張された。市場集中度の低い地域ほど、すなわち銀行数が少ない県の信用金庫ほど貸出金利が高く、競争度が低い結果にあるため、競争を促進すべく地域を越えた参入を促進する必要があり、したがって営業地区の規制を撤廃し、効率性を確保すべきであると主張された。

た。1つは商工業者を基盤とするシュルツェ・デーリッチの主導した信用組合であり、もう1つは農民を基盤とするライファイゼンの主導した協同組合である。シュルツェ・デーリッチの信用組合では、出資は必要である一方、区域の限定を求めるものではなかった。ライファイゼンの協同組合では、出資は不要であったが、区域は比較的限定されていた。

1900（明治33）年制定の産業組合法は、ドイツの制度を基礎とするが、数次の法改正を経て、各種の協同組合に対して定款に「区域」の記載を求めていた。これは、協同組織金融機関が人的結合を基盤とするものであることから、その根拠法にはその人的結合の範囲が一定の地域に限定されるべきことが法定されていたからである。

協同組織金融機関のあり方を検討した、1989（平成元）年5月15日の金融制度調査会第一委員会中間報告「協同組織形態の金融機関のあり方について」では、第1章第4節「金融環境等の変化と協同組織金融機関のあり方」のなかで、

「3. 地域を基盤とする金融機関としては、地方銀行及び相互銀行があるが、協同組織金融機関も、会員又は組合員となりうる者の地域的範囲を限定するため、「地区」を定めることとされており、その意味で、多かれ少なかれ、地域を基盤とする金融機関の性格を有している。中でも、信用金庫、地域信用組合及び農林系統金融機関は、その性格が強い。

これらの地域を基盤とする金融機関は、地域から資金を吸収し、それを地域に還元するという役割を担っており、地位経済の活性化・個性化が我が国の重要な課題とされる中、その役割は一層増大していくものと考えられる」と指摘し、また、第3章第2節「基本的考え方及び検討の方向」の2において、

「組織のあり方に関する具体的事項については、今後、改めて検討を行うこととするが、基本的な検討の方向としては、次のように考えられる。

(1) 地区

① 人的結合体としての協同組織の基本的性格に照らし、信用金庫、地域信用組合、及び農林系統金融機関のように地域を基盤とする金融機関の性格が強いものにあっては、地区の範囲は、人的結合体としての結合の

基盤を成す同質的な地域経済の圏域の中に限定するのが合理的である。
②　地域経済の発展に伴い、地域経済の圏域が拡大していく場合、又は地域経済が構造的停滞下にあり、その地域に地区が限定されているために、経営面で困難が<u>生</u>じているような場合においては、<u>必要性について十分検討した上で、地区の範囲を弾力的に扱うことが適当である</u>」
と記載している（筆者注：下線は筆者）。

(3)　行政監督上の必要性

　協同組織金融機関は、その利用者が原則として構成員に限定されているので、その運営は組織の自治に委ねるという考え方もあり、行政監督の必要はないという論もありうる。しかし、構成員といっても金銭的な損害を被る可能性があるので、行政上の監督が必要とされている（法令の解釈・適用に関する有権解釈を含む）。

　特に、地区に関しては、戦後から最近まで、護送船団方式の行政のもと、当局が事前規制・競争制限的な規制を重視していたことから、信用金庫の事業地区はもとより、銀行等の店舗の新設・変更に至るまで認可制で、「箸の上げ下ろしまで規制する」といわれるものであった。規制緩和のなかで、2002（平成14）年度以降、店舗認可制は届出制となり店舗規制は撤廃されたが、協同組織金融機関の地区制限に関しては、協同組織性の維持の観点から引き続き規制が必要であるとされている。

　信用金庫業界の規制緩和要望に関する行政当局からの回答には、
「①　定款への従たる事務所の記載を廃止することなどについて

　協同組織金融機関の定款においては、会員等の相互扶助等を目的とする金融機関としての特性から、商法よりも具体的な記載が要求される。従たる事務所についての記載は、会員が利用する施設を定める意味で、会員資格、地区等と並んで協同組織における基本事項とされてきたものであり、商法と同様の取り扱いとすることについては、定款自治の観点から慎重な検討が必要である。

　協同組織金融機関の定款においては、会員等の相互扶助等を目的とする金融機関としての特性から、「従たる事務所」を定款の記載事項として総会の

意思決定に委ねたものであり、これを定款記載事項から外すことは、協同組織性の観点から慎重な検討が必要である。
② 業務方法書を認可制から届出制にすることについて
　業務方法書は、信用金庫が実際に行う業務についての基本的な内容を定めたものであり、監督の手段として必要不可欠なものであることから、認可制から届出制への変更については慎重な検討を要する」
というものがあり、地区重視の姿勢がうかがわれる。

(4) 中小企業金融の円滑化

　協同組織金融機関の事業地区は、中小企業に対する円滑な資金供給を維持することにつながる。こうした資金供給は、協同組織金融機関といえども厳格な融資審査・管理が前提となるが、これらは債務者の定量情報とともに定性情報を加味して運用することが必要になる。こうした運用にあたっては、比較的狭い範囲に事業地区を限定するほうが、より厳格になる可能性が高くなる。

　この点について、先の1989（平成元）年金融制度調査会第一委員会中間報告では、第１章第３節「協同組織形態を採ることの意義」において、
「中小企業、農林漁業者、個人等の分野を専門とする金融機関が協同組織形態を採ることは、以下の諸点にかんがみ、十分合理性を有するものと考えられる。
(1) 利用者ニーズへの的確かつきめ細かな対応
　協同組織金融機関は地縁・人縁を基盤としていることから、利用者である会員・組合員のニーズの把握が容易であり、また非営利の相互扶助組織であって、業務及び組織の運営上、会員・組合員の利益が第一義的に考慮されることから、利用者ニーズに即したきめ細かな金融サービスの提供が可能になる。
(2) 長期的な観点に立った適正な金融仲介機能の発揮
　協同組織金融機関にあっては、資金の借り手は原則として会員又は組合員であり、貸し手である金融機関との間に密着性又は連帯が存在するため、貸出を行う際、長期的な観点から、借り手の立場に立った幅広い与信判断がな

されることが期待される。

　なお、中小企業、農林漁業者、個人等の分野を対象とする協同組織形態の専門金融機関にあっては、当該専門分野への他の金融機関の参入が排除されておらず、他方、相互扶助組織として税制の面で一般の金融機関に比べて有利な扱いがなされている」
と記載している。

　この記載は、協同組織金融機関が地縁・人縁による情報生産が容易で、その顧客との密着性・連帯による幅広い与信判断が可能になると認識し、地区を意識したものである一方、他の金融機関が参入可能で競争上協同組織金融機関が劣後する可能性があるので、税制面の優遇があるとしているのである。

2　地区に関する議論

(1)　神吉〔2006〕の所論

a　協同組織金融機関の地区制限

　協同組織金融機関の地区制限に対して否定的な論を展開しているのが神吉〔2006〕である。少し長いが、神吉論文を引用しつつ、その所論を紹介したい。

　神吉〔2006〕によると、協同組織金融機関の地区は、
「協同組織金融機関の定款には、「地区」を定めなければならない。そして、組合員・会員は、地区内に居住するなど、地区と一定の関わりのある者である必要がある。このように、地区は組合員・会員の資格を制約する要因となり、協同組織金融機関が事業を行う地域を間接的に制約する効果を持つ。また、地域金融機関においては、貸出先が特定の業種に偏りやすいとの指摘があり、協同組織金融機関が特定の地域を基盤として金融事業を行うことは、経営の健全性維持の観点から潜在的に問題を含むと見ることもできる。本稿では、明治33年に成立した産業組合法に関する文献を手がかりとして、信用組合に地区を定めることが求められた当初の理由を明らかにする。

その理由として、(1)協同組織金融機関としての組織に内在する要請に基づく側面、(2)行政監督・金融監督の側面の2つを指摘することができる。(1)はさらに、協同組織としての人的結合の確保に関する側面と、融資運営の厳格化に関する側面の2つに分けられる。産業組合法は、信用組合に「区域」を定めることを求めることにより、協同組織としての人的結合の拠り所を地縁に求めるとともに、無担保融資を的確に行うために必要となる定性的な情報を確実に収集することを担保し、融資の事後管理にも万全を期したのである。そして、この理由に照らして、現在の多くの協同組織金融機関にとって、地区を定めることの必要性が消滅していることを主張する」(神吉〔2006〕要旨)とした。

すなわち、

「協同組織金融機関は、地方銀行や第二地方銀行とともに、地域金融機関と呼ばれることがある。地域金融機関とは、「一定の地域を主たる営業基盤として、主として地域の住民、地元企業及び地方公共団体等に対して金融サービスを提供する金融機関」であると定義されており(金融制度調査会第一委員会中間報告「地域金融のあり方について」1990年6月20日(筆者注:第2章第1節3))、特定の地域に根ざした金融機関である点に特徴がある。しかし、わが国に「地域金融機関」という業態の専門金融機関が制度として存在するのではない。地域金融機関という呼称は、特定の地域を事業の基盤としているという、あくまでも、これら金融機関の経営の実態に着目したものである。ところが、地域金融機関の中でも、株式会社の形態をとる地方銀行や第二地方銀行の営業区域が各銀行の営業政策によって自由に決定できるのに対して、協同組織金融機関の事業区域は制約される。

協同組織金融機関の事業区域が制約されることの根拠を信用金庫について見てみると、信用金庫の定款に「地区」を記載しなければならないこと(信用金庫法23条2項3号)と、この「地区」が会員の資格を制約する要因となること(同法10条1項)とに求められる。信用金庫の会員としての資格を有する者は、①信用金庫の地区内に住所または居所を有する者、②地区内に事業所を有する者、③地区内において勤労に従事する者であって、定款で定める者である。このように、信用金庫の会員は、信用金庫の「地区」と一定の

関わりを持つ者に限定されている。……したがって、信用金庫の事業は、「地区」と密接な関わりを持つこととなる。協同組織金融機関が定款に当初定めた「地区」をその後の地域情勢の変化や経営方針の変更によって柔軟に変更できるのであれば、「地区」を定めることをもって協同組織金融機関の事業活動上の制約と捉えることはできない。しかし、第二次世界大戦後、長年続いた金融機関に対する競争制限的規制の1つである店舗規制によって、柔軟な「地区」の変更ができなかったのならば、協同組織金融機関が定款に「地区」を定めることは、協同組織金融機関の事業活動にとっての制約であると捉えることができよう。

(中略)

　このように、協同組織金融機関は、「地区」を自ら定め、その地区内に居住するなど、地区と一定の関わりのある者を組合員または会員として金融事業を行う。このことから明らかなように、協同組織金融機関が事業を行う区域は、それぞれの協同組織金融機関法によって直接規制されているのではなく、協同組織金融機関自らが、組合員・会員の資格を制約する効果を伴う「地区」を定めることを通して、間接的に制約を受けることとなる。

　ところで、協同組織金融機関は金融機関であるから、経営の健全性を維持することが求められ、経営破綻という事態の起こることは極力回避されなければならない。……地域金融機関としての協同組織金融機関は、特定の地域に深く根ざして金融事業を行っているため、その経営は、地域経済の動向の影響を強く受ける。そして、場合によっては、地域経済低迷の深刻な影響を受けることともなる。一例として、新日本製鉄釜石製鉄所の高炉休止と200海里問題が地域経済に壊滅的な打撃を与え、その影響を一因として、結果的に1993年に経営破綻に至った釜石信用金庫の例が挙げられる。地域金融機関においては、貸出先が特定の業種に偏りやすいと指摘されており、協同組織金融機関が特定の地域を基盤として金融事業を行うことは、融資資産のポートフォリオ管理、さらには金融機関としての経営の健全性維持の観点から、潜在的に問題を含むと見ることもできる」(同2～4頁)
と整理して、地区制限が協同組織金融機関の経営上の制約になることを指摘した。

b　協同組織金融機関と銀行の地区の違い

そして、産業組合法などの議論を検討したうえで、
「協同組織金融機関が地区外に店舗を設けることはできないことは疑いないが、地区外で事業活動を行うことはできないのだろうか。

協同組織金融機関法では、相互銀行法648条にみられるように、協同組織金融機関の事業区域を直接規制していない。金融機関の「地区」が制限される場合として、2つの種類があると説明されている。第一は、協同組織金融機関における「地区」であり、第二は特殊の株式会社組織の金融機関の営業区域である。（中略）

このように、協同組織金融機関における「地区」は、歴史的にも制度的にも相互銀行の営業区域とは異なる。したがって、協同組織金融機関の「地区」をもって協同組織金融機関が事業を行う地理的範囲であるとすることは適切ではない。協同組織金融機関が事業を行いうる区域は、協同組織金融機関の「地区」に限定されないと考えるべきである。

このように見てくると、大蔵省銀行局事務官の肩書きで書かれた熊田〔1954〕にみられるように、協同組織金融機関の「地区」を協同組織金融機関の事業区域と解する見解は、協同組織金融機関が「地区」外で事業活動を自由に行えると解した場合に、金融機関に対する店舗規制がしり抜けとなるところから提唱されたものであり、協同組織金融機関に対する金融監督を強化する立場から打ち出された見解なのではないかと考えられる」（同15～16頁）
としている。

c　協同組織金融機関の地区の必要性

さらに、「「地区」を定めることが求められる理由として、協同組織金融機関の組織に内在する要請に基づく側面のあることを指摘し、さらにこれを人的結合の確保に関する側面と融資運営の厳格化に関する側面に分けて説明しているので、2つに分けて検討」している。すなわち、
「第一に、人的結合の確保に関する側面について、現在、どう考えるべきか。

産業組合法の下での信用組合においては、協同組織としての人的結合の拠

り所を地縁に求めて制度設計がなされたと考えられることはすでに述べた。現在のわが国で、果たして、地縁が人的結合の拠り所となり得るだろうか。わが国全体として見た場合には、むしろ、なり得ないと考えられる。都市部に典型的に見られるように、たとえ隣人であってもほとんど接触がなく、お互いが誰であるのかさえ分からないという状態が多いことは、ここであらためて説明するまでもない。また、地方であっても、明治時代とは比較にならないほど、人の移動が活発化している。「地区」を定めることによって、地区内の組合員・会員がお互いに知っている状態を確保するということは、現在では、その実現が非常に困難になっているといえる。また、現行の協同組織金融機関法においては、「地区」を一市町村内に限定するといった、「地区」を比較的狭い範囲に限定することによって組合員・会員がお互いに知っている状態を高めるであろう効果を果たす規定は存在しない。広い地理的範囲に「地区」を定めたとしても、何らかの機会や場がないかぎり、「地区」を定めること自体によって、組合員がお互いに知っているという状態は生じ得ない。

　このように、人的結合の確保に関する側面から見た場合、協同組織金融機関が「地区」を定める必要性は、わが国全体としては、消滅していると見ることができる。

　第二に、融資運営の厳格化に関する側面について、現在、どう考えるべきか。

　まず、現在の金融機関が行う融資判断においては、法人に対する融資を典型として、財務諸表に代表される定量的な情報が欠かせないものとなっている。個人に対する融資においても、納税申告書の写しや源泉徴収票といった一定の書類から得られる定量的な情報を活用して融資判断が行われる。ただし、法人・個人とも、現代の融資判断において、定性的な情報の必要性がなくなっているわけではない。協同組織金融機関が融資対象とする中小企業については、財務諸表に対する信頼性に問題があることと、定量的な情報が乏しいことが指摘されており、このような中小企業の定量的な情報の抱える問題やその不足を、定性的な情報によって補う必要があるからである。このように、定性的な情報の重要性は否定できないものの、協同組織金融機関が組

合員・会員の定量的な情報に現れた重要な問題点を無視して融資判断を行うことは、金融機関としての経営の健全性維持の要請や、協同組織金融機関に対する理事の法的責任の観点から見ても、現在では困難である。相互扶助を理念とする協同組織金融機関であっても、慈善事業として金融事業を行うわけではないから、定量的な情報から返済可能性がないと判断される融資案件を実行することは認められないと考えられるとともに、整理回収機構による破綻金融機関の役員に対する責任追及に関する訴訟に見られるように、金融機関の役員に対する法的責任の追及が実際に行われるようになっているからである。そして、定量的な情報は、「地区」を定めなくとも、相手方からの書類の提出や協同組織金融機関の独自の調査によって確実に入手することが可能である。

次に、貸出先の業種構成にかなりの広がりが見られる点について、どう考えるべきか。土地との結びつきが極めて濃厚な農業を前提とした場合には、比較的狭い範囲に「地区」を定めることによって、協同組織金融機関が定性的な情報を確実に収集することを担保できよう。しかし、第三次産業のように、そもそも土地との結びつきが希薄な産業の場合、組合員・会員の事業活動の地理的範囲は、協同組織金融機関の「地区」に限定されることなく広がり得るから、「地区」を定めてみても、定性的な情報を確実に収集することが確実に行えるわけではない。

また、現在の協同組織金融機関において、無担保の融資はむしろ少なくなっている。融資実行の際の担保の徴求は、債務者の信用を補完するための手段として行われる。わが国の金融機関は担保価値の範囲内で融資を行う担保金融会社ではないから、担保提供の見返りとして融資が行われることはない。しかし、無担保融資の際に実施する融資審査と、保全措置が講じられることが予定された融資審査とでは、実施される審査の厳格さに違いがあるのは、むしろ当然である。無担保融資が貸倒となった場合、貸倒損失の発生に直結する可能性が生じるから、無担保融資の融資審査は、担保付の融資審査に比して厳格に行われる。担保の徴求を前提とすれば、融資判断を行うために必要となる情報を確実に収集することを担保するために、組合員の資格を組合の「地区」と結び付けて制限するという方法によらずとも、貸倒損失の

発生を回避するということが十分に可能となる。

　融資の事後管理のために、組合員の日常の生活態度を組合員が相互に監視することを担保する目的について、どう考えるべきか。現在では、組合員・会員の人的結合の拠り所を地縁に求める考え方自体が機能しえなくなっていると考えられるところからすれば、「地区」を定めることによって、このような効果を期待することもできない。したがって、融資の事後管理のために協同組織金融機関が「地区」を定める必要性も、現在では消滅している。このように、融資運営の厳格化に関する側面から見た場合、協同組織金融機関が「地区」を定める必要性は、現在では、完全に消滅していると見ることができる」（同27～29頁）
として「地区」を定める必要性を否定している。

d　協同組織金融機関の「地区」：人的結合、メリット・デメリット

　そのうえで、「協同組織金融機関に「地区」を定めることが求められるのは、協同組織金融機関としての組織に内在した要請に基づくものであると考えるべきであり、行政監督・金融監督としての側面から捉えるべきでないこと」（同33頁）から、

「組織に内在する要請に基づく側面については、協同組織としての人的結合の拠り所を何に求めるべきかが重要な問題となる。人的結合の拠り所を地縁に求める考えは、現代社会では現実的ではなく、むしろ職域や業域といった地縁以外の要素をもって人的結合の拠り所とするのが現実的である。このように考えれば、「地区」の概念を廃棄することは可能である。ただし、人的結合の拠り所を地縁以外の要素に求めた上で、なお、人的結合の地理的範囲の限界を画するという、従たる目的のために「地区」を定めておくということは、協同組織金融機関の業態によっては、なおその必要性が認められる場合があろう。

　融資運営の厳格化に関する側面については、現在、「地区」を定めるという方法によらずとも、定量的な情報を融資判断に高度に活用したり、担保の徴求を併用するなどといった他の手段によって目的を達成することが十分に可能である。

　このように、「地区」の概念を廃棄したとしても、「地区」を定めることに

よって達成しようとする目的は、達成可能であると考えられる。そして、「地区」の概念を廃棄してもなお、一定の地理的範囲に協同組織金融機関の事業活動の範囲が集中するかどうかは、各協同組織金融機関の経営方針に関する問題となる。たしかに、定性的な情報を有効に活用することによって、他の金融機関と差別化した事業を展開する協同組織金融機関が存在してよい。定性的な情報の収集と活用の巧拙は、これからの協同組織金融機関の経営の格差につながる重要な問題となろう。定性的な情報を確実かつ濃密に収集することを重視する協同組織金融機関は、事業活動の範囲を比較的狭い地域に集中するであろう。しかし、定性的な情報を協同組織金融機関が確実に収集することを担保するために、協同組織金融機関に「地区」を定めることを求めるというということは、現時点では、協同組織金融機関の経営への過剰な介入である。

「地区」を定めることによって得られるメリットとデメリットについてはどうか。現代のわが国において、協同組織としての人的結合の拠り所を地縁に求めることはできず、融資判断情報も定量的な情報を活用することができると考えれば、協同組織金融機関の事業活動の地理的範囲を地区内に押しとどめておくような制度の運営をすることは、金融機関としての経営の健全性維持や、融資資産のポートフォリオ管理の観点から見て、メリットは認められず、むしろデメリットの方が大きいと考えられる。また、インターネットの発達にみられるように、金融事業に活用できる社会システムや高度な金融技術を協同組織金融機関の事業に活用する道を閉ざし、結果的に、協同組織金融機関の経営を時代遅れのものとしてしまう可能性もある。

行政監督・金融監督の側面から「地区」を定めることが必要でないことは、すでに述べた。競争制限的規制のために「地区」を定めることを求める必要性は、なくなっている。

このように考え、さらに協同組織としての人的結合の拠り所を地縁以外の何らかの要素に求めることができるのであれば、「地区」の概念を廃棄することは十分に可能である。そして、地縁以外に人的結合の拠り所を見出せない協同組織金融機関は、協同組織性の形骸化によって、もはや協同組織金融機関たりえなくなっていると見ることも可能である。このような協同組織金

融機関にあっては、組合員・会員の人的結合を確保するために、何らかの対策を講じるか、「金融機関の合併及び転換に関する法律」に基づいて、業態転換を図ることが検討されてもよいであろう。

　ただし、「地区」の概念を廃棄するという、大胆な制度変更を実施することが現実的でないとの反論があるかもしれない。その場合は、次のように考えるべきであろう。相互扶助を目的とする協同組織としての性格を維持することと、金融機関としての経営の健全性を維持することの2つ目的を実現するために、「地区」について、協同組織金融機関の自主的な判断を尊重するという解決の方向が考えられる。この場合にも、まず、協同組織金融機関の事業活動の地理的範囲が地区内に限定されないことを明確にしておくべきである。地縁が人的結合の拠り所とはなりえなくなっていると考えられる以上、協同組織としての性格を徹底するために、「地区」の範囲を狭く設定することの必要性はなくなっているから、「地区」の広狭は柔軟化して考えることが可能である。そこで、「地区」をどのように設定するかを基本的には協同組織金融機関の自主的判断に委ね、行政庁による定款変更の認可は、後見的な機能に徹することを原則とするということが考えられる。

　また、「地区」について協同組織金融機関の自主的な判断を尊重するとしても、「地区」を定めたり、それを変更することには行政庁の認可を必要とするから、行政庁の認可が円滑に得られなければならない。これに対しては、「地区」を定めたり、それを変更することに行政庁の認可を必要とすることを逆手にとって、「地区」の変更に抑制的な金融監督の態度をとることは、時代錯誤であるとの批判が成り立つ。

　さらに、中小企業に対する融資の適正な配分という観点を重視すれば、「地区」の変更を協同組織金融機関の自主的な判断に委ねることに反対があるかもしれない。しかし、協同組織金融機関の自主的な判断を尊重せずに政策判断を優先させることは、協同組織金融機関に政策遂行の機能を担わせるとともにその責任をも負わせるものであり、適当とは考えられない。協同組織金融機関の「地区」変更の結果、金融機関の空白地域が生じるといった事態については、別途、中小企業向けの公的金融制度を整備・充実するといった方法によって問題を解決すべきである」（同33〜35頁）

と指摘した。

e 地区を定めることの必要性の消滅

そして協同組織金融機関に地区を定めることの必要性が消滅したとして、「ただし、協同組織金融機関の定款に「地区」を定めることが求められる理由としては、協同組織金融機関としての組織に内在する要請に基づく側面にこそ、その意義が認められるというべきである。

協同組織金融機関の定款に「地区」を定めることが求められる当初の理由に照らして協同組織金融機関の現状を見てみると、現在の多くの協同組織金融機関にとって、「地区」を定めることの必要性は消滅している。とくに、現在のわが国において、地縁に人的結合の拠り所を求めても、わが国全体から見た場合に、意味を持たないと考えられる。人的結合の拠り所を何に求めるかが重要であり、職域や業域などの地縁以外の要素にこれを求めて、「地区」の概念を廃棄することも可能である。ただし、協同組織金融機関の業態によって、置かれた状況はさまざまであり、「地区」を定める必要性が消滅していない業態もある。

「地区」の概念を廃棄することが現実的でないとするなら、今後は、「地区」の範囲の取扱いを弾力化し、「地区」をどのように定めるか、そしてそれをどのように変更するかについて、協同組織金融機関の自主的判断を尊重するということが考えられる。行政庁による定款変更の認可は、後見的な機能に徹することを原則とすべきである。

最後に、残された課題について一言する。本稿では、協同組織金融機関の「地区」について考察したにすぎない。協同組織金融機関の「地区」について考察することは、協同組織金融機関の存在意義や、そのあるべき姿について考察することにつながるが、本稿ではこれらの点について考察していない。とくに、人的結合の拠り所を何に求めるのかが、現在の協同組織金融機関にとって極めて重要な問題である。地縁が協同組織としての人的結合の拠り所とはなり得ないと考えられる現代においては、「地区」を定めること自体によって、協同組織金融機関が協同組織であり続けることはできないのではなかろうか。各協同組織金融機関には、地縁以外の何かに人的結合の拠り所を見出すことが求められるといえよう。金融再編が進む中で、今後とも協

同組織金融機関の存在意義が問われることとなろう」（同36〜37頁）
と結論づけている。

(2) 神吉説への若干の疑義

　神吉は、「地区」制限のもつ弊害と、人的結合が希薄化していることから、「地区」制限を否定していると考えられる。ただ、「地区」の制限が相互扶助性といかにかかわっているか、また税制優遇との関連などについては、やや単純化している印象がある。

　神吉は、「地区」制限の根拠ないしゆえんを人的結合体と理解し、人的結合が会員・組合員の間に希薄化していることから人的結合が意味をなさなくなっていることを論拠に、地縁・人縁の意義がなくなり、人的結合体の意味はなくなったとする。たしかに、会員・組合員の間の人的結合は重要で、協同組織金融機関の融資などに会員・組合員同士の紹介による情報生産も機能しているからである。したがって、この人的結合の度合いが低下すると、協同組織金融機関の情報生産機能は弱体化する可能性がある。

　しかし、人的結合には、金融機関と借り手・顧客の人的関係も重要である。特に、融資担当者・渉外担当者と借り手・顧客との長期的な関係、取引関係も人的結合である。いわゆるリレーションシップないし関係性が、協同組織金融機関にとって重要な情報生産を生み出すのである。この部分が希薄化していれば、「地区」の意義はないかもしれないが、リレーションシップバンキング（地域密着型金融）のエッセンスはこのような人的結合である。それゆえに、2007（平成19）年4月5日の金融審議会報告「地域密着型金融の取組みについての評価と今後の対応について―地域の情報集積を活用した持続可能なビジネスモデルの確立を―」の「（補論）協同組織金融機関について」において、

「このような制度的制約の下、地域の小規模事業者を主要な顧客としている協同組織金融機関は、地域密着型金融のビジネスモデルが相対的に当てはまりやすい存在であり、今後とも、小規模事業者を対象とする地域密着型金融の重要な担い手となることが期待される」
と記述したのは、こうした顧客と協同組織金融機関との間の人的結合を意識

したものだからである。この意味で、「地区」の意義は失われていない。

　また、先の引用のなかにある「協同組織金融機関の「地区」変更の結果、金融機関の空白地域が生じるといった事態については、別途、中小企業向けの公的金融制度を整備・充実するといった方法によって問題を解決すべきである」とする指摘は、「別途、中小企業向けの公的金融制度を整備・充実するといった方法」を提示しないと説得的でない。

　税制優遇が、民間金融機関による「中小企業向けの公的金融制度」に代替することの制度的な保証であり、新たな公的金融制度設立という方法を回避する手段である可能性もあるからである。しかも税制優遇は、地域集中リスクを緩和する効果を有する一方、地域の人的結合を担保する制度であるとも考えられるからでもある。

第10章

中央組織・中央機関

1 中央組織・中央機関の存在

(1) 協同組織金融機関の特色―中央組織による規模の利益の実現―

協同組織金融機関の特色は、地域密着する単位組織とそれを束ねてサポートする存在である中央組織・中央機関が併存することにある。中央組織は、①個別の金庫・単位組合の余剰資金を吸収して運用する、②地域ごとでの資金過不足を調整する、③個別機関では対応できない証券業務・信託業務・保証業務・保険業務・システム構築等を実施する、④合併・統合によらないで種々の固定費用を節約する、といった機能を有するので、規模の利益を実現可能にする存在である。

さらに、個別機関に対する事前的経営相談等を実施し、資本金の増強等の資金支援と経営に対する支援・人材派遣等も実施する。ここでいう中央組織は、金融業務を行う事業中央機関である。協同組織金融機関の場合、このほかに中央機関として、信用金庫であれば、全国信用金庫協会が存在し、業界のニーズを行政と交渉したり、研修を行ったり、広報活動を行うなどの機能をもち、中央組織（信金中央金庫）と2人3脚で行動している（以下では、中央機関と中央組織をあわせて、中央機関と記す）。

相互組織形態では、相互扶助という特性では共通であるが、相互組織には中央組織がないので中央組織の補完機能がなく、個別機関の経営が自己完結的であるという点で相違する。協同組織が「狭域高密度」という経営が可能なのは、狭域で発生する地域集中リスクを中央組織経由で緩和可能だからである。

したがって、中央組織をいかに設計するのかが協同組織金融機関の課題である。協同組織をいち早く整備したドイツでは、地区の連合組織が単位組織に対する検査を行うほか、相互支援のための基金を有する[1]。フランスやオランダでは、金融機能を有する中央機関に単位組織に対する監督・検査の権限が付与されているほか、中央機関と単位組織間では相互保証（クロス・ギャランティ）が行われている。ドイツとフランスの中央組織は株式会社化

している一方、オランダでは中央組織のみに銀行免許が付与されている[2]。協同組織金融機関の展開が進んでいるEUでもその形態はまちまちである。

(2) 日本の協同組織金融機関の中央機関─信金中央金庫を中心に─

信用金庫は1951（昭和26）年の信用金庫法がその出発点であるが、その前身は市街地信用組合で17（大正6）年に産業組合から分枝し、43（昭和18）年に市街地信用組合法として単独法されたことに由来する。産業組合時代までさかのぼれば、1900（明治33）年がその大本である。設立後の信用金庫は都市部を営業地区の範囲としていたので、中小企業層を中心に業務・業況を拡大し、信用組合由来の協同組織性と中小企業者の資金ニーズに対応するための金融機能の強化という金融機関性を追求し発展してきた。協同組織金融機関の特色である中央組織として信金中央金庫（以前は、全国信用金庫連合会と呼称）が機能してきた。

信金中金は、単位組織の信用金庫を会員とする協同組織金融機関で、以下の機能を担う。

a 信用金庫の決済機能・資金運用機能

信金中金は、信用金庫間の決済機関としての役割を担い、2007（平成19）年度に254兆円にのぼる内国為替の決済を実施。信用金庫が取り扱う公共料金等の決済も、信金中金を仲介する。さらに、証券のペーパーレス化の進展にあわせ、信用金庫が信金中金を利用して集中処理できるよう、一般債振替制度に直接口座管理機関として参加し、信用金庫の口座管理を行うほか、外国為替業務などの国際業務の補完も実施する。

信金中金には、信用金庫間の地域的・季節的な資金需給を調整する役割も

---

1 具体的には、11の地区監査連合会による単位組織の監督・経営指導とBVR（全国レベルの非事業組織）による金融機関保護基金の運営を行っている。ドイツのDZグループは2層組織がほとんどだが、一部に3層組織からなるものもある。3段階でもすべての機関が銀行免許を受ける。
2 グループ内の相互保証は中央機関と単位組織、単位組織間の相互保証である。フランスのCrédit Agricoleとオランダのრabobankは参加の単位組織の検査・監督を行う。フランスのCrédit Agricoleは3段階で、地区ごとの地域銀行は39行、その傘下の地元金庫は2,600組合あり、非銀行である（銀行免許はもたない）。オランダのRabobankグループも銀行免許は中央機関のみで単位組織の183組合は非銀行である。

図表10-1　信金中金を通ずる資金の流れ（2007年度平残）

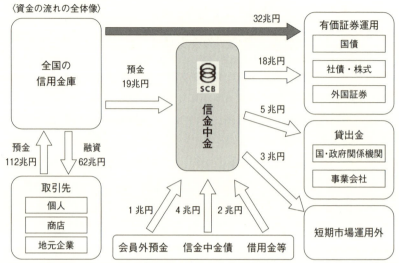

（出所）　金融審議会「協同組織金融機関のあり方に関するワーキング・グループ」2008年7月4日資料6-3、45頁（http://www.fsa.go.jp/singi/singi_kinyu/dai2/siryou/20080704/03.pdf）

あるが、現在では、その役割が信用金庫の余裕資金の効率運用を図ることに移っている。近年、中小企業の資金需要の低迷に伴い、信用金庫からの預金が増加傾向にあり、これらの資金を国内外の有価証券や貸出で効率的に運用し、その成果をさまざまなかたちで信用金庫業界に還元している。図表10-1は、信金中金を通ずる資金の流れについて示したものである。

b　金融サービスの提供と個別信金の業務補完

　個別信用金庫のみで対応を図ることが効率的でない業務等につき、信用金庫のニーズを迅速かつ的確にとらえ、信用金庫の顧客向けサービスの向上ならびに信用金庫の競争力向上に資するよう、信用金庫の業務機能を補完する。業界の中央金融機関として、顧客ニーズの多様化・高度化、他業態との競争激化、よりレベルの高い経営管理態勢構築の要請といった信用金庫を取り巻く経営環境の変化に迅速に対応し、グループ一体となって、魅力ある金融商品やサービスの提供を行う。

　具体的には、内国為替業務、外国為替業務、代理貸付による中小企業・個

人への貸出、個別信金の研修生受入れによる人材育成支援といった伝統的な業務の補完のほか、デリバティブを活用した預金の提供、投信窓販業務の推進の支援、信金中金の市場関連子会社による商品提供、個別信金向け長期固定金利貸出の提供（個別信金の長期固定金利貸出を可能に）、しんきんMEサポート（設備担保信用補完制度）の提供、中小企業等向けシンジケートローン組成のサポート、個別信金のPFIサポート等を行う[3]。

信用金庫業界のネットワークを活用したサービス展開の支援、信用金庫が行う地域振興・中小企業経営改善の支援など、信用金庫の業務機能を積極的に補完する。加えて、ALM支援や有価証券ポートフォリオ分析等、運用投資相談を通じて、信用金庫の収益向上・リスク管理体制強化への支援を行う。

信金中金は、信用金庫に委託してその取引先である地域の中小企業や個人事業主等へ融資を行うなど、信用金庫の融資業務を補完し、最近では前述した地域におけるPFI事業やシンジケートローンにおいて、信用金庫と一体となった融資を行うなど、信用金庫の新たな融資業務についても積極的な補完に取り組んでいる。このほか、ビジネスマッチング支援・貿易投資相談・M&A支援・ベンチャーキャピタル支援・地域振興・中小企業リスクデータベース（SDB）の運営を行っている。

なお、図表10－2は信金中金の貸出・有価証券運用状況を示したものである。

c　業界の信用力の維持・向上―セーフティネット機能―

信金中金は、信用金庫業界のコンサルタントおよびホームドクターとしての役割を担い、信用金庫経営力強化制度および信用金庫相互援助資金制度と業界のセーフティネットを適時・適切に運営するとともに、日常的に信用金庫の経営分析、信用金庫に対する経営相談、信用金庫への資本供与などを通じて、信用金庫業界の信用力の維持・向上を行う。

---

[3] 2008（平成20）年3月末のデータによると、デリバティブ活用預金は定期預金で1兆939億円、積立定期預金で4,052億円、投信の窓販残高は7,024億円、長期固定金利ローンサポートは68金庫・1,087億円、設備担保信用補完は133金庫が申し込み、シンジケートローン組成サポートは11件のアドバイザー業務と6件のアレンジャー業務、PFIサポートは16件となっている。

図表10−2　信金中金の貸出・有価証券運用状況（2014年3月末）

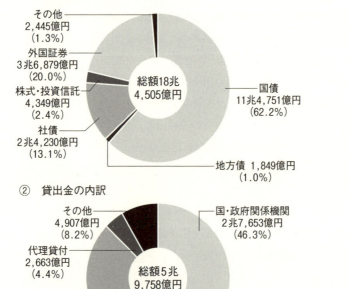

（出所）　http://www.shinkin-central-bank.jp/company/duties/guidance.html

　業務的には、主に信用金庫から預金を受け入れるほか、優先出資などで市場から資金を調達し、国・政府関係機関、地方公共団体、公共・公益法人、内外事業会社等への融資を行い、信金中金本体および子会社を通じて、金融機関の付随業務である公共債の引受け、私募債の取扱い、個人ローン保証等の業務および金融機関の周辺業務である信託、証券、投資顧問、投資信託、確定拠出年金、ベンチャーキャピタル、M&A等の業務を展開しているほか、単位組織の個別信金からトレーニーとして人事を受け入れ、教育・研修を実施している。

　なお、図表10−3は信金中金の余資運用の状況について示したものであ

図表10-3 信金・信組の中央機関の余資運用

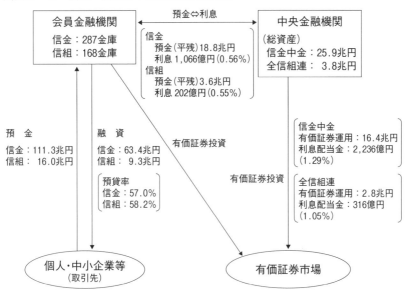

(注) 計数はいずれも2007年3月期。
(資料) 各業界団体、金融機関公表資料
(出所) 金融審議会「協同組織金融機関のあり方に関するワーキング・グループ」2008年3月28日 資料1-2、21頁(http://www.fsa.go.jp/singi/singi_kinyu/dai2/siryou/20080328/02.pdf)

る。

d　他業態の中央機関との比較

　他の協同組織金融機関を含めて中央機関の機能を整理したものが図表10-4である。信用金庫・信用組合の場合は、債券発行を除くとほぼ同じである。一方、農協の中央機関である農林中央金庫との相違は、個別機関との関係性にある。

　JAバンクシステムでは中央機関である農林中金と構成員の農協との関係性は、個別の農協に余裕金が発生した場合には、上部団体の信連に3分の2以上の預託が義務づけられている(信連は、農中に2分の1以上の預託が義務づけられている)ほか、農中が構成員に対して行う指導には法的根拠があり、構成員が遵守すべき基本方針には破綻未然防止に向けた体制整備、余剰資金

図表10-4　協同組織金融機関の中央機関の機能

		信用金庫	信用組合	農業協同組合（信用事業）
中央機関		信金中央金庫	全国信用協同組合連合会	農林中央金庫（農中）
	構造	信用金庫を会員とする全国レベルの組織	信用組合を会員とする全国レベルの組織	・農業協同組合（JA） ・JAが会員となっている都道府県レベルの信用農業協同組合連合会（信連）等を会員とする全国レベルの組織
会員の指導等				
	根拠法令等	自主的取組み	自主的取組み	農林中央金庫及び特定農水産業協同組合等による信用事業の再編及び強化に関する法律
	資料等の提出・報告	信用金庫経営力強化制度（経営分析制度、経営相談制度）により、経営分析、経営相談等を実施	信用組合経営安定支援度（モニタリング制度、監査・指導制度）により、経営分析、助言・指導等を実施	・経営管理資料等の提出 ・行政検査・JA監査等の指摘事項について報告 ・必要に応じ、オンサイトモニタリングを実施
	経営改善			自己資本比率・体制整備状況等に応じ、経営改善に向けた取組みを義務づけ
	資金運用制限			自己資本比率・体制整備状況等に応じ、資金運用を制限
	資本増強	・信用金庫経営力強化制度（資本増強制度） ・信用金庫相互援助資金制度	・信用組合経営安定支援制度（資本増強支援制度） ・全国信用組合保障基金制度 ・合併支援資金制度	自己資本比率・体制整備状況等に応じ、支援前提条件の充足により、指定支援法人による支援実施（農中・信連・JAは、毎年度、指定支援法人への財源を拠出）
	余裕金の預入れ	任意	任意	JA→信連　3分の2以上 信連→農中　2分の1以上
債券の発行		○	－	○

（注1）　農林中金が信連・JAに対して信用事業の強化等に必要な指導を行うため、「農林中央金庫及び特定農水産業協同組合等による信用事業の再編及び強化に関する法律」（再編・強化法）第4条に定める「基本方針」を定めることとされている。
（注2）　農林中金による会員の指導等は、再編・強化法（報告権限等）や「基本方針」に基づき実施され、基本方針を遵守しない会員に対しては、勧告・警告・強制脱退の措置が講じられる。
（出所）　金融審議会「協同組織のあり方に関するワーキング・グループ」2009年5月29日参考資料、54頁

の運用、JAバンク支援基金への資本支援財源拠出等が規定され、基本方針を遵守しない構成員に対するペナルティ（勧告・警告・強制脱退の措置）も規定されるなど、強い関係性となっている。

　これに対して、信金中金も事前的かつ日常的に個別信金の経営分析・経営相談等を実施し、特に資本支援した場合には覚書を締結して必要な指導を行っている。ただし、信金中金の場合、会員である個別信金とは契約ベースの関係で、関係性に強制力を伴うことはない。この関係性の強化を、2009（平成21）年の金融審議会「協同組織金融機関のあり方に関するワーキング・グループ」中間論点整理は求めたともいえるが、現実には強制による全単位組織を網羅するには人員等の面で制約もある。さらに信金中金への依存度が高まり、個別信金の人材の強化が劣化する懸念なしとしない、というのが業界の見解であろう。

(3) セーフティネット機能

　協同組織金融機関の中央機関の重要な機能は業界のセーフティネット機能である。信用金庫業界では従来、相互援助資金制度を運営してきたが、それを発展させて2001（平成13）年から資本増強制度（経営力強化制度）を導入した。相互援助資金制度は、経営困難に陥った信用金庫が合併等により困難を克服しようとする際に、資本増強制度だけでは対応できない例外的な場合において、全国11地区の信用金庫協会長等を構成員とする運営委員会の審議を経て、財政的支援を行う、という位置づけになっている。

a　相互援助資金制度

　信用金庫業界では、業界内に設けられた援助制度が破綻処理において大きな役割を果たしてきた。信用金庫の相互援助体制は、業界内で発生した信用上の問題は業界内で処理し、問題解決にあたっては業界の総合力を発揮して対処するという基本理念のもとに、1971（昭和46）年10月に従来の「預金支払準備に関する制度」（62（昭和37）年5月創設）を発展的に解消し、「信用金庫相互援助資金制度」（相援資金制度）を創設し、全国信用金庫連合会（全信連。2000（平成12）年10月より信金中央金庫）固有の制度である「預金支払資金融資制度」および「振興基金制度」とともに、相互援助体制が拡充され

た。

　相援資金制度における援助財源は、各信用金庫の預金・積金合計額の一定金額を相互援助預金として全信連に預け入れ、全信連は信用金庫から預入れを受けた相互援助預金を被援助信用金庫に定期預金をもって預替えすることとしている。

　相援資金制度は、信用金庫の経営環境が厳しくなり、援助案件が増加するとともに、何度か改正を行った（1982（昭和57）年、90（平成2）年、92（平成4）年）。また、96（平成8）年10月からは、金融自由化のいっそうの進展やバブル経済の崩壊の過程で信用金庫業界の信用秩序の維持・向上を図る必要が高まったため、新しい相援資金制度が運営された。

　新しい制度では、①個別の信用金庫を救済するのではなく、信用金庫の合併等に対して資金援助を行うこと、②預入総額は預金・積金合計額の0.25％に相当する額を基準とし、全信連は当該信用金庫に定期預金をもって預替えすること、③相援資金制度の援助財源は、各信用金庫は預入額の合計額に預替利率から預入利率を差し引いた率を乗じた額を、全信連は従来どおり全国信用金庫の負担額の10％に相当する額を負担すること、④1援助先に対する資金援助は、相援資金制度の援助財源から60％、地区内信用金庫から20％、全信連から20％とすること、が定められた。

　1999（平成11）年3月までの相援資金制度の主な適用例は、図表10-5のとおりである。初期の東洋信用金庫および釜石信用金庫を除き、業界内において信用金庫の破綻処理が進められた。たとえば武蔵野信用金庫の処理では、96（平成8）年9月に経営破綻に陥っているとのマスコミ報道がなされたが、97（平成9）年3月に相援資金制度を活用した業界内処理の枠組みにより事態の収拾が図られた。

b　預金保険制度の適用を前提とした破綻処理

　1996（平成8）年10月の大幅な制度改正以降、合併等による業界の再編に寄与してきたが、相援資金制度の適用を受ける信用金庫の数や援助額の増加に伴い、援助財源に不足をきたすに至った。こうした状況から相援資金制度が改正され、原則として預金保険制度の適用によることとした新しい相援資金制度の運営が98（平成10）年10月より開始された。

図表10-5 相互援助資金制度等の主な適用金融機関

処理日	対象金融機関	処理方式	備 考
1991年9月17日	長万部信用金庫	北海信用金庫が合併	1991年5月28日合併調印
			1991年9月頃振興基金の適用
1992年3月10日	桐生中央信用金庫 上毛信用金庫	桐生信用金庫が2金庫を合併	1992年3月10日適用（融資）
			（1995年3月10日完済）
1992年10月1日	東洋信用金庫（注）	府下18金庫に事業譲渡のうえ、三和銀行が合併	1992年10月1日適用（贈与）
1993年9月30日	釜石信用金庫（注）	岩手銀行ほかに事業譲渡	1990年12月3日適用
			1992年1月24日追加支援
			1993年5月24日破綻公表
			1993年7月30日債権買取会社設立
			1993年9月30日適用（融資）
1993年11月30日	西陣信用金庫	伏見信用金庫が合併（京都みやこ信用金庫に改称）	1993年11月30日適用（融資） （1996年11月30日完済）
			2000年1月14日破綻
1994年3月31日	中津信用金庫 昭和信用金庫	中津信用金庫が昭和信用金庫を合併	1991年8月1日、中津信金に対して適用（融資）
			1994年3月31日、昭和信金に対して適用（贈与）
1995年4月1日	土崎信用金庫	秋田信用金庫が合併	1989年10月2日に適用（融資）されたが、経営再建は難航
			1995年4月1日、合併に際して適用（贈与）
1995年10月16日	新見信用金庫	備北信用金庫が合併	1992年8月3日適用（融資）
			1995年10月13日適用（贈与）
1996年8月26日	青森信用金庫	北奥羽信用金庫が合併	1992年8月3日適用（融資）
			1996年8月23日適用（贈与）

1996年10月7日	浅草信用金庫	朝日信用金庫が合併	1995年10月2日適用（融資）
			1998年3月31日、朝日信金に対し融資を取りやめ贈与を実施
1996年10月21日	行橋信用金庫	北九州八幡信用金庫に事業譲渡	1985年3月経常赤字（多額の回収不能金発生）
			1985年7月に全信連、九州北部信用金庫協会の21金庫が35億円の金融支援
			1992年6月に全信連、地銀3行、九州北部信用金庫協会が300億円の低利融資
			1996年3月19日、事業譲渡と解散を発表
			1996年9月頃、北九州八幡信金に対し適用
1997年3月17日	武蔵野信用金庫	都下5金庫に事業譲渡のうえ王子信用金庫が合併	1996年9月9日経営破綻の報道
			1996年9月12日、相援資金制度適用による処理策公表
			1996年12月16日、東信協内に不良債権買取機関を設置
			1997年3月14日適用（贈与）
1997年3月24日	能代信用金庫	大曲信用金庫が合併（秋田ふれあい信用金庫に改称）	1987年頃、主取引先の木材業界の低迷で業績悪化、適用（融資）
			1995年5月2日、秋田銀行へ事業譲渡・清算するとの報道により預金流出
			1996年4月20日、全信連を通じて大曲信金に合併要請していることを発表
			1996年10月15日合併契約調印

1997年10月13日	岩内信用金庫	北海信用金庫が合併	1997年10月9日適用（贈与）
1997年11月4日	大阪中央信用金庫	大阪市信用金庫が合併	1997年3月自己資本比率が低下（当初は相援資金制度適用求めず→多額の不良債権が判明）
			1997年10月31日適用（贈与）（支援必要額の60％を大阪市信用金庫が負担、地区負担分20％も同金庫が負担、全信連が20％拠出）
1998年2月16日	両総信用金庫	千葉信用金庫が合併	1998年2月13日適用（贈与）
1998年3月16日	第一信用金庫	永楽信用金庫が大恵信用金庫とともに合併（わかば信用金庫に改称）	1998年3月13日適用（贈与）
			2000年4月21日、わかば信金破綻公表
1998年3月23日	津軽信用金庫	あおもり信用金庫が合併	1998年3月20日適用（贈与）
			1998年3月23日、㈱東北しんきんファクタリングに不良債権の一部を売却
1998年9月28日	箱根信用金庫	さがみ信用金庫が合併	1998年9月25日適用（贈与）
1999年1月4日	中央信用金庫協和信用金庫	東武信用金庫が大東信用金庫とともに合併（東京東信用金庫に改称）	1998年12月30日適用（贈与）

（注） 東洋信用金庫、釜石信用金庫の処理では他業態も関与している。
（出所） 預金保険機構『（資料）金融機関に対する監督制度の変遷』図表7（http://www.dic.go.jp/katsudo/chosa/yohokenkyu/200509-4/4-8.html）

　改正点は、①資金援助の財源の全信連の負担額を全国信用金庫の負担額の20％に相当する額とすること（従来は10％）、②資金援助の額および期間を運営基準で定めること（50億円を限度とし、期間は7年以内。従来は特に定めな

図表10－6　信用金庫の破綻処理における相援資金制度の適用状況（1999年4月～2001年3月）

処理日	対象金融機関	処理方式	備考	
1999年11月29日	不動信用金庫	八光信用金庫ほか8金庫に事業の全部を譲渡のうえ解散	1999年4月21日破綻公表	
			全信連の支援融資、府下15金庫による支援預金の預入れ	
			1999年11月26日適用（贈与）（出資金の補てん）	
			1999年11月29日、RCC資産買取り	
2000年3月21日	玉野信用金庫	岡山相互信用金庫が岡山信用金庫とともに合併	1999年4月23日破綻公表	
			1999年8月25日全額減資、適用（贈与）（合併に必要な出資最低限度額）	
			2000年3月12日、RCC資産買取り	
			2000年3月17日適用（贈与）（出資最低限度額を超える出資金の補てん）	
			2000年3月21日適用（贈与）（債務超過部分の一部負担）	
2000年5月8日	龍ケ崎信用金庫	水戸信用金庫が合併	1999年6月4日破綻公表	
			1999年12月28日全額減資、適用（贈与）（合併に必要な出資最低限度額）	
			2000年5月2日適用（贈与）（出資最低限度額を超える出資金の補てん）	
			2000年5月8日適用（贈与）（債務超過部分の一部負担）、RCC資産買取り	
2000年6月5日	神田信用金庫	興産信用金庫が合併	1999年4月23日破綻公表	

			1999年12月17日全額減資、適用（贈与）（合併に必要な出資最低限度額
			2000年6月2日適用（贈与）（出資最低限度額を超える出資金の補てん）
			2000年6月5日適用（贈与）（債務超過部分の一部負担）、RCC資産買取り
2000年11月13日	西相信用金庫	さがみ信用金庫	2000年1月28日破綻公表
2000年12月4日	松沢信用金庫	昭和信用金庫	1999年12月10日破綻公表
2001年1月4日	京都みやこ信用金庫	京都中央信用金庫	2000年1月14日破綻公表
2001年1月4日	南京都信用金庫	京都中央信用金庫	2000年1月14日破綻公表
2001年1月9日	小川信用金庫	埼玉縣信用金庫	1999年11月12日破綻公表
2001年2月5日	岡山市民信用金庫	おかやま信用金庫	2000年4月14日破綻公表
2001年2月26日	わかば信用金庫	太陽信用金庫ほか8金庫	2000年4月21日破綻公表
2001年3月26日	日南信用金庫	南郷信用金庫	1999年11月19日破綻公表（非管理）

（出所）　図表10－5に同じ、同資料図表8

し）、③資金援助の拠出割合は援助財源から70％、全信連から30％とすること（従来の地区拠出を廃止）、④資金援助先の金庫名および援助額を全信協会長および各信用金庫理事長に報告することである。

　一方、預金保険制度を適用すると、破綻信用金庫の会員である借り手は、出資金全額が損失の補てんに充てられるため、会員としての地位が救済信用

金庫に承継されず、再出資の必要や取引の移転に伴う負担が生じるなどの影響が懸念された。

このため、信用金庫業界としては、破綻処理の円滑化や救済金融金庫の自己資本充実を図る観点から、預金が全額保護されるペイオフ解禁までの間は、相援資金制度により正常な会員の出資金を全額補てんすることとし、あわせて、合併により破綻処理する場合は、債務超過額の一部について相援資金制度等で負担することが、1999（平成11）年4月28日全信連理事会および同年5月26日全信協理事会において決定された。

図表10-6は、2001（平成13）年3月までの、預金保険法に基づく資金援助の適用を前提とした相援資金制度の適用状況を示す。神田信用金庫、玉野信用金庫、龍ケ崎信用金庫（および02（平成14）年3月の沖縄信用金庫）については、合併による破綻処理がなされた。

一般的に、債務超過法人について合併は認められていないが、協同組織金融機関の出資には融資等の事業利用権という側面があり、破綻金庫との融資取引を受皿金庫にスムーズに承継するためには、事業利用権としての出資の継続を確保する必要があるという特殊事情を考慮したためである。

出資金については相援資金制度により全額保護がなされたが、出資金全額を損失に充当し出資者責任を明確にしたうえで、相援資金制度による合併に必要な出資最低限度額（その後、限度額を超える部分について）の金銭の贈与が行われ、合併時には預金保険機構からの金銭贈与および相援資金制度による金銭贈与により債務超過を解消したうえで合併が行われた。

c 相互援助資金制度の縮小・廃止

有力信用金庫を中心に、業界内では預金保険料と並行しての相援資金制度の拠出負担に反対する意見が強かったことから、全信連および全信協は出資金の全額保護を改め、2001（平成13）年4月以降は最低出資金（人口50万人以上の都市に本部を置く金庫は1万円、その他の金庫は5,000円）に限定して保護する制度に変更した。一方で、業界の信用力の維持・向上を図るため、信用金庫経営力強化制度が創設され、同年4月1日より施行されることとなった。

しかし、2001（平成13）年10月19日、宇都宮信用金庫と大阪第一信用金庫

が破綻申請を行うに至り、出資金が全額保護されない場合には他信金においても増資を実施するのがむずかしくなるなどの影響が懸念されることとなった。そこでペイオフ解禁を控え、信用金庫への不安が高まるのを防ぐため

図表10－7　廃止前の信用金庫相互援助資金制度
〈信用金庫に対する財政的支援プロセス〉

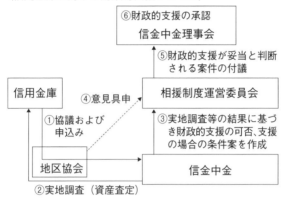

〈信用金庫相互援助資金制度運営委員会の概要〉

諮問機関

```
信用金庫相互援助資金制度運営委員会
【構　成】
　○委　員
　　・各地区信用金庫協会長（11地区）
　　・全信協副会長
　　・信金中金副理事長
　　・全信協の役員のなかから全信協会長が委嘱した者
　　・信金中金の役員のなかから信金中金理事長が委嘱した者
【審議事項】
　○制度に関する事項　　→　全信協と信金中金の理事会決議
　○個別案件に関する事項　→　信金中金の理事会決議
【事務局】
　○信金中金
```

（出所）　金融審議会「協同組織金融機関のあり方に関するワーキング・グループ」
　　　　2008年7月4日資料6－3、49頁

図表10-8　相互援助資金制度縮小・廃止後の破綻信用金庫

処理日	対象金融機関	処理方式	破綻公表日
2002年2月25日	宇都宮信用金庫	栃木信用金庫ほか4金庫	2001年10月19日破綻公表（被管理）
2002年2月25日	臼杵信用金庫	大分信用金庫	2001年11月16日破綻公表（被管理）
2002年3月18日	沖縄信用金庫	コザ信用金庫が合併	2001年10月26日破綻公表（被管理）
2002年3月25日	大阪第一信用金庫	大阪信用金庫	2001年10月19日破綻公表（被管理）
2002年3月25日	関西西宮信用金庫	尼崎信用金庫ほか3金庫	2001年11月22日破綻公表（被管理）
2001年3月25日	中津信用金庫	大分みらい信用金庫	2001年11月16日破綻公表（被管理）
2001年3月25日	佐賀関信用金庫	大分みらい信用金庫	2001年11月16日破綻公表（被管理）
2001年5月20日	神栄信用金庫	日新信用金庫	2002年1月18日破綻公表（被管理）
2002年6月3日	長島信用金庫	紀北信用金庫	2001年12月28日破綻公表（被管理）
2001年6月10日	佐伯信用金庫（＊）	大分信用金庫	2001年12月28日破綻公表（被管理）
2002年6月10日	相互信用金庫（＊）	大阪信用金庫	2002年1月25日破綻公表（被管理）
2002年6月17日	船橋信用金庫（＊）	東京東信用金庫	2002年1月25日破綻公表（被管理）
2002年9月24日	石岡信用金庫	水戸信用金庫	2002年3月1日破綻公表（被管理）

（注）　処理方式は沖縄信用金庫を除いて事業譲渡。（＊）は出資金の全額補てん（RCC移管者等への補てんを除く）が行われなかった案件。
（出所）　図表10-5に同じ、同資料図表9

図表10-9 信用金庫経営力強化制度（資本増強制度）

〈信用金庫に対する資本供与プロセス〉

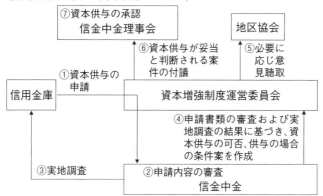

〈資本増強制度運営委員会の概要〉

信金中金理事会

⬇ 下部機関

資本増強制度運営委員会

【構　成】
　○委　員
　　・全信協会長
　　・信金中金理事長
　　・信金中金非常勤理事
　　　　北海道・東北ブロック／東京ブロック／関東ブロック／北陸・東海ブロック
　　　　／近畿ブロック／中国・四国・九州ブロック
　○オブザーバー
　　・信金中金会員外監事
【審議事項】
　○資本供与に関する事項
　○事後管理に関する事項
【事務局】
　○信金中金

（出所）　金融審議会「協同組織金融機関のあり方に関するワーキング・グループ」2008年
　　7月4日資料6-3、48頁

に、案件に応じて信金中金や地区協会などが資金を拠出し、出資金を全額保護する特例措置をとることとなった。

　たとえば、宇都宮信用金庫の場合は、出資金は約11億円で、相援資金制度

で保護されるのは2億円程度であったが、残りの出資金についてもRCCに移る債務者など一部の出資金を除き、関東信金協会加盟金庫と信金中金が負担して全額保護することとした。

さらに、2002（平成14）年4月1日以降は相援資金制度が廃止されたため（01（平成13）年11月決定）、02（平成14）年4月1日以降に事業譲渡が行われる先に対しては、相援資金制度は適用されなかった。しかし長島信用金庫、神栄信用金庫、石岡信用金庫には、相援資金制度の適用はなかったものの、地区協会を中心に出資金の全額保護がなされた。たとえば、破綻した石岡信用金庫の場合は、水戸信用金庫への事業譲渡は02（平成14）年9月24日であるが、茨城県信用金庫協会の仲介により、茨城県内の3信用金庫が石岡信用金庫に出資補てんのための資金援助を行った。

1971（昭和46）年の制度発足から08（平成20）年6月までの相援資金制度による援助総額は1,873億円である（図表10-7の【実線】による）。なお、廃止前の相援資金制度については図表10-7に、相援資金制度縮小・廃止後の破綻金庫については図表10-8にまとめたので参照されたい。

d　信用金庫経営力強化制度

全信協は2000（平成12）年10月、ここ数年の相援資金制度の変遷をふまえて「相互補完体制のあり方に関する研究会」を設置し、同年12月22日に中間報告「信用金庫の自己資本対策について～支援型スキームの確立に向けて～」がまとめられた。信金中金では、中間報告で信金中金による資本増強支援（自己資本増強支援制度の確立）について提言されたことを受けて、信用金庫経営力強化制度（資本増強制度）を創設し、翌01（平成13）年4月1日から施行することとした（図表10-9参照）。この制度は、信用金庫、全信協および信金中金の3者間契約に基づく制度であり、信金中金が次の3つの制度を運営している。

① 経営分析制度……信用金庫から業務および財産の状況等に関する資料の提出を受け、当該資料に基づき、自己資本、資産内容、経営基盤、収益性、流動性およびリスク感応度等に係る経営分析を客観的に行う。この経営分析結果に基づき、経営相談を勧奨する信用金庫を抽出する。

② 経営相談制度……信金中金による経営相談の勧奨を受託した信用金庫に

図表10-10　資本増強制度の適用状況

(単位：経営相談制度・適用数は金庫数、その他は億円)

年度末	2001	03	04	05	06	07	08	09	10	11	12
経営相談制度		92	92	82	90	128	117	130	89	104	108
適用数	14	31	31	32	29	30	27	30	25	29	28
残高	487	2,239	2,386	2,530	2,452	2,504	2,606	3,000	2,859	2,803	2,712
自己資本（単体）		8,887	8,919	9,277	10,673	8,681	11,212	12,946	13,267	13,604	14,013
残高＋自己資本（A）		11,126	11,305	11,807	13,125	11,185	13,818	15,946	16,126	16,407	16,725
(A)の15％		1,669	1,696	1,771	1,969	1,678	2,073	2,392	2,419	2,461	2,509
Tier 1 + Tier 2（単体）(B)						11,202	13,839	15,990	16,133	16,416	16,735
(B)の15％						1,680	2,076	2,399	2,419	2,461	2,508
流動化分		842	1,020	1,009	949	1,004	900	900	1,000	800	800
15％対象分							1175.9	1498.5	1,859	2,003	1,912
余裕枠		271	330	250	466	178	366	291	559	457	596

(出所)　信金中央金庫ディスクロージャー誌各年版、および各年決算説明会資料

図表10-11　信金中金の経営力強化制度による資金供与残高と流動化の状況

(単位：億円)

	24年度末
(a)資本増強制度等に基づく資本供与額（計28金庫）	2,712
うち劣後ローン	250
うち優先出資証券	2,462
(b)流動化等により信用リスクを信金中金以外の者に移転した額	800
(a)−(b)	1,912
(c)資本供与の限度額＝信金中金の年度末自己資本額×15％	2,508
(d)資本供与の余裕枠＝(c)−((a)−(b))	596

(注)　信金中金の自己資本額は、自己資本比率（単体）算定上の自己資本額。
(出所)　図表10-10に同じ

対して、経営全般または個別課題に関する経営相談を実施し、当該信用金庫の経営力強化を図る。また、経営相談実施時に信金中金が提案を行った経営課題の解決策について進捗状況等を確認し、信用金庫の経営力強化の実現に向けたアドバイスや優良事例等の情報提供を行うなど、経営相談のフォローアップにも努めている。

③　資本増強制度……合併・再編等により自己資本比率が低下する信用金庫または自己資本比率が4％以上6％未満の信用金庫について、劣後ローンの供与または優先出資の引受けにより、信金中金が当該信用金庫の資本を増強する。この資本増強にあたっては、信用金庫側のモラルハザードを防止するため、当該信用金庫から経営健全化計画の提出を受けたうえ、資本増強制度運営委員会の厳正な審査に基づき実行する。また、この資本増強による信金中金の自己資本比率等への影響を考慮し、資本供与の額に限度を設けており、その額は信金中金の自己資本額の15％としている。

信金中央金庫は、風評リスク等により、預金の払戻しが増加し、一時的に資金の流動性に支障をきたすような事態が発生あるいは発生することが懸念される信用金庫に対して、一時的な預金の払戻し増加に対するための資金を貸し出す制度（流動性資金貸付制度）を整備している。

経営力強化制度に基づく信金中金の資金供与（資本増強）は、2001（平成13）年度に14金庫に対して487億円の実績であった（00（平成12）年度以前の実行分826億円も合わせて24金庫・1,313億円）。その後、適用（利用）は増え、03（平成15）年には倍増し、適用数のピークは05（平成17）年度の32件、金額のピークは09（平成21）年度の3,000億円で、12（平成24）年度には28金庫・2,712億円となっている（図表10-10参照）。

資本供与にまで至らない経営相談制度の利用は、2012（平成24）年度には108金庫であったが、そのうち28金庫は資本増強制度の適用となった。12（平成24）年度末の2,712億円の資本供与の内訳は、劣後ローンの形態で250億円、優先出資証券の形態で2,462億円となっている。この資本供与額2,712億円がすべて信金中金の信用リスク負担になるわけではなく、流動化等により信用リスクを信金中金以外の者に移転した額（流動化分）を控除した部分が、信金中金の負担になる点に注意を要する。

e　15%ルール

　経営力強化制度（資本増強制度）は、信金中金・全信協と個別の信用金庫の間の契約ベースに基づくもので、あくまで任意の制度であり、強制力や法令に基づくものではない点が特徴的である。この点で、JAのシステムとは異なることは前述のとおりである。資本増強に資金を供与する信金中金の資本供与額（資本増強額）の上限は、信金中金の財務の健全性への影響を考慮し、資本供与の総額は信金中金の自己資本額の15％の範囲内とされている。

　2012（平成24）年度末の自己資本額は、Tier 1 ＋ Tier 2で1兆6,735億円、国内基準の連結ベースで1兆4,223億円、単体ベースで1兆4,013億円であるから、その15％はそれぞれ2,510億円、2,133億円、2,102億円である。12（平成24）年度末の信金中金の資金供与額は2,712億円であるので、上限とされた15％をすでに突破し、16.2％となっている（国内基準の連結ベースでは19.1％）。

　しかし、資金供与額のうち、流動化して信用リスクを信金中金以外の者に移転した部分もあり（2012（平成24）年度末で約800億円）、この流動化分は信金中金の負担する信用リスクではないので、15％の対象となるのは1,912億円となり、ネットの負担でみると15％を突破していない[4]。しかし、実態と15％ルールにはやや乖離がみられ（流動化部分がややみえにくい）、業界のセーフティネットとしては、robustness（頑健性）に課題を残すことになっている[5]。

　信金中金の財務の健全性、財務格付の維持には一定の基準が必要であるが、実態との乖離をふまえて、弾力的に対応することも必要と思われる[6]。この点で、信金中金と個別金庫の関係を見直すような制度改革も今後の課題となろう（この点については後述する）。

4　流動化されて信金中金以外の者に移転した額は、2011・12（平成23・24）年度末で各800億円、10（平成22）年度末で1,000億円となっている（各年度末の決算説明会資料による）。

2　中央機関のあり方をめぐる長期的課題

(1)　信用金庫の場合

　10～20年の時間軸で考えると、現状の体制の維持で頑健性（robustness）が担保されるとは言い切れない。そこで、現在の信金中金と個別信金との関係性を維持したまま、いかなる姿がありうるか、を考える。

　1つは、金融審議会「協同組織金融機関のあり方に関するワーキング・グループ」中間論点整理報告書（2009年6月）でも指摘された中央機関の目的、役割、権限等の法的明確化である。現在でも信金中金定款第1条には「本金庫は、信用金庫の中央金融機関として信用金庫に対する金融の円滑を図るとともに、その業務機能の補完および信用力の維持向上に努め、もって信用金庫業界の健全な発展に資することを目的とする」と規定され、この定款は認可事項であるので、法的に担保されているともいえる。

　したがって、信金中金への加入の義務化や会員への業務の義務化などをい

5　2013（平成25）年9月1日から、経営力強化制度が一部変更された。これは、国内基準行向けの自己資本比率規制が14（平成26）年3月期決算から変更されることに伴い、劣後ローンは規制資本の算定上除外されることになったが、この影響で信金中金の自己資本比率は10％減少することに対応したものである。信金中金の自己資本は連結ベースで1兆4,223億円（単体ベースでは1兆4,013億円）、このうち劣後ローンは6,513億円である。この劣後ローンは段階的に縮小され、自己資本に算入できなくなるので、信金中金の資本供与限度額は減少する可能性がある。
　そこで、信金中金は対応策として、2014（平成26）年3月31日以後に個別信金や機関投資家から劣後ローンを調達した場合、計算上、残高の15％までを資本供与限度額に算入することとした。規制資本上は自己資本とは認められないが、業界内で資本供与余裕枠を算定する際に劣後ローンを自己資本としてみなして対応することとした。この措置は13（平成25）年9月1日から実施された。この議論の過程で、15％ルールという上限を引き上げることも検討されたが、信金中金の格付の引下げ要因になるおそれがあるとして採用されなかったという。格下げになって、上場している信金中金の優先出資証券の価格が下落すれば、同証券を保有している多くの個別信金は減損処理を余儀なくされ、業界全体にマイナスの影響が出るためであるという（『日本経済新聞』2013年8月15日付、『週刊金融財政事情』2013年8月26日8～9頁、『ニッキン』2013年8月30日号など）。

6　格付（長期）はムーディーズがA1、S&PとR&IがA＋、JCRがAAである（2014年4月現在）。

かに組み込むかであるが、全金庫が加入している現状からすれば、定款記載での義務化等もありうるが、この点はすぐれて業界の合意によるものである。信用金庫法のなかに、信金中金の目的を現定款第1条のように精神規定的に規定化することも考えられる。

　単位組織の個別金庫と信金中金の関係をいかに構築するかについて整理すると、規模の利益と範囲の利益を実現するうえで重要である。単位組織間の合併も重要な手段であるが、中央機関を活用し協働を進めることによって、種々の固定費用を節約可能となるので、以下のような方向性もありうる。

　すなわち、中央機関を頂点にして信金業界を構成するという構図のなかで、

① 　現在のような契約ベースで信金中金と関係性を築くグループ
② 　信金中金と契約ベースだが、強い関係性を構築するグループ（JAバンクグループにおける関係性を想定。信金中金の指導、余資運用、資本支援原資拠出義務等）
③ 　信金中金と銀行代理業契約を締結するグループ（個別金庫は中金の銀行代理業となり、事業免許は受けない（すでに受けている免許は返上する））[7]

という選択を行うことである。

　前記①は現状と同じで説明の要はない。②のカテゴリーは、日常的に信金中金のモニタリングを希望したり、余資運用を自金庫で行わないことを選択したりするグループであり、もっぱら地域の活性化に人材を注力することを一義的に行うことを可能にする。③は金融機関としての規制上の負担を回避し、地域には与信業務を中心に貢献するもので、預金はすべて信金中金の預金とする。したがって預金保険料の負担等はなく、行為規制も少なくなり、監督・検査等は受けないことになることで、経営の自由度を高めることも可能になる。

　半期決算・半期開示、半期監査等の議論での負担の問題や、ガバナンスでの外部理事・監事・総代の選任では人材の払底等の問題があるなど、信金の

---

[7] 　このグループは、預金保険料の負担、監督・検査などの規制上の負担を免れる。フランスのCrédit Agricole の地元金庫やオランダのRabobankの傘下の単位組織と同じ存在となる。

図表10−12　信用金庫数の推移および減少理由内訳

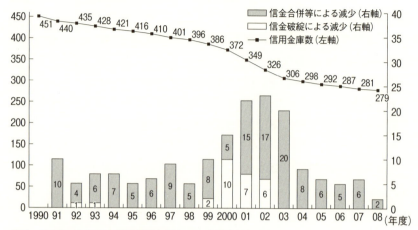

（注）　「平成19年度預金保険機構年報」ほか各種資料から作成。
（出所）　金融審議会「協同組織金融機関のあり方に関するワーキング・グループ」2009年4月24日参考資料111頁（http://www.fsa.go.jp/singi/singi_kinyu/dai2/siryou/20090424/14_6.pdf）

図表10−13　協同組織金融機関（信金・信組）の破綻要因分析（1991〜2002年度）

（単位：金融機関数）

	信用金庫・信用組合計		信用金庫		信用組合		銀行（参考）	
		経営に欠陥あり		経営に欠陥あり		経営に欠陥あり		経営に欠陥あり
貸出債権の不良化	146	94	23	14	123	80	19	15
有価証券投資等の失敗	50	23	10	7	40	16	0	0
不正・不祥事件	9	4	2	1	7	3	0	0
合計	161	102 (63.4%)	27	16 (59.3%)	134	86 (64.2%)	19	15 (78.9%)

（注1）　要因は、複数該当している場合があるため、合計は一致しない。（　）内は「経営に欠陥あり」の件数の全体に対する割合。
（注2）　「経営に欠陥あり」は、経営トップの責任追及が行われたもの等を区分。
（資料）　『預金保険研究』4号
（出所）　金融審議会「協同組織金融機関のあり方に関するワーキング・グループ」2008年5月9日参考資料、60頁（http://www.fsa.go.jp/singi/singi_kinyu/dai2/siryou/20080509.html）

規模・特性等が多様なため一律の導入は困難との見解が先の「協同組織金融機関のあり方に関するワーキング・グループ」で多く示されたが、これらに対する解決策として、前記②のような一部会員による信金中金を上部組織とするEU型組織も選択肢として考えられるのである。当然、余資運用機関を別組織にして専門化する方式もありうる。いずれにせよ、地域経済の疲弊がみられる地域を地区とする信金は「金融過疎」を起こさないように懸命の努力を行っているが、個別の努力では限界もありうるので、いかに制度的補完を整備するかが重要である[8]。

協同組織金融機関の破綻要因分析（図表10－12および図表10－13参照）によると、信用金庫の破綻の59.3%は「経営に欠陥があり」であり、有価証券投資等の失敗という市場環境への対応の遅れが目立つが、これは銀行では事例がないことを考えると、人材難に起因するものであろう。個別信金で対応するには任が重くなっており、②ないし③の選択肢が重要性を帯びてくる。

このように信用金庫をグルーピングすることは業界の分断化につながるとの反論もありえよう。しかし、この考え方は分断化を意図するものではなく、制度としてのrobustness（頑健性）を維持するための工夫であると理解してほしい。信用金庫を1つの塊ないし母集団としてとらえることに問題があるのは、先にみた宮村・金融審議会「協同組織金融機関のあり方に関するワーキング・グループ」報告（2008年6月20日）の説にもあるとおりである。制度としての分化であり、業界としての統一性は維持できると思われる。

(2) 信用組合の場合

信用組合について、中央組織と個別組合の関係性は信用金庫業界と同じである[9]。信用組合について重要なのは、2009（平成21）年6月の「協同組織金融機関のあり方に関するワーキング・グループ」中間整理報告書で長期的に検討する課題とされた業態別の問題である。報告書が指摘したように、会員・組合員資格や預金受入れに関する制度的相違、信金の取引先が従業員10

---

[8] 信用金庫は1990年代以降、金庫数が3分の2に減少してきたが、地域での金融サービスの均霑の観点からすれば、合併・統合による拠点の廃止は避けなければならない。地域の拠点こそ地域経済の発展の拠り所だからである。

名以下・信組では4名以下の中小企業等が多いことなどのすみ分け論のほか、地域での中小企業等を対象にすることや預金・貸出・店舗数の推移、中小企業貸出の状況をみると「一方が他方に対して際立った特性のある金融機関とはいえない」との指摘があることや地域社会の今後を考えると、他業態との競争もあり、「長期的にみて、現状の枠組みのままで両者が個別の業態として成り立ち得ない」との指摘があった。

特に、地域信組の預金受入れは員外制限があるので限定的で、信用金庫のように広く預金を求められないので、必然的にビジネス機会が限定される。預金はビジネス機会の先鞭になりうるからである。

このような観点に立つと、
① 地域信組は合併転換法により信金に業態転換する方式[10]
② 地域信組を含む信用組合と信用金庫を協同組織金融機関法（仮称）で一元的な法制に準拠させる方式[11]
を検討・選択することも必要となる。

その準備として両業界の連合会の統合を行うことも可能である[12]。先の破綻要因分析によると、信組業界では「経営に欠陥あり」が64.2％であり、貸出債権の不良化と有価証券投資等の失敗が163件と信金業界の5倍に及ぶことからすれば、地域信組の信金化ないし連合会機能の強化は不可避ともいえる。

9 　信用組合は、その設立が1900（明治33）年の産業組合法までさかのぼることは信用金庫と同じであるが、地域的に事業を展開する信用組合は市街地信用組合に分枝して信用金庫になる。第二次世界大戦後に中小企業等協同組合法が成立し、産業組合による信用組合と商工協同組合法に基づき信用事業を兼営する商工協同組合をカバーしたが、結局、金融事業は「協同組合による金融事業に関する法律」によるところとなった。前述のように51（昭和26）年成立の信用金庫法で、当時の653組合中560組合が信用金庫に改組し、72組合が信用協同組合にとどまったが、信用協同組合の多くは職域や同業者のみを対象としたものの、地域的な組合も一部残った。なお、相互扶助性を強調して員外取引を制限する一方、その自主性を尊重し、監督権も地方長官に譲り、その簡素化を図ったものが信用協同組合である。

10 　信金業界には、信組業界の救済に通じるとの受止め方があるが、健全性を担保し、地域に金融サービスを均霑するという地域金融機関本来の使命に立ち返って受け止める必要があろう。地域に貢献したというreputationが必ずや将来に還元されるはずである。

11 　信金業界と信組業界はそのまま残すこともありうる。協同組織機関法は、労働金庫・JAバンクも包摂するのが理想であろう。

その際、先の金融審議会「協同組織金融機関のあり方に関するワーキング・グループ」中間論点整理報告書（2009（平成21）年6月）で長期的に検討とされた業域信組と職域信組のあり方も視野に入れる必要がある。他の金融機関から融資を受けにくい中小企業や個人に必要な資金を融通するという機能は普遍であるとしても、本来の使命を果たしていないとの指摘があり、かつ為替業務・決済業務などのニーズが低いことなどの状況では、
① 職域信組は労働金庫や共済組合に転換
② 業域信組は全国一本化の組織に統合
③ 単位信組の連合会の銀行代理業化
といった選択を検討・実行する必要があろう。業務範囲や行為規制等を考えると、連合会の銀行代理業化が選択肢としては有効かつ現実的である。

　信用組合業界は1990年代以降、その機関数が3分の1まで減少してきたが、それへの根本的な対策は提示されていない感がある。この間、JAバンクは制度改正を行い系統機能を強化してきたのに対して、信用組合の場合はそれが存在しない県も生じるなど、地域金融の担い手としての機能は低下してきた。規模の利益の追求は、単位組織の合同で実現されるだけでなく、中央機関との協働により実現可能であることは前述のとおりでもある。

12　両業界の連合会には相当の格差が存在するので、両者の統合はメリットが大きい。2014（平成26）年3月末に信金中金の総資産は33.7兆円、全信組連の総資産は5兆円で、体力差は大きい。信金業界の預金量は128兆円、信組業界の預金量は18.6兆円である。金融審議会「協同組織金融機関のあり方に関するワーキング・グループ」第3回会合で清田匡参考人（大阪市立大学教授）は、海外での協同組織金融機関の統合の方向を整理し、日本での可能性として個別業態の統合に先立ち、中央機関の統合が出発点になる可能性を示唆した（「だから手順としては現場で例えば信用金庫と信用組合が合併するとかの話ではなくて、恐らく頂上機関から始まっていく問題ではなかろうかなと……考えております」第3回議事録より）。

第11章

市場経済・市場主義・グローバリズムと株式組織・協同組織

1　市場主義

(1)　市場主義

　経済学では、競争的市場によって、最適な資源配分が実現し、効率的な経済状況が実現すると考える。この市場のもつ機能—すなわち需給調整メカニズム—と、それによって実現される資源配分の効率性と所得分配の効率性の確保こそ、最も重要な理念としている。その実現には、市場機能が十分発揮されるように、自由な競争・参入の自由などが確保されることを重視する。

　このように自由な競争によって実現する経済状況を「市場経済」と呼び、その効率性重視の理念を「市場主義」と呼ぶ。市場主義は、効率性重視の点でふさわしいものであり、経済的強者にとっては大変に有利なシステムである。営利追求の株式会社であれば、利益の最大化が最も合理的な行動であるし、労働者にしても人並み以上の勤労をすれば、その成果が高所得として実現する。いわゆる成果主義が最も合理的なものとなる。

　このような市場主義は資本主義経済ないし市場主義経済の基本理念であり、この市場による諸機能の実現こそ最適であるとの思想が「グローバリズム」ともいわれるもので、市場主義によって世界の経済システムを統合しようというものである。

　しかし経済学は、あらゆる問題が解決されるわけではないことを念頭に置いている。市場は不完全なもので、情報の不完全性、公共財、外部性などの要因によって、その効率性を実現できない場合も多い。政府部門が必要とされるゆえんでもある。特に、所得分配の公平性は確保される保証がない。

(2)　経済思想の嚆矢

　経済学ないし経済思想は、そもそも経済秩序を描写することにその目的があるが、その政策的含意として一義的には貧困問題の解決と経済発展のステージの高度化などを目指している。経済思想の潮流としては、その前史に重商主義思想などがあるが、本格的経済思想は古典派の自由放任（レッセ

フェール：laissez-faire）の経済思想に始まるもので、フランソワ・ケネー、アダム・スミス、J.B.セイなどがその先駆的主張である。

　ポンパドール（現在は、ベーカリーにその名前を残している）夫人の侍医であったケネーは、経済システムを人体の循環構造になぞらえて『経済表』を著したが、その主張はキリスト教的世界観（自然法思想）の経済版とでもいうべき自然的秩序の重要性を示したものである。特に、価値の源泉は土地（自然だけが生産するというもの。重農主義ともいわれる）とし、地主・工業・農民などの関係を図式化して、自然的秩序が人間の行動を規制すると整理した。すなわち、自然的秩序（公平）が人間の行動（効率）を規制し、自由放任（レッセフェール）への信頼から、セイの法則「供給は需要を作り出す」を暗黙に前提していたのである。

　一方、倫理学者であったスミスは、法・倫理（道徳）・経済の３つの視点から社会を把握し、道徳面での同感、経済面での利己心、法の面での規律がその行動原理とされ、価値は労働が源泉（自然法から一定の距離）とされた。ただし、「みえざる手」による予定調和（自然法思想の現れ）と、経済的自由主義が秩序をもたらす（同感と利己心のバランスによる効率と公平の確保）がその主張の根幹であり、自由競争・自由貿易がいわば経済の前提との主張につながっている（『諸国民の富』）。

(3)　経済思想の系譜

　経済思想は、古典派の自由放任主義を継承した古典学派（デヴィッド・リカード、T.R.マルサス、J.S.ミルなど）と、自由放任の否定につながる主張で公平性の確保に軸足を置いた学派（カール・マルクス：自由放任の全部否定）、フリードリッヒ・リストなどのドイツ歴史学派（自由放任の部分否定）、そして、自由放任の深化と考えられる限界革命（カール・メンガー、W.S.ジェボンズ、レオン・ワルラス）に継承されていく。特に、イギリスの古典派の流れは、限界革命を経て、アルフレッド・マーシャルの経済思想に結実したが、マーシャルの基本的考え方である「温かい心と冷静な頭脳」は、まさに貧困問題への対決、ないし公平性への配慮そのものである。

　他方、J.M.ケインズはマクロ経済学の創始者であり、政府の機能の重視

（公共支出）を主張したが（『雇用・利子および貨幣の一般理論』）、賃金引下げへの反対は、経済活動を支える活動階級の重視であり（『通貨改革論』）、公平性の確保にも配慮していたといえよう。ケインズは、国際金融システムの構築に尽力し、イギリスの国際的地位の確保を念頭に置きつつ（IMF設立時の国際清算同盟案：世界中央銀行構想により黒字国が赤字国を支えるシステムの構築）、単に効率性に傾斜した経済的秩序を実現することよりも現実的な対応（プラクティカル。原理よりも現実対応）に配慮していた。

(4) 現代の経済思想

限界革命の1つであるワルラスの系譜としては、数理経済学、均衡理論、基礎的理論を整備のかたちで行われ、極論すれば効率性のみがエレガントに解決されるというパレート最適の証明などが盛んに行われた。さらに、ワルラス、マーシャル、ケインズの系譜として新古典派総合（ポール・サミュエルソン）が標準的な理解となり、マクロ安定化政策の有効性から再配分問題（公平性）にも配慮するものであった。

他方、古典的な自由主義の復活とでもいうべき新自由主義の主張が、マネタリズムのかたちでミルトン・フリードマンによって主張され、小さな政府論はそのエッセンスであったが、その後、合理的期待形成理論によって理論的に基礎づけられ、市場（原理）主義、サプライサイド経済学というシカゴ学派の経済思想として、競争重視・効率重視のサッチャーリズム、レーガノミックスに現実の経済政策として実現した。

グローバル資本主義の展開は、このシカゴ学派中心の経済思想に裏打ちされたともいえる市場主義の徹底に基本があり、効率性の追求が前面に出るものであると理解される。

2 グローバリズムへの批判

(1) グローバリズム[1]

「グローバリズム」は、経済の各種の取引が地球規模で国境を意識しない

かたちで行われる状況をいう。金融のグローバル化を例にとると、各種の金融取引がグローバルに標準化・共通化され、各国の金融資本市場が一元的に機能する状況をつくりだすことになる。このことは、金利・為替レート・株価など金融取引の価格の相互連動性を高めるといった価格面のほかに、デリバティブズのような先端的金融取引に典型的な取引の標準化が各種取引で進められてきた。

さらに、このような取引の自由化は、金融機関の業務内容に対する規制・法制・会計制度などに国際的な標準（グローバル・スタンダード）を実現するように働く。金融分野では取引がデジタル化され、コンピュータと通信回線によって、巨額の資金を世界の隅々にまで瞬時に移転可能とするが、その金融グローバル化を支えるのは規制の少ない市場の存在、ないし市場に規制があればそれを回避し超越していく自由な取引の実現がその中心に位置している。

このようにグローバル化・グローバリゼーションは、単純化すれば市場メカニズムに全幅の信頼を置くものであり、市場原理主義がその行動原理であるとされている。すなわち、ノーベル経済学賞を受賞したJ.E.スティグリッツも指摘するように、経済学の標準的なモデルは、市場が完全に機能し、効率的な資源配分をもたらすということが大前提であり、市場メカニズムを重視する市場主義に立脚するが、この標準的モデルのアイデアがグローバリズムを支えている。すなわちグローバル化は、世界で最も先端的ないし先進的な取引および制度慣行が支配的になる現状でもあり、その担い手は圧倒的な経済力および情報の発信などを実現している国であるアメリカになる。したがって、グローバル化はアメリカ化と同義ともいえるのである。

(2) グローバリズムへの懐疑

このようなグローバリゼーション、グローバリズムについて、肯定・否定を含め、多くの議論が展開されるようになってきた。ここ数年だけでも、ジョージ・ソロス『グローバル資本主義の危機』（1998年）、アンソニー・ギ

1　村本〔2010〕参照。

デンズ『暴走する世界』(1999年)、ロバート・ギルピン『グローバル資本主義の挑戦』(2000年)、S.P.ハンチントン『文明の衝突』(1996年)、スティグリッツ『世界を不幸にしたグローバリズムの正体』(2002年)などがあげられるし、ロバート・パットナムのソーシャル・キャピタルに関する一連の主張（1993年、2000年）もその流れであろう。

さらに、EUに代表される地域主義の動向も広い意味でグローバリズムへの反潮流の面をもっているし、社会排除の問題（金融排除など）はまさにグローバリズムの影の側面を映すものと考えられる。そこで、ジョン・ロールズ『正義論』(1971年)への回帰などが必要となる論も多くみられるようになったし、同時多発テロに象徴的な価値観の対立・衝突もグローバリズムへの批判ととらえることができる。

(3) ギデンズの整理

そもそもグローバリゼーションが存在するか否かについて、議論がないわけではない。

たとえば、ギデンズは『暴走する世界』のなかで、グローバリゼーションには懐疑論者とラディカルズが存在すると指摘する。

前者すなわち反グローバリゼーション派によれば、グローバル化した経済はそれ以前の経済と似ても似つかないものではなく、長年にわたり築き上げられてきた世界の有り様は今後ともそのままであり続けるしかないという主張で、その論拠は多くの国のGDPに占める貿易のシェアの低さによるものとされ、およそ世界的というにはほど遠いというものである。懐疑論者は、グローバリゼーション的世界観が福祉国家の解体と財政支出の削減を企図する市場主義者のイデオロギーであると主張し、政治的には旧左翼に与する。これに対しラディカルズは、1960・70年代に比べて現状のグローバルな市場経済は飛躍的に拡大・深化し、国境はないに等しくなったことに注目して、97年の東アジア通貨危機による壊滅的な混乱がグローバリゼーションの現実の顕在化であると主張するような論者である、とギデンズは整理している。

しかし、ギデンズがラディカルズを支持するとしているように、情報技術革新の展開とその必然的結果である金融グローバリゼーションの状況をみる

と、その存在について議論の余地はなかろう。問題は、グローバリゼーションのメリット／デメリットの評価、特にその影の部分にいかに対応するかであろう。

3 地域金融機関・中小金融機関

(1) 地域金融機関

a 地域金融機関の概念

すでに紹介したように、1990（平成2）年の金融制度調査会報告「地域金融のあり方について」においては、地域金融機関とは「一定の地域を主たる営業基盤として、主として地域の住民、地元企業及び地方公共団体等に対して金融サービスを提供する金融機関」で、「その地域を離れては営業が成り立たない、いわば地域と運命共同体的な関係にある金融機関や効率性、収益性をある程度犠牲にしても地域住民等のニーズに応ずる性格を有する金融機関」であるとしている。具体的には、地方銀行（第二地銀を含む）と協同組織金融機関がこれに当たるとした。

しかし地域金融機関もよく考えると、2つのタイプがあるといえよう。地域に広域・狭域の区別があるように、アメリカでは広域型の「リージョナルバンク」と狭域型の「コミュニティバンク」を区別する。日本でも、県単位をカバーする地方銀行・第二地銀はリージョナルバンク的であるし、営業地域のより狭い信用金庫・信用組合等はコミュニティバンク的である。

広域型の地方銀行・第二地銀は、融資先に制限もなく地域の大・中堅企業取引はもとより、地域でホールセール取引も行っており、東京にも支店をもつなどマネーセンター機能をも有する地域の中心金融機関である（これを「地域金融機関タイプ1」とする）。しかし、信用金庫・信用組合等はその狭域の地域を離れられず、融資先が限定され（信用金庫で資本金6億円以下、従業員300人以下、融資限度15億円以下）、東京事務所もなく、地域に密着した運命共同体的関係を義務づけられている（これを「地域金融機関タイプ2」とする）。

b　地域金融機関タイプ2

　地域金融機関タイプ2は、地域でしか存立しえない地域金融機関そのものであり、アメリカのコミュニティバンクのコンセプトである、コミュニティ・オウン（地域社会による所有）、コミュニティ・オペレート（地域社会による経営）、コミュニティ・ディシジョン（地域社会のなかにおける意思決定）というコンセプトからなる、地域との運命共同体といったニュアンスを実現している。

　金融市場は均質ではなく、さまざまな階層に分かれる。たとえていえば、①富士山の8合目以上の国全体を見渡すところに大銀行、②5合目辺りのミヤマキリシマが群生するところに地域金融機関タイプ1、③3合目以下の樹海が広がり、青木ケ原のように案内がなければ道に迷うような裾野に地域金融機関タイプ2が存在しよう。地域金融は5合目以下の分野であり、それなりのノウハウが要求される。地域金融機関としてはこのタイプ2が裾野金融をカバーしており、まさに地域密着型なのである。

　地域を離れられないタイプ2こそ、地域金融機関そのものといっても過言ではない。その意味で本来の地域金融機関は、協同組織金融機関なのかもしれない。

　地元の中小企業・個人・地元社会に貢献することを義務づけられており、会員制度により、裾野金融という貸し手と借り手の間の情報の非対称性が強い分野で、銀行の審査とは違った人縁・地縁というヒューマン・リレーションシップによる情報生産で非対称性を解消し、金融サービスを供給している。株式会社の銀行では目の行き届かない小零細企業、ベンチャービジネス、スタートアップ企業等の掘起こしと支援、地域の住民をも含むキメ細かくかつ効率性だけでは割り切れない金融サービス、情報提供等の非価格サービス等がヒューマンタッチで供給されることも、タイプ2の役割である。

　短期的利益がなくとも、スタートアップ・ベンチャー企業が育つなど長期的にプラスであればよく（短期的に貸出金利が調達コストを吸収できなくても、長期的に平準化されることなども含まれる）、効率性のみに左右されないのがタイプ2の特色であろう。

　タイプ2はほとんど「中小金融機関」であり、地域金融機関と同義であ

る。しかし、地域金融機関のうち地方銀行は、先の議論からして「中小金融機関」そのものとはいえない。

ところで、中小金融機関だからといって、非効率・弱者で、即再編成されるべきであり、合併の対象となるはずだ、という見方があるとしたら、それは問題であろう。金融機関についてもスケールエコノミーが働くことは知られている。したがって、適正な規模に達していない金融機関は合併によって規模利益を実現することも1つの選択肢である（提携や同業態での相互扶助もありうる）。その際、市場が競争的であることが不可欠である。

地域金融においては市場が均質ではなく、競争条件が一定であることはまれである。また、中小企業金融についても同様の場合が多い。したがって、いわゆる「市場の失敗」に対応する必要が地域金融機関には存在する。先の金融制度調査会報告にある「地域との運命共同体的関係」とか、「効率性・収益性をある程度犠牲にしても地域住民等のニーズに応ずる性格を有する」というのは、地域密着といわれるような人縁・地縁というノウハウによって支えられた機能であり、協同組織金融機関には特に顕著である（信用補完制度の活用などもこれに含まれる）。

(2) 「中小金融機関」という表現

前項で用いたとおり、わが国では現在、地域金融機関と呼ばれる金融機関のことを、「中小金融機関」の語で表現している。「中小企業（専門）金融機関」という用語も多用されてきた。日本銀行調査局『わが国の金融制度』の1986年版によれば、預金取扱金融機関のうち、法律・慣行などをもとに「中小企業金融については地方銀行ならびに専門金融機関である相互銀行、信用金庫等が主要な役割を果してきた」とし、地方銀行は商業銀行として括って、中小企業金融機関として相互銀行、信用金庫、信用組合、労働金庫、商工中金等をあげている。同様の扱いは、日本銀行の『資金循環勘定』等においても行われている。その後、相互銀行が普銀転換し、資金量で7％程度の業態が日銀の定義で20％強のなかから抜けたため、中小企業金融機関は協同組織金融機関のみになって用語として風化した感がある。旧大蔵省でも1950年代半ば頃から、時折「中小企業機関」を用いており、中小企業金融機関の

意味に使用しているし、担当は中小金融課であった。

「中小企業金融機関」という表現になると、中小企業に対する金融に特化した金融機関という意味であり、「対象の専門性」が中小企業分野に存在する金融機関のことといえよう。したがって、先の「中小金融機関」のうち中小企業に特化した金融機関として中小企業金融機関をとらえることができる。両者に含まれる共通の金融機関は信用金庫、信用組合のどちらで呼んでも同じかもしれない。しかし、農協・漁協は「中小金融機関」であるものの、中小企業金融機関ではない。労働金庫もその融資構造をみると対個人金融となり、中小企業金融機関とはいいにくい。

しかし中小企業を取引相手とするのであれば、地方銀行・第二地銀の融資先のうち中小企業は7割以上、信用金庫で75％以上である。昨今は、都市銀行もこの比率が5割を超えているし、個人も含めたリテール分野の融資比率は7割を超える（事実、リテールトップ・バンクを標榜している銀行もある）。中小企業を主たる取引先とするのが中小企業金融機関というのであれば、ほとんどの金融機関がこれに含まれることになってしまい、定義の意味をなさない。したがって、中小企業金融の比率が大きいから中小企業金融機関ともいいにくい。

そのため、中小金融機関という表現が使いにくくなってきたのである。地域金融機関はそれにかわる表現でもある。とはいえ、最近では地域金融機関ととらえにくいケースもあることから、「リレーションシップバンキング」という、業務面に注目してビジネスモデルの意義から地域金融機関の方向性を考えるようになったのである。

4 ソーシャル・イノベーションとしての協同組織金融

(1) ソーシャル・イノベーション

「ソーシャル・イノベーション」という語は、イノベーションのコンテクストで散見するようになった[2]。ソーシャル・イノベーションとは、Phills et al. 〔2008〕によれば「社会的ニーズ・課題への新規の解決策を創造し、実

行するプロセス」³とされる。この定義はかなり広い定義であるが、フランスのビジネススクールINSEADのSocial Innovation Centerでは、「持続可能な経済・環境・社会の繁栄をもたらす新しいビジネスモデル、市場ベースのメカニズムの導入」⁴と定義する。

これらの定義に共通するのは社会性とビジネス（事業）性である。ソーシャルビジネスというのは、この社会性とビジネス性を実現する主体のことをいい、ソーシャル・エンタープライズ（社会的企業）ともいう⁵。重要なのは、社会的な活動を利潤極大行動でない行動目的で行い、事業活動を通じて新しい社会的価値を創出することがソーシャルビジネスとしてとらえられ、その全体をソーシャル・イノベーションと呼ぶ説と、新しい価値創造プロセスのみをソーシャル・イノベーションと呼ぶ説がある。このように、ソーシャル・イノベーションにはいくつかの整理があり、谷本〔2009〕は、「ソーシャル・イノベーションに関する議論には多用な捉え方が存在する」⁶と指摘したが、概念の定着までには至っていない。

このソーシャルビジネスを社会起業家によるものとし、社会起業家をDees et al.〔1998〕は、

・社会的価値を創出し、維持すべきミッションを取り入れる
・ミッションに役立つ新しい機会を認識し絶えず追求する
・組織的な改革・調整・学習の過程に自ら参加する
・現在手持ちの資源に制約されることなく大胆に活動する

---

2 『一橋ビジネスレビュー』2009年夏号（第57巻第1号）がソーシャル・イノベーションの特集を組んでいる。
3 Phills et al.〔2008〕p.36.
4 http://www.insead.edu/facultyresearch/centres/isic/
5 谷本〔2009〕は社会的企業の要件として、社会性（ソーシャル・ミッション）と事業性（ソーシャルビジネス）、革新性（ソーシャル・イノベーション）をあげている（27頁）。『ソーシャルビジネス研究会報告書』〔2008〕では、「地域の及び地域を越えた社会的課題を事業性を確保しつつ解決しようとする主体の事業をソーシャルビジネス」と呼んでいる（1頁）。同報告書によれば、わが国のソーシャルビジネスの市場規模は約2,400億円、事業者数が8,000人、1事業者当り常勤従業員4名程度、現在の雇用規模は約3万2,000人とされる（ソーシャルビジネスの盛んなイギリスでは事業者数約5万5,000、市場規模は約270億ポンド（約5兆7,000億円）、雇用規模は77万5,000人）。
6 谷本〔2009〕31頁。

・支持者に対する（説明）責任への高い意識や創出した成果を公開する
と定義する。社会的ミッション以外は、通常の起業家と変わらない、と渡辺
〔2009〕は指摘する[7]。

　社会的ミッションを実現する担い手としては、営利目的企業と公共目的の
公的セクター以外の領域にある組織が該当するが、後者としては非営利組
織、非利益追求組織、慈善組織、第三セクター、NPOなどが該当する。渡
辺〔2009〕はFrumkin〔2002〕に従って、非営利セクターの機能を整理した
（図表11－1参照）。狭義には、【Ⅰ．社会起業家】がソーシャル・イノベー
ションを実現する主体になる。【Ⅱ．サービス提供】は政府からの助成・委
託を受けて行う事業や、医療・教育・介護などのようにすでに確立されてい
るサービス機能である。【Ⅲ．市民と政治の約束】は伝統的な市民活動であ
り、【Ⅳ．価値観と信念】は伝統的な慈善活動である[8]。

　図表11－1の下段には、「共益重視」という協同組織の非営利活動を追加
した。これは協同組織金融の非営利性を際立たせるものであるが、社会的企
業でなくても、金融的弱者への支援・対応（情報非対称性の大きい小規模企
業等が受ける金融的差別への対応等）は、営利目的金融機関が行わない活動で
あり、非営利活動である。ただし、非営利活動ではあるが、まったく収益性が
ないものでもない。【Ⅵ．相互扶助】は協同組織の理念であり、内部補助等
によるメンバー間の相互支援により、営利目的金融機関から排除される層へ
の対応を行う。

(2) 信用金庫のソーシャル・イノベーションへの取組み

　先の金融審議会「協同組織金融機関のあり方に関するワーキング・グルー
プ」で問題となったのは、協同組織金融機関の預貸率の低下である。地元の
企業の減少、開業率を上回る廃業率の増加は信用金庫の営業基盤を疲弊させ
ている。地域のマクロ的状況には地域差があるにせよ、信用金庫の地域活性
化活動のみで解消できるものではない。前述のように、「協同組織金融機関

---

[7]　渡辺〔2009〕17頁。
[8]　渡辺〔2009〕18頁。渡辺は、この整理はアメリカの状況を反映したもので、病院・
　　福祉施設などの政府認可組織で日本には当てはまらないものがあるとする。

図表11－1　非営利活動の整理

	需要サイド重視	供給サイド重視	共益重視（協同組織）
提供手段・機能重視	【Ⅱ．サービス提供】政府・市場の失敗により生まれるサービスニーズへの対応	【Ⅰ．社会起業家】ビジネスと慈善事業を結びつけた社会的企業の創出	【Ⅴ．市場の失敗等への対応】小規模企業等の受ける金融的差別に対応（情報の非対称性・不透明性への対応、対象の専門性、金融的弱者への対応）
意思・主張・表現重視	【Ⅲ．市民と政治の約束】市民活動、アドボカシー（政策提言、権利擁護）、さらにコミュニティ内での社会的資本の形成	【Ⅳ．価値観と信念】ボランティア活動、寄付などを通じて価値観や信念を表出する	【Ⅵ．相互扶助】営利目的金融機関が排除する層への相互扶助による対応

（出所）　渡辺〔2009〕18頁（Frumkin〔2002〕による）を修正

のあり方に関するワーキング・グループ」報告書では、協同組織金融機関に「期待される機能」として、①中小企業金融機能、②中小企業再生支援機能、③生活基盤支援機能、④地域金融支援機能、⑤コンサルティング機能をあげている。ソーシャル・イノベーションはこの③生活基盤支援機能に相当し、報告書は「地域で生活支援活動を行っている団体に対する協力・支援が求められる」としている。④の地域金融支援機能に「ニュービジネスの育成等」も記されており、新たな分野への対応が必要とした。

　このような状況下、信用金庫は種々の試みを行っている。たとえば、全国信用金庫協会が策定した長期経営計画の最新版（新長期経営計画策定要綱「しんきん「つなぐ力」発揮2009～新たな価値の創造と地域の持続的発展をめざして～」(2009（平成21）年4月～12（平成24）年3月)）では、計画理念に「信用金庫が持つ「つなぐ力」をさらに進化させ、会員をはじめ地域の様々な主体との連携を一段と強化し、地域の持続的な発展を目指す」とし、基本方針として「地域密着型金融の深化、独自性のさらなる発揮、永続性ある経営の

確立」を掲げている。

さらに具体的方策として、地域密着型金融では「課題解決型金融の強化」「地域との連携強化」「高密度チャネルの有効活用」「戦略的な地域貢献活動による事業基盤の持続的可能性の向上」をあげている。この地域との連携強化には、「地域再生に取り組む地域市民との連携強化」という項目があるが、これこそソーシャル・イノベーションである。

より具体的には「近年、社会性と事業性を兼ね備え、地域の課題をビジネスの手法によって解決しようとする多くのコミュニティ・ビジネスやソーシャルビジネスが各地で展開されている。現状での資金需要は大きくはないものの、地域に密着した様々な課題にきめ細かく対応しており、資金面をはじめとした事業支援を行なっていくことは、事業基盤である地域社会を支える意味でも信用金庫が取るべき対応等の１つといえる。また、これまで蓄積してきた金融業務に基づく経営資源を活用して、地域市民を支援、育成していくことが大切である」としている。

このようなソーシャル・イノベーションへの取組みは、全信協のアンケート調査（「地域密着型金融の取り組みに関するアンケート調査」2008（平成20）年7月）によれば、全国で60金庫がコミュニティ・ビジネスを行うNPO等への融資実績があり、07（平成19）年度中の実績は197件、約40億円であるという[9]。これらの活動は、信用金庫が図表11-1の【Ⅰ．社会起業家】に対応していることを示している。

図表11-1の【Ⅳ．価値観と信念】のボランティア活動、寄付などを通じて価値観や信念を表出、は信用金庫が日常的に行っている活動である。全国信用金庫協会は社会貢献賞を1997（平成9）年度から創設して、この活動を顕彰している[10]。信用金庫は、協同組織金融機関として、その理念をソーシャル・イノベーションとして実現するという側面を有していると評価しえよう[11]。

5　結び―ライン型資本主義との関連―

一国の制度は、比較経済分析のコンテクストでいえば経路依存性（path

dependency:第3章4参照)の制約を受ける。経路依存性とは、人間や組織・政府・社会・経済システム等が、過去の選択、経験や歴史的背景、学習、政策的介入等によって、現在の選択を制約する現象である。特に金融システムは、当該国の経済システムの一部であり、そのプレーヤー——とりわけ利用者の文化・習慣等——に大きく制約される。

したがって、金融システムの制度改革には大きな困難と多大のエネルギーを必要とする。21世紀に入ってからの日本は、地域経済の疲弊が著しく、人口の高齢化・減少のもとでその回復の歩みは遅々としている。国は新経済成長戦略のなかで地域活性化をグローバル戦略と並べて推進している。その担い手は地方社会のステークホルダーであり、地域住民、行政機関だけでなく、地域の企業と地域金融機関が重要な担い手である。地域金融機関はこのミッションを積極的に果たし、地域に貢献することを求められている。そのミッションの遂行にふさわしい制度設計がなされ、多様なプレーヤーが活躍できる金融システムであることを目指すべきである。経路依存性は尊重しつつ、その制約を乗り越えるイノベーションこそ金融イノベーションであろ

---

9 金融庁が2008(平成20)年度から開始したリレーションシップバンキングの事例紹介によると、小松川信金の「NPO法人が運営する店舗及び賃貸兼高齢者グループハウスの建築資金を融資」、但陽信金の「『住民の自主的なまちづくり』に向けた取組みへの支援」、呉信金の「NPO法人設立支援による創業・新事業支援」などがある。『ソーシャルビジネス研究会報告書』では、「一部の労働金庫や信用金庫等においてNPO法人向けの融資を開始する動きが見られる。……ファンド等の活動も増えている。……このような動きは評価されるべきものの、まだ少数派であり、多くの金融機関、企業などの……SB(筆者注:ソーシャルビジネス)等の実態に関する理解が必ずしも進んでいるわけではない」(14頁)とし、そのうえで「事業者側の情報公開」「金融機関の側でSBにふさわしい投融資審査の仕組みの構築等」「金融機関等相互間での基礎的な投融資ノウハウの情報共有等の支援」を指摘し、資金調達の円滑化に向けた環境整備の必要性を論じている(25頁)。http://www.socialbusiness.jp/initiative/cat13/にはソーシャルビジネスの具体例などが取り上げられている。
10 信用金庫の行う交通安全運動、お笑い研究会活動、郷土誌発刊、ボランティア活動、廃棄物減量・リサイクル活動、森林保護活動などを顕彰する。http://www.shinkin.org/activity/index.html参照。
11 海外では、経済的利益だけでなく、環境・社会・倫理の側面をも重視して活動する金融機関である「ソーシャルバンク」が存在する。オランダのトリオドス銀行(環境金融)、チャリティ銀行(チャリティ団体、社会的企業を対象)、コープ銀行(倫理基準に基づく融資による協同組合の価値を実現)、ドイツのGLS銀行、イタリアのエチカ庶民銀行などがその事例である。井上〔2008〕参照。

う。

　協同組織金融機関が金融システムで大きなプレゼンスを示しているのがEU諸国である。EU諸国の資本主義観がライン型資本主義であることを考えると、その基本的考え方が協同組織金融機関を意味あるものとしているといえよう。EU諸国では、協同組織金融機関のプレゼンスが大きく、ドイツ、フランス、イタリア、フィンランド、オーストリア、オランダなどでそのシェアが高い。特に、ライン型資本主義諸国でその傾向が強い。ライン型資本主義のエッセンスは、コンセンサス重視、企業に所属している共同心理、自社愛、共同責任などの長期的契約と協調関係であり、リレーションシップや「つながり力」がそのポイントである。

　このようにEU諸国で協同組織金融機関のプレゼンスは大きいのであるが、その理由は金融システムの経路依存性に基づく。その背景には市場メカニズムによらない金融システムの必要性があると考えられる。もともと市場メカニズムから排除された層がつくりだしたのが協同組織金融機関であり、その存在はライン型資本主義に依拠するといえよう。

第12章

繰り返される課題

1 繰り返される同質化論

(1) 同質化論

　信用金庫をめぐる制度論議の中心の1つは「株式組織金融機関（普通銀行）との同質化論」である[1]。金融業務面で普通銀行とほとんど遜色がなくなり、同じ貸出市場で競争している以上、協同組織である信用金庫が税制上で優遇されているのは不公平である、との論は根強い。『中小企業白書2008年』では、図表を掲げながら、「ほとんどの地域金融機関は中小企業向け貸出の競合は厳しい」と認識していると指摘した。このような競合は近年、激化の傾向にあり、協同組織金融機関に対する優遇措置を批判する論拠にもなっている。

　1960年代央の金融効率化論議のなかでは、開放経済体制にふさわしい金融制度を再構築するためには、①金融機関が同じ土俵で自由に競争できること、②金融機関の業務の同質化が進んでいるために、その調整と充実のための制度改善が必要なこと、が普通銀行—特に都市銀行—から主張されており、金融「効率化」のための制度改編を強く求めていた。これに対して、同じ普通銀行でも地方銀行は、むしろその特殊性から、中小企業金融機関制度については他の制度（普通銀行、長期金融、農林金融、政府金融）と切り離して単独で大幅改正を行うことに反対を表明していた。

　当時の金融制度調査会の議論では、信用金庫・相互銀行などの中小企業金融専門機関についての制度と実態が次第に適合しなくなってきているために業務分野の調整が必要であり、中小企業金融専門機関の経営合理化が必要であることから、中小企業の立場からみて中小企業の健全な成長に必要な資金を今後とも確保するために制度の再検討が必要である、とされた。そこで、①信用金庫における会員組織の形骸化、相互銀行における相互掛金のシェアの減少や地域性の減退などにみられる、これら金融機関の「銀行化」につい

1　第1章（注3）参照。

て、業務分野調整という切り口からの問題、②信用金庫と信用組合の同質化の問題、が取り上げられ、ポイントは信用金庫・相互銀行・信用組合の３業態にかかわる問題にあった。

このような観点から、信用金庫の株式会社化論が出て、相互銀行と同一の中小企業銀行とする「末松試案」、信用金庫を株式会社化するグループと協同組織にとどめる２分割論の「滝口試案」は、まさに同質化論から出ているものであった（第５章２(2) b 参照）。

1980年代末のグローバル化に向けた金融制度改革論議では、専門金融機関の見直しが課題となり、協同組織金融機関の存在意義が問われたが、これも背景には同質化論があり、協同組織の株式組織化論こそ前面には出なかったが、税制優遇の撤廃が議論され、制度面での均一化が議論された。論議のなかで、協同組織金融機関には「対象の専門性」があり、他の分野には展開できないこと、また地域金融機関として地域から離れられず、地域と運命共同体にあり、地域集中リスクを抱えることなどから、税制優遇措置も維持されたのである。

(2) 信用金庫の融資対象の特性

注意すべきなのは、業務面での同質化が進んだとしても、融資の対象がきわめて小規模な企業であり、情報の非対称性が大きく、財務体質が脆弱で、信用リスクの高い分野であることから、普通銀行が参入しにくい分野である点である。普通銀行のリスクテイク能力を超えていること、店舗の稠密性から信用金庫でなければできない情報生産機能が存在するのである。いわばリレーションシップバンキングとの親和性が高い信用金庫に固有な貸出分野・貸出層が存在しているのである。このことは、地域金融機関のなかでも店舗網が最も充実している事実が傍証になっている。

先の図表１－３および図表１－４は地域金融機関における中小企業貸出が競争的であることを示したものであるが、図表１－４にみるように、信用金庫の貸出先のうち、従業員０～10人の層は85％強であり、規模の大きい信金でも、規模の小さい信金でも、同じ結果となっている。

また、従業員10人以下の小規模企業向けの調査（図表１－５）でみると、

信用金庫と継続的な取引を行っている層が60.9%、メインバンクとしている層が43.0%である（全国信用金庫協会アンケート調査（2007（平成19）年10月））。この比率は地域銀行よりも高く、全業態のなかでも最も高い。すなわち、信用金庫は小規模企業層を支える存在となっており、金融業務の同質化があるとしても、情報の非対称性が大きく、財務体質が脆弱で経営相談機能が重要で、かつ高リスクの分野に特化して独自性を発揮しているのである。

2　会員制度の形骸化

(1)　会員制度の実態

　信用金庫制度の問題として繰り返しいわれるのが「会員制度の形骸化」である。信用金庫では、融資を受ける際に会員となる必要があるが、預金をする場合には会員になる必要はないという非対称的な制度となっている。すなわち、信用金庫は地域を会員組織の基盤としており、地域内資金循環を図ることを事業の基本としている。事業地区内の会員・非会員から預金を受け入れ、それを原資に営業活動も地区内で行っていることにより、地域内の情報を集積し人的交流を濃密に実施することにより、中小企業との信頼関係が醸成され、景気の波にとらわれず、中小企業や地域住民等に必要な資金をできる限り安定的に供給することができるのである。

　会員制度の形骸化というとき、1つはメンバーシップのよさが発揮されておらず、単に融資を受けるときに会員になるものの、融資後は特段のメリットがないという側面と、会員が信用金庫の経営に対してガバナンス機能を発揮することが希薄であるという側面がある。会員数を時系列でみると、2014（平成26）年3月末には928万人で、過去20年間に100万人増加している（図表12－1参照）。これは中小企業数の400万社を上回るもので、個人の住宅ローン利用等も多いと思われるが、中小企業への浸透度は高いといえよう。

　会員制度を利用した事業として、ビジネスマッチング、経営者との懇談会・研修会の開催、懇親旅行など会員相互の交流・情報交換などを促進するものが行われている。これらは普通銀行でも行われているものもあるので、

特段、信用金庫に固有のものではないとの意見もある。とはいえ、金融審議会「協同組織金融機関のあり方に関するワーキング・グループ」で紹介された事例としては、以下のようなものがある。

① 「しんきん協議会」による地域貢献……都内信用金庫の営業店が、個別信用金庫の枠を超えて区や市ごとにまとまって「しんきん協議会」を設置し、協議会では地元の中小企業や地域住民のニーズに応えるべく、その地域ならではのキメ細かい活動を一丸となって推進するために、地域貢献活動を行っている。その活動例として、商工団体開催のイベントへの協賛・参加、経済講演会の開催、商店街へのポスターの寄贈（正月営業告知ポスター）、行政区との制度融資についての意見交換、交通安全運動への協力、子ども相撲大会等への協賛による地域の青少年育成への貢献などがある。

② 高齢者ケア訪問……全店（30店舗）で1,767先の高齢者世帯（独居、昼間独居、高齢者夫婦）を抽出し、2004（平成16）年5月から渉外担当者が毎月最低1回は訪問し、困り事、健康状態等について尋ねて、営業店は毎月訪問結果を取りまとめのうえ、地域共生課へ報告している。訪問時に、通常と違うようすに気づき病院に同行した例などもある。悪徳リフォーム業者や振り込め詐欺への注意喚起等も行い、どんな些細なことでも相談いただけるように、と訪問活動を続けている。また、年金を宅配するようなサービスも行っている信用金庫もある。

このほか、山間部を巡回する移動店舗車、バイオマス（生物資源）に着目したNPO法人の設立、移送サービス、地場産業デザインコンテスト、渉外係の「防犯パトロール協力隊」による地区内小・中学生の監視、市民救命士講習会の開催・救急インストラクターの公立学校などへの派遣などの事例がある。また、地域貢献活動に振り向けた経営資源について、携わった役職員数延べ32万7,486人、要した費用延べ121億1,730万円（2007（平成19）年度1年間で1金庫当り1,208人が地域貢献活動に携わり、地域貢献活動費用として4,471万円）を支出したという（図表12-2参照）。

このように会員制度を活用した事例ばかりではないが、地域貢献活動の成果があがっており、会員制度の形骸化とするには疑問のある例もある。他業態の金融機関の行う同様な活動とは一線を画していると思われる。また、会

図表12-1　全国信用金庫の会員数の推移

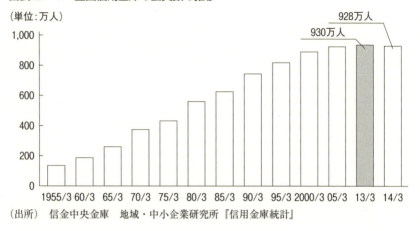

(出所)　信金中央金庫　地域・中小企業研究所『信用金庫統計』

員の意見吸収にも多くの信用金庫が取り組んでいる（図表12-2参照）。

(2) 会員制度によるガバナンス

　会員制度をめぐるもう1つの課題は「ガバナンス」にあるといえる。なかでも重要なのは「総代会の活性化」である。総代は会員から選出されるが、総代選考はもっぱら経営者層によって行われるので、経営者の意向を反映するものとなりがちだといわれる（総代候補者選考や会員の意見反映に関するアンケート調査については、図表12-3参照）。この点は、株式会社制度でも取締役選任のプロセスは同様であり、ガバナンス的には大きな相違はない。しかし、同じ総代会制度をとる相互会社制度の生命保険会社では、総代の立候補制度などを採用しているのに対し、信用金庫ではこうした制度が導入されておらず、今後の課題であろう（総代会制度などの取組状況については、図表12-4参照）。

　実際の総代選考では、地域・年齢・業種・性別等が考慮され、相応の基準があるものの、総代の定年制・重任制限規定がない信用金庫も多い。これは、地域制限があるため、その地域に適当な人材が不足する事態が人口減少地域や高齢化が進む地域では起こりがちなので、一概に批判することはむずかしい側面もある。

図表12-2　全国信用金庫の地域貢献活動（2007年度中）

　全信協では2008年4月に、07年度中の全国信用金庫の地域貢献活動（預貸以外による経済的貢献および文化的・社会的貢献）に携わった役職員数および要した費用に関する調査を実施。

> 結果は次のとおり（回答金庫数271）
> ・携わった役職員数：延べ32万7,486人
> ・要した費用：延べ121億1,730万円
> （注）　07年度1年間で、1金庫当り1,208人が地域貢献活動に携わり、また、地域貢献活動費用として4,471万円を支出。

（注1）　調査結果は、各信用金庫の07年度中の地域貢献活動について、活動項目ごとに携わった役職員数および要した費用を算定し、これらを合計した値である。
（注2）　たとえば、ある活動について10人が携わり、50万円の費用を要した場合は、活動期間にかかわらず10人、50万円とカウントしている。
（出所）　金融審議会「協同組織金融機関のあり方に関するワーキング・グループ」2008年7月4日資料6-3、24頁（http://www.fsa.go.jp/singi/singi_kinyu/dai2/siryou/20080704/03.pdf）

図表12-3　総代候補者選考や会員の意見反映に関するアンケート調査

〈総代候補者選考にあたって配慮しているポイント〉

配慮しているポイント	金庫数
地域のバラつき	268
年齢層のバランス	136
業種のバラつき	106
性別のバランス	46
その他（地域における信望が厚い、総代としてふさわしい見識、積極的な経営改善の提言が見込まれる等）	14

〈会員の意見を反映させる仕組みの実施状況〉

実施項目	金庫数
会員向けアンケートの実施	111
会員を対象とした懇談会の実施	85
店舗に意見、要望投書箱を設置	68
電子メール・電話による意見・要望窓口の設置	52
役職員によるヒアリング	42
意見投稿用はがきの送付	29
会員モニター制度	11
その他（総代に会員意見の収集を依頼、会員親睦団体を設立して意見を反映等）	35

（注）　平成20年3月末の全国279金庫の回答結果（複数回答可）
（資料）　全信協「地域密着型金融の取組み状況に関するアンケート調査（平成19年度）」
（出所）　金融審議会「協同組織金融機関のあり方に関するワーキング・グループ」2008年7月4日資料6-3、30頁（http://www.fsa.go.jp/singi/singi_kinyu/dai2/siryou/20080704/03.pdf）

図表12-4　総代会制度などの取組状況

	信用金庫	信用組合
総会採用	2	5
総代会採用	285	163
総代定年制	99	6
重任制限	11	1
総代会制度の開示状況	284	151
総代会の仕組み	283	129
総代候補者選考基準	256	41
総代の選考方法	279	94
総代会の決議事項	274	128
総代の氏名	269	93
総代会の模様	65	45
総代の属性構成比	42	19
会員・組合員の属性構成比	26	7
会員・組合員の意見を反映させる仕組み（複数回答あり）		
アンケートの実施	159	104
モニター制度の導入・実施	16	5
懇談会の実施	113	67
総代会における報告（会員・組合員の声を経営に反映したことについて説明を実施）	103	41

（出所）『週刊金融財政事情』2009年8月3日号13頁

　実際の選考にあたって、候補者を支店に開示しており、透明性は確保されるとしても、生命保険のような信任投票は行われていないなど、改善の余地は多い。会員に対するアンケートでも、信用金庫の経営になんらかの意見開示を行ったとする回答は4割を超えており、会員制度がサイレントであるというわけではない（図表12-5参照）。問題は意見の中身であり、融資を受け

図表12-5　信用金庫経営に関する会員の意見・質問の状況

○会員として、信用金庫経営についての意見・質問を述べたことがありますか

なんらかの方法で述べたことがある	43.5%
述べたことはない	56.5%

○どんな方法で伝達しましたか

支店長に伝える	32.9%
営業係に伝える	32.4%
懇談会・業況報告会等の際に伝える	13.3%
経営陣に伝える	9.2%
総代に伝える	6.4%
経営者の会等で伝える	4.0%
その他	1.7%
信用金庫にメールする	0.0%

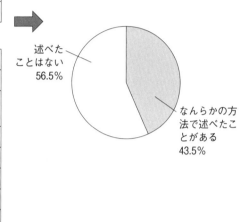

＊複数回答あり
（資料）　全信協外部委託『金融機関取引に関するアンケート調査』
（出所）　金融審議会「協同組織金融機関のあり方に関するワーキング・グループ」2008年7月4日資料6-3、31頁（http://www.fsa.go.jp/singi/singi_kinyu/dai2/siryou/20080704/03.pdf）

ている会員はその立場上、信用金庫の経営に対してネガティブな意見を開示しにくいかもしれないので、匿名にするなどといった工夫の余地は残る。

　しかし、会員制度が信用金庫から融資を受けている者からなる以上、会員から選出された総代がその力関係からして信金の経営層に否定的な意見を開示しにくい、という問題は依然として残る。したがって、総代の選考母体を会員に限定するのではなく、会員以外の預金者から総代を選考するとか、信用金庫と取引のない地域の代表を総代に選考する等の、会員制度にとらわれない工夫も必要となる[2]。

　信用金庫法は、会員のうちから総代を公平に選任することを規定しているので、原則は会員からの選出になるが、定款に例外規定を置き、若干名を非

会員からの選出とすることも可能ではなかろうか。また、立候補制のように意見を有する者をピックアップする工夫も必要であろう。非会員預金者を総代に選考している事例もあるが、非会員といっても会員の縁故者など、会員と利害を同じくする者からの選考では実態はあまり変わらないので、この点の工夫も重要である。

(3) 会員制度によらないガバナンス

　株式会社でも経営の不祥事等が問題になるが、その発生が委員会等設置会社の場合もあるので、ガバナンスの仕組みには完璧なものはないかもしれない。それにしても、監事会制度、外部理事（非常勤理事）の一定割合の確保などは、協同組織金融機関といえども課題となろう。あるいは執行役員制度を活用して、理事会との牽制機能を確保するような制度設計もありえよう。また評議員会を設置して、理事会との牽制関係を構築することも考えられよう。これは、相互会社生命保険会社が採用している総代会・評議員会という構造を念頭に置いたものである。

　いずれにしても、制度設計はどのようにでも可能ではあるが、問題はいかにその精度を活用するかである。会議体が多いということは、その分意思決定プロセスの効率性が阻害されることにもなりかねず、経営面での課題を残すことになる。経営の効率化を図れば、会議体の形骸化にもつながる。万能な制度がない以上、いかに制度を運用するかにかかっているのである（信用金庫経営に関する会員の意見・質問の状況については、図表12-5参照）。

2　信用金庫法の総代会に関する規定は以下のとおり。
　第49条　金庫は、定款の定めるところにより、総会に代るべき総代会を設けることができる。
　　2　総代は、定款の定めるところにより、会員のうちから公平に選任されなければならない。
　　3　前項の定款には、総代の定数その他政令で定める事項を定めなければならない。
　　4　総代の任期は、3年以内において定款で定める期間とする。

第13章

結 び
―信用金庫の存在意義の確認―

1 プロシクリカリティ（Procyclicality）の問題

(1) プロシクリカリティ（Procyclicality）

　アメリカのサブプライム・ローン問題以降の世界的金融危機のなかで、金融システムの健全性を維持するうえで金融規制・監督の重要性を顕在化させた。これは、マクロ経済の循環的な変動が金融規制・監督によって増幅されるという問題であるが、そのチャネルには金融機関の行動があり、金融規制・監督に伴う貸出行動等が景気の振幅を大きくするということが、「プロシクリカリティ（循環増幅効果）問題」として認識されている。

　このプロシクリカリティ問題に対して、一般の金融機関とは異なる目的関数を有する協同組織金融機関は、その相互扶助性から景気の振幅を緩和する方向で金融機能を発揮しうる存在であると理解される。すなわち、プロシクリカリティ問題を緩和することが期待されるのである。

　プロシクリカリティ問題は、近年の世界的金融危機ではじめて認識されるようになったものではない。自己資本比率規制―いわゆるバーゼル合意―からのものである。自己資本比率規制は、金融機関の資産や取引に内在する信用リスクや市場リスクなどに対して、金融機関が十分な自己資本をリスク・バッファーとして保有することを義務づけるものである。この自己資本比率規制のもとでは、金融市場の流動性が潤沢である景気拡大局面では、リスクが過小評価されがちなため、融資等による金融機関のリスクテイキングが活発化して、景気や金融市場を過熱させる傾向がある。他方、景気後退局面においては、リスクが過大評価され、所要自己資本が増大して、実体経済に抑制的な効果が働く傾向がある。このようにプロシクリカリティ問題というのは、金融セクターとリアル・セクター（実体経済）との間での導体的な相互関連で生ずるフィードバック・メカニズムのことである。

(2) バーゼル合意―自己資本比率規制―

　銀行には、金融システムの破綻の回避の目的で種々の公的な規制が課せら

れており、金融市場のグローバル化のもとで、金融システムの連鎖的な破綻への対応が必要になる。1988年7月にバーゼル銀行監督委員会が公表した「自己資本の計測と基準に関する国際的統一化」の内容を「バーゼル合意（BIS規制）」といい、日本を含む多くの国の自己資本比率規制として採用されている。これは、国際的に活動する銀行等に、信用リスク等を加味して一定以上の自己資本比率を求める国際的統一基準で、累積債務問題等のリスクの増大等を背景に、国際銀行システムの健全性と安全性の強化を図るとともに、国際業務に携わる銀行間の競争上の不平等を軽減することが求められた。

自己資本比率は分母に総資産、分子に自己資本をとって算定するが、貸借対照表上のデータで計算するギアリング比率ではなく、分母となる総資産は各資産のリスクに応じて資産を分類し、それぞれをウェイトづけして加算した総資産とする方式（リスク・アセット方式）が採用された。この測定方法によって達成すべき最低水準は8％以上とされた。日本では、1988～92（昭和63～平成4）年度末の期間の移行措置を経て、92（平成4）年度末から同基準が本格適用されている。

国際的な金融システムの破綻回避のために、海外に営業拠点をもつ銀行に対しては、その健全性を確保するための国際的な統一ルールとして8％以上の自己資本比率を求める一方、海外に営業拠点をもたない金融機関の場合は4％以上の自己資本比率が求められている。分子の自己資本の構成項目は、基本的項目（TierⅠ）と補完的項目（TierⅡ）からなり、基本的項目は無制限に、補完的項目は基本的項目と同額まで自己資本に算入できる。

その後、銀行が抱えるリスク（自己資本比率の分母）のより精緻な計測などを目指して、1998年からバーゼル合意の抜本的な見直し作業が開始され、2004年6月に「自己資本の計測と基準に関する国際的統一化：改定された枠組」として新しい基準（バーゼルⅡ：新BIS規制案）が公表された。バーゼルⅠにおけるリスク・ウェイトがきわめて粗いものであったので、銀行が経営上認識している保有資産の信用リスクあるいはリスク・バッファーとして必要な自己資本（エコノミック・キャピタル：economic capital）と、規制上求められる自己資本（規制上の資本：regulatory capital）との間にギャップ（乖離）

が発生していた。

　このようなギャップは、高度な信用リスク管理能力を保有する先進的な銀行であるほど大きく、規制によって銀行自身がリスク管理能力の向上を図るインセンティブが阻害されていた状況があった。さらに、一律かつ固定的なリスク・ウェイトによって、新しい金融商品を活用して規制上の自己資本比率を嵩上げしようとする規制回避行動を助長することがあった。そこで、リスク・ウェイトの精緻化、債務者格付やデフォルト確率・デフォルト時損失率などで表される信用リスクの度合いに応じて所要自己資本がキメ細かく変化するように、所要自己資本の算定方法が精緻化されたのである。

　信用リスク算出方法には、銀行の経営特性やリスク管理技術に応じて、標準的手法・基礎的内部格付手法・先進的内部格付手法のなかから選択可能になった。また、信用リスク・市場リスクに加えて、新たにオペレーショナル・リスク（事務事故・契約不備・不正行為などによる損失）に対しても所要自己資本が賦課されるようになった。

　日本では、2006（平成18）年度末から（最も先進的な手法を採用する銀行では07（平成19）年度末から）新規制へ移行した。信用リスクの計算をより精緻化するとともに、オペレーショナル・リスク（事務ミスや不正行為等によって損失を被るリスク）を対象に含めたもので、自己資本比率は「自己資本÷〔信用リスク（貸出金等が貸倒れとなる危険）＋市場リスク＋オペレーショナル・リスクに係るリスク・アセット〕×100」（％）として計算される。分母はリスク・アセットのウェイトが変更され、中小企業・個人向け融資のリスク・ウェイトが100％から75％に、住宅ローンについては50％が35％に減じられた。事業法人のリスク・ウェイトは100％から、格付対応であれば20～150％に変更された。

　2007年夏以降のサブプライム問題、08年9月以降のリーマン・ショック、それに続く欧州債務危機など世界的な金融危機が席巻している。このような状況をふまえ、09年4月のロンドン金融サミットにおいて、金融監督・規制の抜本的な改革の方向性が提示された。このなかで自己資本比率規制については、サブプライム問題に端を発する金融危機への当面の対処として、バーゼルⅡの銀行勘定の証券化商品の取扱いおよびトレーディング勘定の取扱い

を強化するバーゼル2.5（マーケット・リスク規制の強化。09年7月公表、11年末より実施）が導入されたほか、さらに世界の主要銀行に対して自己資本の「量」と「質」の向上が検討され、10年9月にはバーゼル銀行監督委員会から国際的に活動する銀行に対する新しい自己資本比率規制案が発表された（バーゼルⅢ）。この規制案では自己資本に該当する要件の厳格化が取り込まれた。

(3) バーゼル合意とプロシクリカリティ

バーゼル合意当初からプロシクリカリティ問題は生じていたが、バーゼルⅡでは債務者格付、デフォルト確率などに応じて所要自己資本がキメ細かく規定された分、プロシクリカリティが大きくなった。特に、トレーディング勘定における市場リスクについて、VaR（Value at Risk）が、金融市場のボラティリティが少ない好況期には小さく、反対に金融危機にはボラティリティが大きくなるので、プロシクリカリティが生じる。

このようなプロシクリカリティ問題に対応するために、バーゼルⅢには種々のプロシクリカリティ緩和策がとられている。TierⅠ資本の質・一貫性・透明性の向上、補完的指標としてのレバレッジ比率の導入、景気連動性を抑制するような最低水準を上回る資本バッファーの枠組みの導入、などである[1]。

バーゼルⅡなどの伝統的な金融規制は、個々の金融機関の健全性確保を目的としたミクロ健全性規制（micro-prudential policy）であるが、これでは不十分だとして、金融システム全体の健全性を目的としたマクロ健全性規制（macro-prudential policy）が重要とされてきた（図表13-1参照）。これは金融システム全体の健全性維持を目的として、金融機関間あるいは金融機関と金融市場の相互作用を通じて、金融危機につながりかねない不均衡が金融システムに累積するのを防止するものである。

1　詳細は小野〔2009〕参照。

図表13－1　マクロ・プルーデンスとミクロ・プルーデンス

	マクロ・プルーデンス・ポリシー	ミクロ・プルーデンス・ポリシー
直接的な目的	金融システム危機を抑制	個別金融機関の経営危機の抑制
最終的な目的	金融システム不安によるGDP低下の回避	消費者・投資家・預金者保護
リスク特性	集団的行動に依存（内生的）	個別主体の行動は互いに独立（外生的）
金融機関間の相関共通エクスポージャー	重　要	あまり重要でない
健全性維持の対象監督経路	システム全般のリスクトップ・ダウン	個別金融機関のリスクボトム・アップ

(4) 協同組織金融機関とプロシクリカリティ問題

　自己資本比率規制は協同組織金融機関についても適用されている。したがって、協同組織金融機関の貸出行動等についてもプロシクリカリティの問題は生じる。しかし、自己資本比率規制は国内基準であること、また信用リスク算出方法は標準的手法であること、市場リスクは少ないことなどから、協同組織金融機関によるプロシクリカリティ問題は小さいものと考えられる。

　特に、所要自己資本の算定にとって重要な債務者格付、デフォルト確率（Probability of Default：PD）、デフォルト時損失率（Loss Given Default：LGD）などの変動は、協同組織金融機関の場合は一般の銀行よりも小さいと考えられる。これは、協同組織金融機関の目的関数が短期的な利潤極大ではなく、相互扶助による企業育成・企業存続支援にあることによるものである。一般の銀行であれば、利潤確保・損失回避から引き上げてしまう融資であっても、協同組織であれば、継続して支援することを行っている。

　この点は、家森・金融審議会「協同組織金融機関のあり方に関するワーキング・グループ」報告（2008年5月30日）が「協同組織金融機関はぎりぎりまで支えようとする」と指摘したことと平仄をあわせるものである。こうし

たスタンスは、協同組織金融機関の経営としてはマイナスの効果をもつ可能性があるが、危機の時に融資を引き上げないという行動がプロシクリカリティ問題を緩和する効果をもっていると考えられるのである。

2 ゲーム理論による説明―協同組織金融機関の存在意義―

(1) 異なる目的関数をもつ経済主体の存在

協同組織金融機関の存在意義を考えるとき、ゲーム理論的視点が重要である。ゲーム理論によれば、異なる目的関数をもつ経済主体が存在することによって、市場が効率的になることが知られている。この点については、公的金融と民間金融が存在する金融システムの問題として多くの研究がある（井出・林〔1992〕、鈴村〔1990〕、吉野・藤田〔1996〕など）。官民均衡・民民均衡などが理論的に整理されてきた経緯がある。

ゲーム理論的には、相手の行動を予測して自らの行動を決める場合には（たとえば、互いに相手の貸出額を不変と予想して自らの貸出額を決め、互いに協調しない場合など）、クールノー＝ナッシュ均衡が成立する（たとえば、自分の貸出を増やしても利益があがらない）ことが知られている。このクールノー＝ナッシュ型競争に目的関数の異なる主体が参加しても、必ずしも社会的厚生を高めることにはならない。

しかし、異なる目的関数をもつ主体が、相手の行動を正確に推測して、シュタッケルベルグ・リーダーとして行動する（たとえば、金利を優位に設定するとか、公共性を発揮するなど）と社会的厚生は高まることが知られている。すなわち、協同組織金融機関が非営利性ないし協同組織性を目的関数として、株式会社組織の金融機関の行動を正確に推測して行動すれば、金融システムにおいて一定の役割を果たすことが期待されるのである。いうまでもなく、協同組織金融機関がいかにすれば、シュタッケルベルグ・リーダーとして行動できるか、という点がポイントである。

このように、異なる行動原理をもつ主体が市場に存在することだけでは、社会的厚生は高まらないが、一方がシュタッケルベルグ・リーダーとして行

> **コラム　クールノー＝ナッシュ均衡とシュタッケルベルグ均衡**
>
> 　目的関数が異なる主体が存在する場合として、たとえば、ある市場に民間企業と公企業が存在するケースを考えてみよう。この民間企業と公企業とが相手の行動を予測しつつ行動するときには「クールノー＝ナッシュ均衡」（互いに他の生産量を不変と予想するときに成立する均衡。双方ともに受動的に行動する）が成立する。
>
> 　すなわち民間企業は利潤極大行動をし、相手の行動を受動的に受け取る（反応関数）とする。一方、公企業は社会的厚生を最大化し、公的関心度（social consciousness）を最大化しようとする（目的関数は $Z=\alpha\pi+(1-\alpha)W$）。ここで、$\alpha=0$ ならば公的関心度が最大となるが、$\alpha=1$ ならば公的関心度はなくなる。もし、公企業が社会的厚生への配慮を含めてクールノー＝ナッシュ型競争に参加しても、$\alpha=1$ に近い状況ならば、社会全体の厚生は改善されず、いわゆる民民均衡と同じになってしまう。
>
> 　これに対して、「シュタッケルベルグ（Stackelberg）均衡」（公主導型。すなわち、公の行動に対する民間の追随的行動を考慮する）を考えると、$W(0)>W(1)$ となる。つまり公が社会的厚生への配慮を含め、シュタッケルベルグ・リーダーとして行動すれば、民民均衡よりも社会的厚生は改善されることになるのである。

動すれば社会的厚生は高まるのである。上記コラムの α を公的関心度（social consciousness）とすれば、公的金融機関の存在によって社会的厚生最大化となる。同様に、α をメンバーの利益最大化と考えれば、協同組織金融機関という非営利・中間法人（営利・公益も目的とせず）の存在が、預貸金市場を効率的にする可能性がある。

　このように目的関数が異なる主体の存在があり、なおかつ利潤極大でない目的関数をもつ主体がリーダー的に行動することによって、社会全体の厚生が高まることが期待されるのである。

(2)　協同組織金融機関と金融システム

　金融システムといっても、アメリカ型、ヨーロッパ型などいくつかのタイプがある。現在の日本型システムが指向していると思われるアメリカの金融

システムのプレーヤーは、主に営利法人である商業銀行で、相互組織であるS&Lも株式会社形態が多くなっているように、営利組織に近い存在になっている。非営利の協同組織形態としては、クレジットユニオンと農協系の協同組合銀行のグループにすぎず、その資金シェアは小さい。郵便貯金は1967年に廃止されており、政府系金融機関は存在しているものの、その資金調達は基本的には市場調達である（連邦資金調達銀行が財務省から借入れの形態をとるが、その原資は財務省の国債発行によるものが多い）。

これに対してヨーロッパの金融システムは、ドイツ流のユニバーサルバンクに代表されるように、業務面での自由化が進んでいるが、いわゆる間接金融の担い手である狭義の金融仲介機関は、商業銀行グループ、貯蓄銀行グループ、協同組織金融機関グループ、の3つに大別される。株式会社組織である商業銀行グループのほかに、これを補完するかたちで貯蓄銀行・協同組織金融機関が存在するのが一般的である。

協同組織金融機関は、国によっては基本的にメンバーシップにのっとり、非営利の経営を行っているが、ヨーロッパの土壌のなかで他の金融機関と同質化してきている。たとえば協同組織金融機関のなかには、員外からの預金吸収には制限がないものの、貸出についても員外を制限しないものも多いことがあげられる。さらにヨーロッパの協同組織金融機関には、税制・補助金等の面で特別の優遇措置を受けていない場合も多い。

したがって、日本の金融システムは郵便貯金や協同組織金融機関のシェアの小さいアメリカ型ではなく、むしろヨーロッパ大陸型に近いのである。図表13－2のように、ディスクロージャーはヨーロッパでは積極的ではないし、預金保険の活用も盛んではない。日本型システムの特殊性（問題処理の密室性や行政の不透明性、弱い検査機能など）は、アメリカのシステムに比べてのものであり、日本特殊論はややアメリカ・サイドに偏しているきらいがある。

日本の金融システムを考えるとき、営利組織にはアメリカ型を追求するとしても、非営利組織をいかに市場型システムと整合的にソフトランディングさせるかが重要で、ヨーロッパ型システムからも学ぶべき点が多くあろう。金融システム論として、営利組織と非営利組織のバランス、機能分担などが

図表13-2　金融規制のタイプ

	ディスクロージャー	預金保険	LLR
アメリカ	○	○	△
イギリス	△	×？	○
日　本	△	×？	○
ドイツ	×	×？	○
フランス	×	×？	○

（注1）　LLRとは、中央銀行の最後の貸手機能のこと。
（注2）　○：積極的、×：禁止あるいは否定的、×？：制度はあるがあまり利用せず、△：○と×の中間。
（出所）　『金融経済研究』第9号（1995年7月）83頁

十分議論されてこなかった点に、住専問題の一端があるともいえよう。ただ、ヨーロッパでも営利組織金融機関のリテールシフト現象は存在しているが、協同組織金融機関への影響は大きいものではない。

　ヨーロッパ型システムの特色を解明することが今後の課題であるとしても、いくつかのヒントはある。大久保〔1995〕は、イングランド銀行は、経営困難に陥った銀行の支援についてできる限り秘密にすること、支援の有無について明確な基準はなく事前に予測しえないようにすることが重要とされていること、検査官の数も多くないこと、などを指摘している。

　特に銀行と当局の関係について、①国内の銀行も国外の銀行も取扱いが同じで、当局は銀行の育成にも配慮する、②銀行経営には規律と自己管理が重んぜられる、③当局との意思疎通が重んぜられる、④規則は状況に応じて柔軟に適用される、⑤問題は密室（behind the scene）のうちに処理される、という特色があり、イギリス型システムは日本型に近いといい、他のヨーロッパ諸国でも同様であるという。むしろアメリカ型システムは訴訟社会を反映しコストがかかりすぎること、を論じている。

　金融システムとして考えると、すべてアメリカ型のシステムにするのがよいとも思われず、協同組織金融と公的金融を併存させる金融システムについての方向づけが重要である。この点で、ヨーロッパ型システムは参考にすべ

きであるし、高齢社会を日本よりも先に体験している国の経験に学ぶことも多いはずである。

　ただし、注意しておくべきポイントとして、ヨーロッパ型社会の安定性ないし成熟性は評価されるべきであるが、はたしてダイナミックな社会であるか、は問うておく必要があろう。金融の世界でもデリバティブに代表される先端分野はマネーセンターであるニューヨークの主導性が大きく、先進的なところに鞘寄せしておくことは重要な視点でもある。日本のシステムの方向としては、アメリカ型の透明性・競争メカニズムとヨーロッパ型の多様性を統合したシステムなのであろう。

　金融システムにおける対抗力として協同組織金融機関を考える場合には、協同組織金融機関を全体としてみる視点も考慮されるべきである。たとえばドイツのDZグループは、商業銀行・貯蓄銀行と並んで3大ユニバーサルバンク・グループを形成し、預金シェアでは約22％、貸出シェアでは約20％弱のシェアをもつが、制度的には1970年代に信用組合系と農協系が統合され、業務上の区別はなくなった。さらに、3段階組織を2段階にするなどの組織改変を行う一方、70年代初頭には7,000ほどあった組合数が90年代に半減したように合併等も積極的に行い、他業態との競合に対応している。

　ドイツの例にみるように、協同組織金融機関の統合も1つの選択肢であり、その前段階に中央機関の統合といった方向もありえよう。他方、純粋NPO金融機関として残ることも考えられ、たとえば職域・業域の信用組合は共助・共済組合的方向を目指すことになるのではないか。なお、いわゆる純粋NPOとして「市民バンク」的方向もあるが、市民事業のベンチャー支援ともいえるもので、マス的には小さなものにとどまるであろう。

(3)　ゲーム理論と協同組織金融機関

　ゲーム理論的には、協同組織金融機関が一般の銀行と異なる目的関数をもって行動する限り、経済的厚生を高めることが明らかである。すなわち、信用金庫が銀行とは異なる行動をとる限り、その存在意義があるといえる。銀行と同じような行動をとれば、ナッシュ均衡に近づき、経済システムへの貢献は低くなる。しかし、中小企業金融で主導的な立場をとり、積極的にリ

スクをテイクする行動に徹し、銀行に対してシュタッケルベルグ・リーダーとして行動すれば、中小企業金融市場の活性化を促し、その存在意義は大きいものと理解されよう。

このように、協同組織金融機関が一般の銀行と異なる行動をとるということは、経済的厚生を高めるとともに、プロシクリカリティ問題を緩和する効果をもつのである。ゲーム理論による協同組織金融機関の存在意義の確認の議論は、プロシクリカリティ問題において協同組織金融機関が一般の銀行と同じ行動をとらないことによって、その緩和効果をもつことと整合的ないしコインの裏表の関係にあるものと考えられる。

3 リレーションシップバンキングと信用金庫
　　―非効率性―

(1) 地域金融の担い手

信用金庫の目的関数が一般の銀行と異なるということは、その非営利性・相互扶助の特性からして、効率を追求していない可能性がある。いわば非効率性を抱えているのである。別言すれば、利潤極大行動をとっていない可能性があり、長期費用曲線上（包絡線）で行動していない可能性が高い。このような観点から信用金庫の行動を検討する。まず、リレーションシップバンキングのコンテクストで考えてみたい。

「地域の中小企業への金融の円滑を果たすための有効な手法としてリレーションシップバンキングを理解すると、その中心的な担い手として期待されるのは、いわゆる中小・地域金融機関、すなわち地方銀行、第二地方銀行、信用金庫、信用組合であると考えられる」―金融審議会金融分科会第二部会報告書「リレーションシップバンキングの機能強化に向けて」（2003（平成15）年）―の表現のように、地域金融の担い手は地域金融機関と呼ばれ、すでにみたように地方銀行・第二地方銀行という地域銀行と信用金庫・信用組合という協同組織金融機関がこれに相当する。地域金融機関は法律用語ではなく、慣用的な表現である。地域金融機関というのは、一般的には、限定された営業地域の中小企業や個人を主な顧客にしている金融機関の総称という

ことになる。メガバンクは、地域においても営業しているので地域金融機関の側面ももつが、地域金融機関とはいわない。

　地域金融機関といっても、広域型の地方銀行・第二地方銀行は、融資先に制限もなく地域の大・中堅企業取引はもとより、地域でホールセールも行うほか、東京にも支店をもち、マネーセンター機能をも有する地域の中心金融機関である。これに対して、信用金庫・信用組合等はその狭域の地域を離れられず、融資先を限定され（信金で資本金6億円以下、従業員300人以下、融資限度15億円以下）、東京事務所もなく、地域に密着した運命共同体的関係を義務づけられている狭域型組織である。

　この点で、地域を離れられない狭域型の地域金融機関こそ地域金融の担い手そのものかもしれず、協同組織金融機関こそ本来の地域金融機関なのかもしれない。信用金庫は、地元の中小企業・個人・地元社会に貢献することを義務づけられており、会員制度を使うことにより、裾野金融という貸し手と借り手の間の情報の非対称性が大きい分野において、銀行の審査とは違った人縁・地縁というヒューマン・リレーションシップによる情報生産で非対称性を解消し、金融サービスを供給しているのである。

　株式組織の銀行では目の行き届かない小規模企業、ベンチャービジネス、スタートアップ企業等の掘起こしと支援、地域の住民をも含むキメ細かくかつ効率性だけでは割り切れない金融サービス、情報提供等の非価格サービス等がヒューマンタッチで供給されることも、信用金庫の役割である。短期的利益がなくとも、スタートアップ・ベンチャー企業が育つなど長期的にプラスであればよく（短期的に貸出金利が調達コストを吸収できなくても、長期的に平準化されることなども含まれる）、効率性のみに左右されないのが信用金庫の特色であろう。

(2) 信用金庫のリレーションシップバンキング①

　信用金庫は、その会員になることで融資を受けることができる相互扶助性をもつ協同組織である。会員になるには、個人事業者の場合は常時使用従業員数300人以下、法人事業者の場合は常時使用従業員数が300人以下かつ資本金が9億円以下、という条件があるほか、1融資先に対する限度額は、1998

図表13－3　信用金庫の会員資格の推移

1951（昭和26）年6月 （信用金庫発足）	従業員100人以下	
1952（昭和27）年5月	同300人以下	
1968（昭和43）年6月	同または資本金1億円以下	
1973（昭和48）年7月	同または資本金2億円以下	
1981（昭和56）年6月	同または資本金4億円以下	
1987（昭和62）年4月	同または資本金6億円以下	
1993（平成5）年4月	同または資本金9億円以下	

（平成10）年12月から信用金庫の自己資本の25％相当額となっている（図表13－3のように会員資格は拡大されてきた）。ただし、700万円以内の小口融資などについては、会員以外の利用も可能である。

　預金受入れに制限はなく、すでに繰り返し述べたとおり信用組合のように員外預金という制約はない。したがって会員制は、融資サイドのみに存在するので、「片肺の協同組織」と呼ぶこともできる。しかし、その出自はあくまで中小零細事業者の相互扶助であり、営利追求ではない。現在もその理念は受け継がれ、法令（認可事項の定款に記載する）で限定された地域において、狭域高密度といわれる戦略を武器に営業している。つまり、たとえば、支店の周囲500メートルの事業所・家計をすべて対象に、個々の取引先の金融的ニーズをすべてカバーすることを意図して事業展開しているのである。

　その際、収益を目標とするのではなく、地域社会への貢献を眼目に置き、その実現として金融サービスの提供を行っている。無論、まったく採算のとれない先への金融サービスの提供はありえないとしても、たとえば、融資によって当該企業が経営的に回復するとか、融資に伴う経営支援・経営相談を行うことによって、いずれは採算ベースに乗ることなどを重視している。

(3)　信用金庫のリレーションシップバンキング②

　信用金庫のリレーションシップバンキングについては、ある融資先で他の事業主を紹介してもらい、その情報を活用して新規開拓を行うことが多いといわれるように、人縁と地縁を活用した営業活動として行われてきた。渉外

活動を中心とするので、「足の金融機関」（フットワークの金融機関）ともいわれる。渉外担当・融資担当が対面取引を通じて集積・蓄積したソフト情報が信用金庫の情報生産活動である。信用金庫が、「フットワーク、ヘッドワーク、ネットワーク（中央機関である信金中央金庫グループがある）の金融機関」といわれるゆえんでもある。

信用金庫の利用者は、会員資格を制限されており、会員が増資をして9億円超の資本金になったり、従業員が300人超になったりすると、信用金庫からの融資は得られなくなる。しかし、これでは信用金庫の経営が成り立たないので、「卒業生金融」という手法が整備されている。

卒業生金融は、長年にわたって信用金庫の会員として取引のあった事業者が、会員資格の範囲を超えて成長したからといって、直ちに会員としての融資を受けられなくなるのは適当でないとして、過去一定期間会員であった事業者は、会員資格の範囲を超えて成長しても、その後一定期間に限り、引き続き融資できるよう信用金庫法施行令第8条で規定しているものである。卒業生金融の取扱いは、
・会員であった期間が3年以上5年未満の場合、脱退のときから5年間
・会員であった期間が5年以上の場合、脱退のときから10年間
というものである。信用金庫業界は卒業生金融の期間の撤廃を求めていたが、大蔵省金融企画局時代に措置困難とされている。

(4) 脱相互化と中央機関の存在

欧米では、「脱相互化」（相互組織の株式会社化）という、相互組織形態の金融機関が株式組織化する動きが相次いでいる。これは、市場型金融システムのなかで、資本調達、コーポレートガバナンスや他の金融機関との統合などの際に、相互組織であることが制約になるためであるといわれている。

アメリカの貯蓄貸付組合（Savings and Loan Associations：S&L）やイギリスの住宅金融組合（Building Society：BS）などがその典型であり、諸外国の生命保険相互会社でも株式会社化が進んでいる。特に、協同組織に近いといわれるS&LやBSが株式組織化したのは、協同組織に存在する系統中央機関がないからと思われる。

市場型システムでは、市場運用・外部監視・情報開示などが重要とされるが、個別の相互組織金融機関ではこれらに十分対応できない。系統中央機関が、ネットワークの経済性を活かしつつ市場取引を行う一方、個別機関への監視・経営相談・破綻防止策などを行えば、協同組織全体としてみれば、高い効率性・健全性をもつ金融グループになる。相互組織が系統中央機関をもたなかったため、業界上位の機関への統合が進んだり、他社・他業態からの乗っ取りにあったりしたのである。

　信用金庫業界は、前述のように「経営力強化制度」を2001（平成13）年4月に導入しているが、これは個別金庫から経営に関する資料提出を受け、信金中央金庫が客観的に経営分析を行い、その結果から経営相談を行う信用金庫を抽出し、経営相談を実施するもので、その結果、資本増強が必要な場合には経営健全化計画提出や実地調査を経て資本供与も行うというスキームとなっており、いわば資本注入策でもある。

　こうした制度が設けられたのは、信用金庫では自己資本充実策が出資金と諸積立金に依存し、その充実が困難という協同組織の制約を免れないからでもある。経営分析では、単に自己資本比率だけで判断するのではなく、自己資本の中身（負債性資本の多寡など）も検討するという。さらに信金中央金庫は、風説の流布などにより一時的に預金の払戻しが急増した信用金庫に対して、流動性資金を供給する緊急融資制度を整備している。

(5)　中央機関や郵便局との連携

　このように、自己資本充実策が株式組織のように十分ではない協同組織の場合、自己資本増強に系統中央機関が関与する方式が重要となる。また、個別機関に系統中央機関が種々の相談・支援・監査などを行うことはコーポレートガバナンス上も重要である。

　協同組織金融機関はもともと、不採算性を内包しており、非営利性が強く、市場型金融システムのなかでは存続する価値は大きい半面、生き長らえるには相当の努力が必要となる。市場の論理とはなじまないからこそ協同組織は存在意義が発揮できるからである。そこで、市場型システムのなかでは、協同組織部門が協同・協力してセーフティネットを整備することも課題

であろう。中央機関同士が負債性資本を持ち合うといった工夫も必要となる。

　市場型金融システムの構築が進んだ諸外国では、「金融排除問題」という新たな課題に取り組んでいる。たとえば、金融機関の統合や合理化によってアクセスポイントとなる店舗が廃止・統合されて取引機会がなくなる、手数料引上げ・最低預入金額の引上げなどによって口座を開設できない層が多くなっている、金融機関が良質な金融サービスを提供する層を限定して一般の顧客層には提供しない、といった問題が起こっている。金融サービスの利用が制限されているのである。これに対応するために、一度民営化した郵便局のネットワークを、膨大なコストをかけて再度公的に利用することが多くの国で模索されている。

　協同組織、特に信用金庫が、金融排除問題を未然に抑制する日本の金融システムのセーフティネットとして機能することが期待される。そのためには、郵便局ネットワークと提携し、たとえば郵便局を信用金庫の代理店舗として活用することなどは視野に入れることも必要である。

(6) 信用金庫の非効率性

　これまで、地域金融機関としての信用金庫の業容を検討してきた。近年は、預金量の伸びが堅調なわりに貸出の伸びがそれほどではなく、預貸率の低下という業界としてはむずかしい課題を背負っている。これは地域の衰退をもろに被っているともいえ、地域金融機関の宿命でもある。半面、貸出の減少は、資産の縮小となり、リスクアセット・ベースの自己資本比率は上昇するので、健全性は一見高く、格付も高くなるという奇妙な状況も生まれる。

　地域の景況・衰退の影響を受けるとはいえ、信用金庫の課題は与信能力の向上、つまり貸出先の開拓である。新規企業を見出すなどのまさに「目利き」の要請が喫緊の課題である。リレーションシップバンキングそのものをビジネスモデルとしているにもかかわらず、必ずしもその機能を十分に発揮しているとは言いがたい。

　信用金庫はその出自からして小規模事業者を取引対象とするので、信用リ

図表13-4 信用金庫のX非効率性

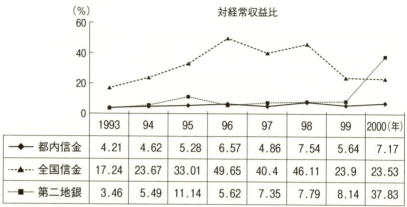

	1993	94	95	96	97	98	99	2000(年)
都内信金	4.21	4.62	5.28	6.57	4.86	7.54	5.64	7.17
全国信金	17.24	23.67	33.01	49.65	40.4	46.11	23.9	23.53
第二地銀	3.46	5.49	11.14	5.62	7.35	7.79	8.14	37.83

(出所) 峯岸〔2003〕79頁

スクが高くなるが、そのリスクに十分対抗できていない状況かもしれない。そこで、信用金庫がリスク負担をいかに行ったのか、代理変数としてライベンシュタイン流のX非効率性（X非効率性の値は、費用関数を念頭に置き、最小平均費用の水準と実際の平均費用の水準がどれくらい離れているかの値を合計したもの。峯岸〔2003〕）の計測を行ったところ（図表13-4参照）、全国の信用金庫でみると、かなり非効率性を抱えていることがわかり、地域密着型のソフト情報を収集・蓄積する情報生産を行っていることが推測される[2]。

ただし、東京都内の信用金庫の場合、X非効率性は第二地方銀行と同水準であり、効率性の追求は行われているものの、直ちにリスク負担を回避しているかは不明であり、おそらく他業態との競争が激しいのでリスク負担は大

---

[2] 信用金庫の効率性の分析については、播磨谷〔2004〕、筒井〔2004〕〔2005〕などがある。播磨谷は信用金庫には効率性が低いことを指摘している。筒井は経費率のように規模の経済性を含む効率性指標をとった場合、効率性仮説を支持する結果が得られたとする一方、経費率から規模の経済性を除外した指標を使ったり、フロンティア費用関数を推定した非効率性を使ったりした場合には、その後の貸出変化との相関は小さく、効率性仮説は支持されなかったとし、効率性仮説の可否を判定するには効率性の定義として、規模の経済性を含めるべきかを検討する必要があるとした。ただし結論的には、効率性仮説においては、規模の効率性も含めたトータルな効率性を考えるべきで、効率性仮説が支持されたと結んでいる。なお、地方銀行の効率性の分析については、藤野〔2004〕がある。

きいと推測される。いずれにせよ、信用金庫は相応のリスク負担を行っているものと推測され、その預貸率の低下のかなりの部分は地域経済の低迷による可能性が高いものと考えられる。

4 法的起源論と協同組織

(1) 法的起源論

1990年代後半以降、「法と金融」をテーマとした論文がいくつか発表され、計量経済学手法によって、各国の金融システムを法制・会計制度・債権者保護・株主保護などから明らかにし、大陸法（シビル・ロー）由来と英米法（コモン・ロー）由来とでは、その制度的な有効性が異なることを示した「法的起源論」が盛んになった。

法律分野、特に比較法が法系論などとして議論された時期があり、英米法対大陸法の相違が所有概念などをめぐって展開されてきた。法的起源論は、この比較法の分野に一石を投じるもので、法律学者によって種々の議論が行われている。

これに対して経済学の分野では、経済発展に対して、シビル・ロー由来の国々とコモン・ロー由来の国にとではどちらが有効か、その結果として銀行型の金融システムと市場型の金融システムとではどちらが望ましいか、などといった議論が、Allen and Gale〔2000〕や世界銀行の研究スタッフなどによって展開された。最近は世界銀行の*Doing Business Report*でも同じような視点で議論が行われており、各国の経済的なランキングが公表されている[3]。

法的起源論では、平時にはコモン・ロー由来の金融制度—その典型としての市場型金融システム—のパフォーマンスが高いが、リーマン・ショック以降の世界金融危機などのような有事にはシビル・ロー由来の銀行型システムの頑健性が高いことも示されている。日本の金融システムは、このような議論では銀行型システムと整理されるが、たしかに世界金融危機で日本の金融

---

[3] 村本〔2005①〕第9章参照。

システムは欧米に比べて深刻な影響がなかったことは、すべてではないにせよ、その傍証かもしれない。

この法的起源論からすると、シビル・ロー由来の国では、協同組織金融機関の存在の比重が高く、コモン・ロー由来の国ではその比重が低いという仮説が妥当する可能性が高い。

(2) 大陸法（シビル・ロー）と英米法（コモン・ロー）

法学では比較法学[4]という分野があり、なかでも法制度を英米法（コモン・ロー）対大陸法（シビル・ロー）というように区別する法系論という考え方がある。法系論[5]は、世界に存する無数の法秩序（法域）を、なんらかの類似点を基準として分類することを試みる学問である。代表的な法系としては、コモン・ロー、シビル・ローがあげられ、松尾〔2011①〕によると、両者について次の5つの特徴があげられるという[6]。

① 法形成の方法における歴史的相違……シビル・ローはローマ法からの影響を強く受け、大学での研究・教育を通じて分析・体系化されたのに対し、コモン・ローはイギリスの国王裁判所の裁判の蓄積を通じた慣習法の統一により成立し、法曹学院（Inns of Court）の法曹養成を通じて継承された。

② 法的思考法における特徴的な相違……シビル・ローは、その素材としてユスティニアヌス法典の中心部分を占める学説彙纂（Digesta）が学説集であることから大きな影響を受けている。すなわち、法学説は、具体的な個

---

[4] 五十嵐〔2010②〕によれば、比較法学とは、種々の法域における法秩序全体、またはそれを構成する法制度や法規範の比較を目的とする法学の一分野としている（1頁）。ただし、比較法の厳密な定義については、比較法学者の間で意見の一致はしないと指摘している（3頁）。

[5] La Porta et al.〔2008〕は、法系の分類の基準について、①法システムの歴史的背景と発展、②法源の理論と優劣序列、③法律家の方法論、④使用される法的コンセプトの特徴を基準にしている。このアプローチに基づいて、「法伝統」（legal tradition）である大陸法と英米法を確認している。また、法系（legal families）と法伝統を区別し、大陸法と英米法を法伝統とし、大陸法の下位にあるグループの区分に際し、「法系」としている。一方、五十嵐〔2010②〕は大陸法と英米法を法系とし、大陸法の下位のグループについて「法群」という名称を使用している。

[6] 松尾〔2011①〕182～184頁。

別規範から、抽象化によって規範の一般化と体系化を行い、欠缺と矛盾のない抽象的な規範の体系として法をとらえる。裁判官の法適用はこうして抽象化された規範を大前提として、個々の事実（小前提）に当てはめ、結論を導き出す演繹的な包摂作業、いわゆる論理的な三段論法としてとらえられる。法が存在しないときは既存の法の解釈によって補完される。

これに対し、コモン・ローは、具体的事件の裁判の蓄積により、類似事件の諸先例の判決理由（ratio decidendi）から見出される個々の諸原則（principle）こそが法規範であり、個々の法概念と法規範が統一化されずに併存する傾向がある。そうした個別規範は裁判官によって発見されるべきものであり、法が存在しないときは裁判官によって創造される。

③ 法的思考方法の相違……シビル・ローでは、所有権概念が統一化され、権利の体系が構築されており、物権と債権の区別、実体法と手続法の分離が進んでいる。これに対し、コモン・ローでは多様な所有権概念や不法行為の類型、訴権的な救済方法が併存している結果、手続法から実体法の分離が完全ではなく、物権と債権の区別も明確でない。

④ 法源の相違……シビル・ローでは議会制定法が典型的で中心的な「法」ととらえられ、判例（法）はそれを補完するものと位置づけられる。これに対し、コモン・ローでは判例の集積における判決理由のなかから見出される個々の諸原則（principles）から形成される判例法こそ中心的な「法」であり、制定法はそれを補完する。

⑤ イデオロギーの相違……シビル・ローとコモン・ローは、キリスト教的倫理、自由主義ないし資本主義、民主主義、個人主義のイデオロギーを同じくするとの見方がある一方で、シビル・ローに見出される社会経済的な規制を伴う資本主義と、自由な市場原理を強調する（特にアメリカの）資本主義とはイデオロギーが異なるとの指摘もある。

La Porta et al.〔2008〕は、世界各国の法的起源[7]について各国の会社法（商

---

[7] 松尾〔2011①〕によれば、法的起源（Legal Origin）は、各々の法システムの歴史的発展経緯、それに基づく法源、法律家による法の解釈・運用方法、法概念の特色を意味し、そうした歴史的動態の要素を含む「法系」ないし「法伝統」と実質的に同義を用いられているとされている（181頁）。

法）の特徴に基づいて整理し，主にコモン・ローとシビル・ローの2つの法伝統に分類した。さらに，コモン・ローはイギリス，アメリカに由来し，シビル・ローはフランス，ドイツ，スカンディナビア，社会主義国をその由来としている（図表13－5参照）。

コモン・ローの法伝統は，イギリスとイギリスの植民地にあった国の法にみられ，市場に介入する王の権限を制限するために，土地の特権階級や商人が財産や契約上の権利に強力な保護を与える法システムを必要とすることから発展した。

一方，シビル・ローの法伝統は，最も古く影響力があり，世界中に広がっている。ローマ法を起源としているが，フランスのシビル・ローは，19世紀初期に書かれたフランス革命とナポレオン法典を起源としている。コモン・ローとは対照的に，財産権を保護するために国家権力を使うことを望み，司法が介入しない保証を求めて発展した。ドイツの法伝統もローマ法を基礎としているが，ドイツの商法典はビスマルクによるドイツ統一の後，1897年に制定された。フランスと手続的な特徴を多く共有しているが，司法的な立法に適応している。スカンディナビア法伝統はシビル・ローの法的起源の一部

図表13－5　世界各国の法的起源（分布図）

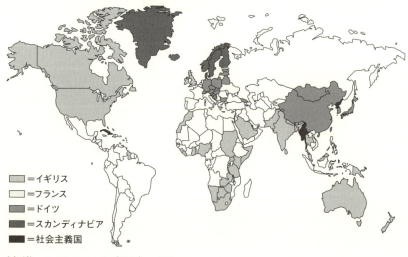

（出所）　La Porta et al.〔2008〕p.289.

としてみなされるが、フランスやドイツの法伝統よりローマ法からの派生が少ない。社会主義の法伝統は旧ソビエト連邦が起源であり、ソビエト連邦、東ヨーロッパを中心に広がった[8]。

(3) 法的起源論―LLSV仮説―

a LLSV仮説

法系論は、20世紀後半に全盛を極めたが、1980年代後半から批判の対象になり[9]、近年では法系論の必要性について疑う論文も発表されている。しかし、法的起源論者と称されるLLSV仮説がアメリカの経済学者等によって提唱され、法系論は再び注目を浴びることになる[10]。

彼らは計量経済学の手法を用いながら、経済発展と法伝統や法的起源の関係について検証を行った。具体的には、コモン・ローとシビル・ローの対比を中心に議論を展開し、大陸法に対して英米法に属する国家の経済発展の優位性を論じている。法制度は経済発展に影響を与えるという仮説を検証するために計量経済学の手法を用いた分析には大きな反響があり、その1つの例として世界銀行のLLSVの手法を用いて2004年より公表している*Doing Business*レポートがある。

*Doing Business*レポートは、下位の諸国に対して法の改革を促すためにランキングを行っており、ランキングづけの際に法的起源論者の手法を用いて計量的分析を行っている。その結果、コモン・ロー諸国が上位に位置づけられ、大陸法諸国が低い結果となっている[11]。当然のことながら、この結果に対してはフランスの比較法学者から批判が巻き起こっている[12]。また、比較法学者の間での法系論に対する最近のとらえ方としては、両者の差は技術的なものにすぎず、今後は相違を自覚したうえで統一の方向に向かうと考え

---

8 La Porta et al.〔2008〕pp.288〜290.
9 五十嵐〔2010②〕184〜185頁。
10 LLSVは、一連の論文の共著者であるLa Porta, R., Lopez-de-Silanes, F., Shleifer, A., Vishny, R.の頭文字をとったものである。
11 *Doing Business 2014*のランキングでは、1位シンガポール、4位アメリカ、10位イギリスとなり、フランスは38位という結果になっている。なお、日本は27位、ドイツは21位という結果である（http://www.doingbusiness.org/rankings（2014年3月1日アクセス））。

られている[13]。

　法的起源論や世界銀行の*Doing Business*レポートが開発した統計学的比較法には多くの欠点があるが、その多くは改善可能であり、比較法の立場からみても捨て去るべきではなく、今後の比較法の発展にとって経済学との協調はますます必要である、というのが法的起源説に対する多くの比較法学者の差し当たりの見解である、と五十嵐〔2010②〕は整理している[14]。

b　LLSV仮説に対する反論

　法的起源論はフランス型のシビル・ロー諸国の経済パフォーマンスや政府の質を低く評価する結果となったことから、さまざまな反論が起きている。五十嵐〔2010①〕は、フランスの比較法学者による法的起源説に対する反論として2つの代表的な反論をあげる。

　1つは、アンリー・カピタン協会による「渦中にある大陸伝統の法──世界銀行の*Doing Business*レポートに関連して」という反論である。シビル・ローとコモン・ローの2つの法系論に立つ同レポートに対し、両者は歩み寄っていると批判し、シビル・ロー、特にフランス法の優越性を質的優越性から論じている。もう1つは、フランスを代表する比較法学者であるFauvarque-Cosson and Kerhuel〔2009〕の「法は経済コンテクストか」があげられる。彼らはアンリー・カピタン協会の反論とは異なり、法の経済的分析は評価し、今後両者は密接な関係を保つべきだと主張している。

　フランス以外の反論としては、Pistor et al.〔2003〕により指摘された「移植効果（transplant effect）」があげられる。彼らは、政府のパフォーマンス

12　五十嵐〔2010②〕によれば、LLSVの研究に対しての比較法学者による法系論の見地からの批判は、①法的起源説論者は、法をもっぱら制定法（law and regulation）ととらえたが、今日の比較法は、慣習法や判例を考慮しなければならない、②比較法の世界ではいささか流行おくれとなった法系論を取り上げたこと自体に対する批判がある、③世界の法を大陸法と英米法に二分したのが最大の問題であり、今日の比較法では、種々の見解はあるものの、大陸法と英米法の差は次第に収斂しつつあるという見解が支配的である、といったものである。このような見地からすると、法的起源論は初期の法系論に固執し、両法系以外の法系を無視したのは問題である。法的起源論者の法系論には、西欧中心主義、さらにはアメリカ中心主義であることを否定できないと、五十嵐〔2010①〕は指摘している（298～302頁）。

13　五十嵐〔2010②〕224～226頁。

14　五十嵐〔2010②〕302頁。

（およびそれを介した経済パフォーマンス）を規定するのは、LLSVが着目した法制度の起源—すなわち法的起源—よりも、それを継受した国家の国内事情や慣習法を含む既存の法制度やその結果としての法制度の適用過程を重視すべきであり、法制度の起源の重要性に疑問を呈し、法制度を必ずしも完全ではなく、受入諸国の事情や慣習に応じて適応し、進化していくべき存在としてとらえた。

　ある国が法制度の移植を受ける場合の受入国側の移植プロセスに着目し、受入国に既存の法制度が存在するものの、移植された法制度をその国の事情に応じて適応させることができる場合（adaptation）や、移植された法制度の基本原則がその国で親和性が高い場合（familiarity）には、移植された法律体系は浸透し、実際に執行され、政府のパフォーマンスを高めるとした。そうでない場合、形式的な法の移植はかえって政府のパフォーマンスを低め、発展を阻害すると考え、このような影響を「移植効果」と呼んだ。法制度の移植の分類を行ったうえで[15]、法制度の起源と移植効果のどちらが大きいかについて検証を行い、法執行の効率性の決定要因として、その法制度の法的起源よりも移植のプロセスのほうが重要であることを示した。

c　LLS[16]の再反論

　LLSは、フランス側からの批判にもかかわらず、法的起源（legal origin）は、経済生活に対する社会的コントロールとしての高度に持続的なシステムとして広義に解釈されているもので、いまもなお社会に対する法規制の枠組みにとって重大な意義をもち続けており、経済的帰結にも大きな影響を与えると反論している。

　Rajan and Zingales〔2003〕は、1999年におけるGDPに対する株式市場の時価総額が、イギリス法は130％、フランス法は74％という結果になっているのは、シビル・ローの国々が第二次世界大戦後に急進化した政治と労働者の影響で、反資本主義的な法律と規制により国内経済が停滞しているからで

15　"adaptation"と"familiarity"の基準のいずれかに当てはまる国を「受容的な移植（receptive transplants）」が行われた国、2つの基準のいずれも当てはまらない国を「非受容的な移植（unreceptive transplants）」とに分類している。

16　*Journal of Economic Literature*の2008年（June, Vol.46 No.2）論文は、LLSVのうち、Vishnyを除く3名によって発表されたので、その頭文字をとってLLSと表記する。

あると整理した。この結果に対してLLSは、コモン・ローはシビル・ローに比べて、投資者保護が整備されているからであるとしている[17]。

さらにLLSは、グローバル化の進行のなかで、シビル・ローとコモン・ローはたとえ収斂するとまではいかなくとも、シビル・ロー諸国がコモン・ロー的な法的解決をますます受容する傾向にあり、コモン・ロー諸国も社会問題を解決する手段として立法によって規制する機会が増える等、相互に接近する方向にあることも認められるとしている。また、経済生活を社会的コントロールするには、戦争や恐慌がなく、世界が経済的に安定し、政治的に平和な状態が続いていれば、コモン・ロー・アプローチのほうがシビル・ロー・アプローチよりも優れているのに対し、政治的・経済的な混乱が生じている状況下では、シビル・ロー的な問題解決のほうが優れていることを指摘している[18]。

(4) 世界銀行の研究

a 経済発展と金融システム

世界銀行の調査グループは、経済発展と金融システムの関連を精力的に研究している。その問題意識は、一国の経済が発展するうえで、bank-based systemが有利なのか、それともmarket-based systemが有利なのかを明らかにしようというものである。いずれの金融システムが有効なのか否かは、金融規制にもかかわっており、特にbank-based system型システムに対する規制が金融機関にある種のレントを与えることになり、そのレントでリスクを吸収するので金融規制のあるシステムが経済発展に寄与したとの議論があり (financial restraint)、その実証を世銀が試みているともいえよう[19]。

Beck et al.〔1999〕は、各国の金融構造について体系的整理を新たなデータベースによって構築すべく、約150カ国について、データの整合性を維持しつつbank-based systemとmarket-based systemの整理を行っている[20]。

Demirgüç-Kunt and Levine〔1999〕は、共通のデータが得られる主要国

---

[17] La Porta et al.〔2008〕pp.315〜316.
[18] La Porta et al.〔2008〕pp.326〜327.
[19] 村本〔2005①〕参照。

について経済発展度（developed vs. underdeveloped）と銀行型システム対市場型システム（bank-based vs. market-based）の視点から分類を行った。金融システムを特徴づける具体的な指標は、size, activity, efficiencyとそれらを統合したconglomerate indexである。これらの指標から、

・経済発展と銀行・ノンバンク・資本市場の関係
・経済発展とbank-based vs. market-based systemsの関係
・金融構造の法・規制・税・マクロ経済要因

という問題を検証している。

　Demirgüç-Kunt and Levine〔1999〕の金融的発展度と金融システムの選択の整理は、図表13－6に集約されている[21]。分類の仕方は、調査対象の58カ国のconglomerate indexに注目し、その平均よりも大きい国を市場型システムに、小さい国を銀行型システムとする。金融的発展度は、民間部門の銀行預金対GDP比の平均および市場取引対GDP比の平均で算出し、平均以上であれば発展度が高位であるとする。これによると、日本は金融的発展度が高いカテゴリーに属し、銀行型システムに属している。また、アメリカは市場型システムの典型であり、ユーロ圏諸国に注目すると、オランダ、デンマーク、スウェーデン、イギリスの4カ国が市場型システムということになる[22]。

　Demirgüç-Kunt and Levineによる検証結果は以下のとおりである。

① 　1国の経済が豊かになると銀行、ノンバンク、資本市場がよりアクティ

20　この新たなデータベースを活用して、Demirgüç-Kunt and Levine〔1999〕、Beck et al.〔2000〕、Demirgüç-Kunt and Huizinga〔2000〕、Demirgüç-Kunt and Maksimovic〔2000〕、Beck et al.〔2001〕は、経済発展と金融システムの選択（bank-based system vs. market-based system）の関連を分析している。
21　各国の金融構造指数conglomerate indexは、「資本市場化率－平均値」と「市場化率－平均値」と「市場効率性－平均値」の合計値を3で除したものとして算出される（資本市場化率：資本市場規模対国内預金銀行資産の比率、市場化率：国内取引所でのエクティ取引額対銀行の貸出額の比率、市場効率性＝国内取引所でのエクティ取引額対〔GDP×オーバーヘッド・コスト〕）。
22　分類の仕方は、調査対象の58カ国のconglomerate indexに注目し、その平均よりも大きい国をmarket-based systemに、小さい国をbank-based systemに分類する。金融的発展度は、民間部門の銀行預金対GDP比の平均および市場取引対GDP比の平均で算出し、平均以上であれば発展度が高位であるとする。

図表13-6　金融的発展度と金融システムの選択

(1) 金融的発展度低位国			(2) 金融的発展度高位国		
①bank-based			①bank-based		
	バングラデシュ	-0.90		パナマ	-0.92
	ネパール	-0.87		チュニジア	-0.88
	エジプト	-0.82		キプロス	-0.77
	コスタリカ	-0.79		ポルトガル	-0.75
	バルバドス	-0.78		オーストリア	-0.73
	ホンジュラス	-0.75		ベルギー	-0.66
	トリニダードトバゴ	-0.74		イタリア	-0.57
	モーリシャス	-0.70		フィンランド	-0.53
	ケニア	-0.69		ノルウェー	-0.33
	エクアドル	-0.56		ニュージーランド	-0.29
	スリランカ	-0.54		日本	-0.19
	インドネシア	-0.50		フランス	-0.17
	コロンビア	-0.47		ヨルダン	-0.14
	パキスタン	-0.38		ドイツ	-0.10
	ジンバブエ	-0.34		イスラエル	-0.06
	ギリシア	-0.34		スペイン	0.02
	アルゼンチン	-0.25			
	ヴェネズエラ	-0.15			
	インド	-0.14			
	アイルランド	-0.06			
	平均	-0.54		平均	-0.44
②market-based			②market-based		
	デンマーク	0.15		オランダ	0.11
	チリ	0.25		タイ	0.39
	ジャマイカ	0.28		カナダ	0.41
	ブラジル	0.65		オーストラリア	0.50
	メキシコ	0.68		南アフリカ	0.83
	フィリピン	0.71		韓国	0.89
	トルコ	1.23		スウェーデン	0.91
				イギリス	0.92
				シンガポール	1.18
				アメリカ	1.96
				スイス	2.03
				香港	2.10
				マレーシア	2.93
	平均	0.52		平均	1.17
低位国平均		-0.24	高位国平均		0.28
総平均		0.03			

(注)　数値は金融構造指数。調査対象57カ国の平均 (0.03) よりも大きい国をmarket-based system、小さい国をbank-based systemと分類。
(出所)　Demirgüç-Kunt and Levine〔1999〕Table 12

図表13-7　金融構造の構成要因（相関係数）

	英米法	フランス法	株主保護	債権者保護	執行度	会計制度	預金保険	政府の腐敗
bank-based	−0.250	0.065	−0.215	−0.096	0.429	0.115	0.208	0.115
market-based	0.308	−0.377	0.323	0.108	0.388	0.564	−0.120	0.460
金融構造指数	0.184	−0.260	0.310	−0.004	0.182	0.460	−0.054	0.375

（出所）　Demirgüç-Kunt and Levine〔1999〕Table 14

ブかつ効率的になり、金融システムの発展度が高くなる。
② 高所得国で、資本市場が銀行に比してよりアクティブかつ効率的になる。
③ コモン・ロー由来では市場型システムになる傾向がある（株主権の保護が強く、優れた会計基準が整備され、金融機関の破綻は少なく、明示的な預金保険が存在しない）。これに対し、フランス／シビル・ロー由来ではunderdevelopedになりがちである（株主権・債権者保護が弱く、契約の執行度が弱く、政府の腐敗（政府高官による賄賂の要求）が多く、会計基準が脆弱で、銀行規制は制限的である）。

　法制度の関連では、La Porta et al.〔1998〕が指摘するように、イギリス／コモン・ロー由来の国々では、一般的に株主権が強く、債権者保護も強いとされ（ただし、アメリカは債権者保護が弱い）、フランス／シビル・ロー由来の国々では株主権が弱く、債権者保護も弱い傾向がある。また、法の執行度はスカンジナビア法が強力で、ドイツ法が次ぐといわれる（図表13-7参照）。

　現状では、世界銀行の調査グループの研究も含め、経済発展に対して銀行型システムと市場型システムのいずれかが有効に機能するのかは一義的に決定されない、というのが当面の結論であるといえよう。

b　金融システムと法的起源（law origin）

　Beck, Demirgüç-Kunt and Levine〔2001〕は、Demirgüç-Kunt and Levine〔1999〕の分析を発展させ、法的起源（law origin）だけでなく、政治的構造、文化的構造（宗教的伝統、移民の影響など）を考慮し、いかなる要因

図表13-8　金融構造と法制度

	Creditor	Enforce	Bank	Share	会計基準
オーストラリア	-1 (1)	9.36 (10.0)	0.77	4	75
カナダ	-1 (1)	9.48 (10.0)	0.83	5	74
香港	1 (4)	8.52 (8.22)	1.19	5	69
インド	1 (4)	5.14 (4.17)	0.46	5	57
イスラエル	1 (4)	6.18 (4.82)	0.96	3	64
マレーシア	1 (4)	7.11 (6.78)	1.00	4	76
ニュージーランド	0 (3)	9.65 (10.0)	0.58	4	70
ナイジェリア	1 (4)	3.55 (2.73)	0.23	3	59
パキスタン	1 (4)	3.95 (3.03)	0.45	5	n.a.
シンガポール	1 (4)	8.72 (8.57)	1.50	4	78
南アフリカ	0 (3)	5.85 (4.42)	0.62	5	70
タイ	1 (3)	6.91 (6.25)	0.75	2	64
イギリス	1 (4)	9.10 (8.57)	1.22	5	78
アメリカ	-1 (1)	9.50 (10.0)	0.77	5	71
ジンバブエ	1 (4)	4.36 (3.68)	0.14	3	n.a.
アイルランド	(1)	(7.80)		4	n.a.
英米法平均	0.47 (3.11)	7.16 (6.46)	0.77	4.00	69.62
アルゼンチン	-1 (1)	5.13 (5.35)	0.29	4	45
ベルギー	0 (2)	9.74 (10.0)	0.53	0	61
ブラジル	-2 (1)	6.31 (6.32)	0.23	3	54
チリ	-1 (1)	6.91 (7.02)	0.75	5	52
コロンビア	-2 (0)	4.55 (2.08)	0.25	3	50
エジプト	1 (4)	5.11 (4.17)	0.44	2	24
フランス	-2 (0)	9.09 (8.98)	1.51	3	69
ギリシア	-1 (1)	6.40 (6.18)	0.50	2	55
インドネシア	1 (4)	5.04 (3.98)	0.48	2	n.a.
イタリア	-1 (2)	8.75 (8.33)	0.69	1	62
メキシコ	-2 (0)	5.95 (5.35)	0.24	1	60
オランダ	-1 (2)	9.68 (10.0)	1.31	2	64
ペルー	-2 (0)	3.59 (2.00)	0.12	3	38
フィリピン	-2 (0)	3.77 (2.73)	0.45	3	65
ポルトガル	-1 (1)	8.63 (8.68)	0.96	3	36
スペイン	0 (2)	8.10 (7.80)	1.31	4	64
トルコ	-1 (2)	5.57 (5.18)	0.35	2	51
フランス法平均	-1.0 (1.58)	6.61 (6.05)	0.61	2.33	51.17
オーストリア	0 (1)	9.80 (10.0)	1.36	4	75
ドイツ	0 (3)	9.50 (9.23)	1.64	1	62
日本	0 (2)	9.34 (8.98)	1.96	4	65
韓国	1 (3)	6.97 (5.35)	0.82	2	62
スイス	-1 (1)	9.99 (10.0)	2.68	2	68
台湾	0 (2)	8.84 (8.52)	1.38	3	65
ドイツ法平均	0.00 (2.33)	9.07 (8.68)	1.64	2.33	62.67
デンマーク	0 (3)	9.66 (10.0)	0.69	2	62
フィンランド	-1 (1)	9.58 (10.0)	1.22	3	83
ノルウェー	-1 (2)	9.86 (10.0)	0.93	4	74
スウェーデン	-1 (2)	9.79 (10.0)	0.87	3	77
スカンディナビア法平均	-0.75 (2.0)	9.72 (10.0)	0.93	3.00	60.93

(注)　Creditor……債権者の法的権利保護の指数（-2〜1：数値が大きいほど債権者の権利保護が強い：カッコはLa Porta et al. 〔1998〕）。
　　　Enforce……契約執行の法制度の効率性の指数（0〜10：数値が大きいほど契約執行度がより効率的：カッコはLa Porta et al. 〔1998〕）。
　　　Bank……銀行貸出対GPD比率。
　　　Shareは株主権利、会計基準はその格付（La Porta et al. 〔1998〕による）。
(出所)　Levine〔1998〕Table 2、La Porta et al.〔1998〕

が金融システムの生成に有意かを検討した。その結果、金融システムないし金融機関の発展と法的起源の関係が他の要因よりも有意であることを実証した。そのうえで、

① ドイツ法由来のシステムでは、金融仲介機関の発展がみられ、かつ強い法執行度がみられ、私有財産権が強い
② イギリス法由来の国では、株主保護・債権者保護といったoutsider rightsの保護度が強い会計制度が優れている、資本市場の役割が大きい
③ フランス法由来の国では、金融機関の強度を示す指標が低く、金融機関の役割は低い、私有財産権が弱い、ディスクロージャーの透明度が低い、株主・債権者の保護が弱い、資本市場の役割が低い

といった点を明らかにしている。以上より、ドイツ法由来とコモン・ロー由来の国々では金融制度が強固であることを論じている。

c 日本の金融システムとの関連

金融システムの国際比較分析のコンテクストで、日本の金融システムを考えると、図表13-6にあるようにDemirgüç-Kunt and Levine〔1999〕は、日本の金融システムを金融発展度高位国・銀行型システムと整理した。また図表13-8にあるように、日本はドイツ法由来で、金融仲介機関の発展がみられる国として整理される。このような日本の金融システムは、間接金融の優位性という特色を示すものであり、護送船団方式による金融規制の有効性が評価されてもいるのかもしれない。

日本の金融システムが銀行型システムであるのは、馬場・久田〔2001〕が「各国の金融システムが、それぞれの国の歴史的な経緯を反映しているというシステムの経路依存性（path dependence）を考慮する」必要性を論じたように、法制度や歴史・文化的な背景いわゆる経路依存性（path dependency）に制約される部分が大きいと考えられるが、中小企業金融の比重が金融仲介機関の融資のなかで約70％と大きいことも1つの理由であるかもしれない。

中小企業は、一般に情報面で不透明性を内包し、その資金調達行動において情報の非対称性が大きいので、金融仲介機関の情報生産機能が発揮されなければ、円滑な資金調達行動を保証されない。したがって、中小企業金融が高い比重を占める国は銀行型システムになる可能性が高く、少なくとも、個

人金融を入れたリテール金融の比重が高い国の金融システムはbank-basedになる傾向が高いといえよう。

　したがって、日本の金融システムの今後の変化、すなわち市場型システムに移行するか否かを考えるうえでも、中小企業金融の動向をフォローすることは重要な視点となる。少なくとも、わが国の間接金融中心の金融システムが直接金融中心のシステムに直ちに収斂していかないことも十分予想されるという主張（馬場・久田〔2001〕）は説得的である。これに対し、Hoshi and Kashyap〔1999〕は、わが国大企業の資金調達が直接金融へのシフトするスピードが大きさから判断すると、わが国金融システムはアメリカ型システムに急速に収斂するとの見解を示しているが、中小企業金融の比重を考慮すると説得的ではない。

　協同組織金融機関の問題として理解すると、そのマーケット・シェアが高いヨーロッパ大陸諸国はシビル・ロー由来であり、これらの国では協同組織金融機関のプレゼンスが高いと整理できる。日本の金融システムが金融発展度高位国・銀行型システムで、かつドイツ法由来すなわちシビル・ロー由来で、金融仲介機関の発展がみられる国として整理されるなかで、信用金庫は間接金融の主要な担い手として位置づけられる。

5　神田〔2007〕の整理

(1)　神田教授の所説

　2006（平成18）年12月25日の規制改革・民間開放推進会議「第3次答申」に盛り込まれた「協同組織金融機関（信用金庫・信用組合）に関する法制の見直し」にかかわられた神田秀樹教授の所説を整理しておきたい。

　神田教授は規制改革会議答申の半年後、『週刊金融財政事情』2007年6月11日号（神田〔2007〕）に「「組織形態の規制」と「業務の規制」を分離し検討を」と題する論文を発表され（23〜36頁）、規制改革会議答申に関連して、協同組織金融機関の制度的課題等を整理されている。

　神田教授は、協同組織金融機関の特徴として「協同組織性」「中小企業専

門性」「地域限定」をあげ、この特徴から協同組織金融機関の業務・資金調達手段について種々の制約が課されているとする。具体的には、顧客企業が会員資格基準を超えるとその後は融資できなくなるという「員外取引の制限」や、顧客企業が地域外に移転するとその後は融資できなくなるという「地区外取引の制限」などの制約をあげ、これらの規制緩和要望があることを指摘された。また資金調達手段についても、劣後債などの債券発行が認められていないので、これらの規制緩和が自己資本の充実に資するという要望もあることを指摘された。これらの規制改革要望事項に答えるためには、協同組織金融機関のあり方という根本に立ち返っての検討が不可欠とされた。

その際の検討の基本的視点として、「組織の規制と業務の規制の分離」を提案された。たとえば生保業界では、組織形態として相互会社組織と株式会社組織が並存し、相互組織から株式組織への転換も認められている。ただし、生保業界に関する規制は組織形態にかかわらず基本的に同じである。つまり、組織の規制と業務の規制は別個なのである。

同様なものに証券取引所があり、組織形態として会員組織形態と株式会社形態があって、前者から後者への移行も認められている一方、どちらの組織形態でも業務規制は同じである。投資信託の分野でも、信託形態に加えて、営利法人形態（投資法人）も認められる一方、業務規制は組織形態にかかわらず同じである。このように、いくつかの業態で同一の業務規制のもとで、異なる組織形態の選択が当事者に委ねられているのである。

このように法制度が組織形態の選択肢を用意しているのは、「ここ15年あまり世界的な規模で議論されてきたコーポレートガバナンス（企業統治）に関する議論の影響が大きい」（神田〔2007〕25頁）と神田教授は指摘された。ガバナンスの面では、各種の組織形態についてそれぞれ一長一短があることから、「法制度が1つの組織形態を要求するよりも、複数の組織形態を用意し、その利用を当事者の選択に委ねるほうがよい」（同25頁）ということが理解されるようになったからだとされる。

この視点から、協同組織金融機関についても、「組織の規制と業務の規制を分離する方向で物事を考えること」（同25頁）が必要とされた。協同組織金融機関については、協同組織性という組織の問題と、地域密着型の金融や

中小企業専門性という業務の問題があると、神田教授は整理されるのである。

　組織の規制としては、協同組織形態と株式会社形態との選択が認められるべきであるとされる一方、業務の規制としては、協同組織金融機関と株式会社金融機関とではできるだけ同じ規制にすべきと主張された。つまり、協同組織性を理由として業務に制約を課すという発想は見直すべきということである。地域密着型金融からすると、業務規制や中小企業専門性から来る業務規制などは株式会社金融機関にも課せられるべきものと整理されている。

　神田教授は組織規制に関連して、協同組織形態は株式会社形態に比べてガバナンスの議論が十分になされていないと主張され、今後の課題と提起された。「協同組織形態はガバナンスが弱いということでは困る」（同26頁）と主張され、株式会社形態とガバナンスは異なるとしても、「両者ともに一長一短があるということでないと、制度として両者の並存を認める根拠が弱くなる」（同26頁）とされた。

　特に、現行法制では、信用金庫については信用金庫法と会社法の定める規制は類似している面が多いものの、総代会制度は株式会社については存在しないので、ガバナンス機能の発揮や経営の透明性の向上・情報開示の充実などのガバナンスの向上の課題が協同組織金融機関にあるとされた。

　日本の協同組織は出資者概念を中心に組み立てられており、出資者の出資者のための金融機関が協同組織金融機関であるが、実際には出資者概念が形骸化し、融資先などの利用者を形式的に出資者にすることが行われている。こうした状況をふまえれば、「「利用者による利用者のための」金融機関を軸に協同組織金融機関」（同26頁）を構想すること、その際に利用高配当の活用も重要である、と神田教授は主張されている。

(2)　**神田所説に関連して①―税制との関連―**

　神田教授の所説は、規制改革会議の当事者という立場からのもので、説得的なものである。業態の問題を、組織の側面と業務の側面とを混合して議論すべきではないという視点は興味深く、また鋭角的なものである。

　地域密着を要請されるから協同組織であるべきだとか、中小企業専門性が

あるから協同組織であるべきだという議論があるとしたら、たしかに整合性に欠ける面がある。地域密着型の金融は株式会社形態の地域銀行も行っているわけだし、中小企業専門性も同様である。すなわち地域銀行であっても、協同組織金融機関と同じ業務を行っている。地域密着型金融・中小企業専門金融という業務面を行う点で、株式会社組織あるいは協同組織形態の別はないといえる。

この点だけをとらえると、協同組織形態では自己資本の充実が困難なのであれば、株式会社形態という選択肢もあると考えられる。すなわち、協同組織の株式会社化である。イギリスの相互組織形態の住宅金融組合（Building Society：BS）の株式会社化やアメリカの相互組織形態の貯蓄貸付組合（Savings and Loan Association：S&L）の株式組織化などはその代表例である。もっとも、アメリカのS&Lにはもともと相互組織形態と株式組織形態が並存しているので、イギリスのBSとは異なるかもしれない。アメリカのS&Lの場合はまさに当事者の選択という側面が強い。

この業務面の規制と分離した組織面の規制の見直しは、十分理解できるものである。しかし、日本の協同組織金融機関には税制面での軽減・優遇措置がある。この点をどう考えるか。地区制限（地区外取引の制限）がある場合、地域へのコミットメント・コストの軽減を図るというかたちで税制軽減措置があるとすると、地区制限を撤廃することになるのだろうか。地区制限を撤廃すると、地元への資金還流が図れないという問題が発生する懸念もある。地域銀行などでは、地元運用から大都市圏運用が多くなるという傾向があり、その存在する県内預貸率の低下が問題になっており、地域と使命共同体を標榜する信用金庫が地元に密着できる制度的担保をいかに構築するかが重要である。

生保業界では、事業者が相互組織形態と株式会社形態の選択可能であるが、これは税制上の軽減措置等が存在せず、協同組織金融機関のような税制上の問題がないから可能なのだともいえよう。組織形態の問題を論ずるにあたっては税制軽減・優遇措置の問題の整理が不可欠であり、協同組合の税制という法人税制の問題を整合的に整理する必要がある。

ただし注意を要するのは、地域密着型の金融・中小企業専門性といって

も、地域銀行と協同組織金融機関とでは融資対象の規模等が異なり、その手法も相違する等の質的な相違があることであるが、この点はすでに述べたとおりである。

(3) 神田所説に関連して②―ガバナンス―

神田教授は協同組織金融機関のガバナンスの問題を意識されており、協同組織形態は株式会社形態に比べてガバナンスの議論が十分になされていない状況を指摘されている。株式会社形態と協同組織形態のガバナンスについて、それぞれ「一長一短があるということでないと、制度として両者の並存を認める根拠が弱くなる」との理解からすると、協同組織のガバナンスの強化は重要である。この点についてはすでに考察しているので繰り返すことは避けるが、総代会制度の改善（立候補制導入、地域代表等非会員総代の選出など）や外部第三者の経営関与（外部理事登用など）、積極的な情報開示等も必要であろう。

ガバナンスについては、株式会社形態においても決定的な制度がないともされる状況では、協同組織形態についても試行錯誤は避けられない。ただ、経営者の意識次第ということでも困るのである。

6 総 括

ここまでは、2008～09（平成20～21）年の金融審議会「協同組織金融機関のあり方に関するワーキング・グループ」で行われた議論を筆者なりに整理し、今後の制度論議の備忘としてまとめた部分が多い。その点で、新たな信用金庫論ないし協同組織金融機関論を展開したものではない。現在ある制度を前提としてその課題・改善すべき方向性を探ったものにすぎない。制度論議は、白地のキャンバスに絵を描く作業ではないからである。

制度を論じる場合、そのよって立つ基盤の理論的裏付けが重要である、というのが筆者の立場である。協同組織という制度を経済学的にはいかなる理論で説明可能かを論ずることが重要と考え、「内部補助理論」「クラブ財理論」「密度の経済性理論」「ネットワーク経済性理論」などを考察し、さらに

は「ゲーム理論」や「比較制度分析」の研究成果や「プロシクリカリティ問題」などを手がかりに協同組織金融機関の有効性・存在意義を検討したのも、そのような問題意識からにほかならない。

さらに、制度は基本的には法制度である。法制度については、商法・会社法・金融商品取引法等の専門家に委ねるほかはないのだが、筆者は法的起源論の提起している問題に関心がある。制度規定する法制度が「コモン・ロー由来」であるか、「シビル・ロー由来」であるかにより、預金者保護・債権者保護・株主保護・会計制度・法の執行等に差異が生じるからである。この点の分析は残念ながら十分ではないが、日本の法制度がシビル・ロー由来であることから、筆者は協同組織に親和性が高いと考えている。

日本の法制は、シビル・ロー由来であることのほか、文明的に農耕民族に属するという整理をすると[23]、協同組織の位置づけが明確になる。日本の協同組織は1900（明治33）年の産業組合法がその出発点であるといわれるが、相互扶助の金融の仕組みとしてとらえると、鎌倉時代に始まり、江戸時代に普及した「頼母子（講）・無尽（講）」にまでさかのぼることはすでに述べた。現在でも、山梨県では無尽が盛んであるし、沖縄の模合も同様な制度である。

このような日本の古くからの金融の伝統が、世界最初の信用組合として二宮尊徳の1814（文化11）年設立の「五常講」を生み、世界最古の農協として大原幽学の38（天保9）年設立の「先祖株組合」を生んだのも、歴史的には頷ける。江戸時代には、医師で思想家の安藤昌益（1703〜45）がその書『統道真伝』（1752（宝暦2）年）において「万万人が一人である」という語句を

---

23 和辻哲郎はその著書『風土――人間的考察』のなかで、風土をモンスーン型（日本も含む）・砂漠型・牧場型に分け、それぞれの風土と文化、思想の関連を追究した。「モンスーン型」とは　湿潤、受容的忍従、歴史感覚の欠如、詠嘆の知恵、豊かな創造性などで特徴づけられ、代表はインドであるが、日本と中国を特種形態ではあるがモンスーン的風土に入れている。「砂漠型」とは、乾燥、対抗的戦闘的関係、人格神、道徳的傾向、強固な意志などで特徴づけられ、イスラエルやアラブ諸国を対象とする。エジプトはモンスーン型との複合としている。「牧場型」とは、湿潤と乾燥の調和、自然の人間への従属、雑草のない従順な土地などが特徴で、ギリシャやローマなど地中海地区が中心であるが、西欧も含めている。西欧の厳しい冬を猛威とはみなしていない。このモンスーン型は「農耕型」と整理できよう。

取り上げ、協同の思想を論じたが、これは封建制の本質である身分制度を徹底的に排撃・批判したもので、「世界は本来絶対的に平等な、階級も身分もない社会であって、そこでは人々は自然に即して生活し、安食安衣していた。すべての人間が耕作に従事し、その結果によってきわめて平穏な生活が送れた」という論、いわば「自然に帰れ」論（互性活真）を展開した。二宮尊徳・大原幽学以前にも、日本には協同の思想があったのである。

日本に協同の思想が根づいたのには、農耕社会の中心にある「村」で代表される共同体の文化があるからともいわれる。この点について、伊丹敬之教授は、欧米流の資本主義がカネのつながりを重んじる原理で支えられているのに対し、日本的資本主義を「人本主義」と表現し、「人本主義」では「人の繋がりをきちんと作り、それを維持していくことを大切と考える原理」で支えられるとした（伊丹〔1987〕）。

たとえば「企業は誰のものか」という問いに対して、欧米流の株主主権ではなく、日本では従業員主権がメインで、株主主権はサブであるとした。企業間関係も長期継続的取引が中心になることを示した。さらに、組織へのかかわり方についても、演劇の世界でみると、アメリカは出演者をオーディション（参加）で選ぶことが中心なのに対して、日本では出演者は劇団（所属）中心であるように、組織への参加がメインのアメリカに対して、職場共同体への所属がメインの日本と整理している。

日本の金融システムは、法起源論的にはシビル・ロー由来で、銀行中心のシステム（銀行型システム）であり、ドイツ・フランス流の協同組織金融機関の普及度・浸透度が大きいと整理できるが、それに加えて農耕民族的文化が協同の思想を育み、協同組織金融の基盤を支えてきたとも整理できるのではなかろうか。日本の銀行はシビル・ロー由来のなか、商業銀行主義などコモン・ローの思想も取り入れてきた。最近は、コモン・ロー由来ともいえる金融商品取引法が金融行政のなかで重要なポジションにある。しかし、金融法制のなかで協同組織金融機関の立ち位置には変わりがなく、そのアイデンティティは強まっているというのが筆者の結論である。

おわりに

　本書は、信金中央金庫の地域・中小企業研究所機関誌『信金中金月報』に連載した「信用金庫論—制度論としての整理—」(2014年2月号・5月号・7月号等掲載)をもとにしている。連載にあたり、便宜を図られた同研究所・藤野次雄前所長をはじめ、同研究所の方々から種々のご支援・ご教示いただいたことに感謝申し上げたい。また、本書のもとになったいくつかの論稿(『リレーションシップ・バンキングと金融システム』(東洋経済新報社、2005年1月)第6章や『リレーションシップバンキングと知的資産』(金融財政事情研究会、2010年12月)第8章など)を参照していることも記しておきたい。

　信用金庫に関する学界での研究書は多いものではない。全国信用金庫協会は、『信用金庫史』(1959年6月)、『信用金庫25年史』(1977年12月)、『信用金庫40年史』(1992年12月)、『信用金庫50年史』(2002年12月)、『信用金庫60年史』(2012年6月)を編んでおり、多くの研究者がかかわっている。筆者も後者3史の作成にかかわったが、無論個人の体系化ではない。この年史編纂にかかわられ、信用金庫に造詣の深い研究者でおられた吉野昌甫先生、そして金融制度改革論議で協同組織金融機関問題を主導された原司郎先生は、ともに鬼籍に入られたが、残念なことに、両先生とも信用金庫に関する体系的な研究書は残されなかった。筆者を地域金融研究・中小企業金融研究、とりわけ信用金庫研究に導かれた両先生の学恩に、本書が少しでも応えることができれば望外の慶びである。

　信用金庫は協同組織金融機関であるが、本書で論じたように、その協同組織性は純粋な協同組合を意味するものではないこと、銀行との同質化論で指摘されるように金融機関としてその業務は銀行と差異が少ないこと、事業・地域の限定があることなどから、協同組合研究と金融機関研究の狭間にあるといえ、研究者にとってむずかしい存在ともいえる。このことが学界での体系的信用金庫研究を妨げてきた1つの要因なのかもしれない。

　ところが、近年、内外の学術誌・学会発表などで信用金庫に関する実証研究が数多くみられるようになった。これは、日本では主要行の統合、地域銀

行の合併などがその機関数の減少に伴って実証研究上の制約になることなどから、機関数の多い信用金庫が実証研究にふさわしく、さらに事業・地域限定があるので金融市場の地域的セグメントの研究に適していることなどの理由によるものであろう。ところが、それらの多くの研究では、計量的に費用関数などの推計による効率性・生産性等に力点が置かれることが一般的で、信用金庫の特性である非営利・相互扶助性という観点が十分に反映されないケースが時折みられる。大まかにいえば、費用関数による効率性の推計は、短期的利潤極大行動を暗黙に前提としている場合が多く、効率的行動が基礎になっている。しかし、信用金庫の非営利・相互扶助性は非効率ともいえる要素も多く、短期的利潤極大行動は必ずしも前提とされない。したがって、信用金庫の費用関数は最適フロンティア上にはない可能性が高いので、この検証をまず行うことが不可欠である。この点に十分配慮されていない実証研究が多い印象をもっている。

　とはいえ学界での信用金庫研究は進んでおり、注目されている一方、信用金庫制度をふまえた研究とはいえないものもあるので、それらの研究に対して本書がその一助となれば幸いである。本書は、筆者も参加した2008～09（平成20～21）年の金融審議会「協同組織金融機関のあり方に関するワーキング・グループ」での議論をふまえているので、データ等の一部はあえてアップデートせず、その当時のままにしたものもあることを付記しておきたい。本書にいたる過程で、先の全国信用金庫協会での年史編纂作業や信用金庫長期ビジョン研究会、COFIS研究会、21世紀の信用金庫研究会、明日の信用金庫を考える研究会、制度専門委員会などに参加し、多くの信用金庫関係者との討議・意見交換がおおいに役に立ったこと、信金中央金庫の地域・中小企業研究所での研究会もおおいに刺激的であったことを記しておきたい。

　本書の出版にあたり、『リレーションシップバンキングと知的資産』に続き、今回も金融財政事情研究会の伊藤洋悟氏を煩わせた。記して謝意にかえたい。本書が信用金庫業界の諸氏に受け止めていただければ幸いである。

　　2014年12月吉日

　　　　　　　　　　　　　　　　　　　　　　　　　村本　孜

参考文献

Albert, M., *Capitalisme Contre Capitalisme*, Editions du Seuil, 1991.（小池はるひ訳『資本主義対資本主義』竹内書店新社、2002年5月〔初版〕、2008年5月〔新装版〕）

Allen, F. and Gale, D.,"Financial Markets,Intermediaries, and Intertemporal Smoothing", *Journal of Political Economy,* Vol. 105 No. 3, June. 1997, pp. 523-546.

―― and ――, "Innovations in Financial Services: Relationships and Risk Sharing", Wharton Discussion Papers, 97-26-B,Apr. 1998.

―― and ――, *Comparing Financial Systems*, MIT Press, 2000.

―― and Santomero,A.,"The theory of financial intermediation", Wharton School, Financial Institution Center, University of Pennsylvania, Working Paper 96-32, Aug. 1996.（*Journal of Banking and Finance* Vol. 21 Issues 11-12, pp. 1461-1486, 1997.）

―― and ――,"What Do Financial Intermediaries Do?", Wharton School, Financial Institution Center, University of Pennsylvania, Working Paper 99-30-B, Sep. 1999.（*Journal of Banking and Finance*, Vol. 25 Issue 2, Feb. 2001, pp. 271-294.）

Baseman, K., "Open Entry and Cross-Subsidization in Regulated Markets", in Fromm (ed.), *Studies in Public Regulation*, MIT Press, 1981.

Beck, T., Demirgüç-Kunt, A. and Levine, R.,"A New Database on Financial Development and Structure", Working Papers 2146, World Bank, July. 1999.

――,――,―― and Maksimovic, V.,"Financial structure and economic development-firm, industry, and country evidence", Policy Research Working Paper Series 2423, The World Bank, Aug. 2000.

――,―― and ――,"Law, politics, and finance", Policy Research Working Paper Series 2585, The World Bank, Feb. 2001.

――,―― and Maksimovic,"Financing Patterns around the World：Are Small Firms Different?", *Journal of Financial Economics*, Vol. 89 Issue 3, pp. 467-487. Sep. 2008.

Berger, A. N., Kashyap, A. and Scalise, J.,"The Transformation of the U.S. Banking Industry：What a Long, Strange Trip It's Been", *Brookings Papers on Economic Activity*, Vol. 2, Autumn 1995, pp. 35-218.

―― and Mester, L.,"Inside the black box: What explains defferences in the efficiencies of financial institutions?", *Journal of Banking and Finance*, Vol. 21 Issue 7, July 1997, pp. 895-947.

―――, Demsetz, R. and Strahan, P.,"The consolidation of the financial services industry : Causes, consequences, and implications for the future", *Journal of Banking and Finance*, Vol. 23 Issues 2-4, Feb. 1999, pp. 135-194.

――― and Udell, G.F.,"Relationship Lending and Lines of Credit in Small Firm Finance", *Journal of Business*, Vol. 68 Issue 3, 1995, pp. 351-381.

――― and ―――, "The economics of small business finance : The role of private equity and debt markets in the financial growth cycle", *Journal of Banking and Finance*, Vol. 22 Issues 6-8, Aug. 1998, pp. 613-673.

――― and ―――, "A More Complete Conceptual Framework for SME Finance", *Journal of Banking and Finance*, Vol. 30 Issue 11, Nov. 2006, pp. 2945-2966.

――― and ―――, "Small Business Credit Availability and Relationship Lending : The Importance of Bank Organisational Structure", *Economic Journal*, Vol. 112 Issue 477, Feb. 2002, pp. F32-F53.

Berkowitz, D., Pistor, K. and Jean-Francois Richard,"Economic Development, Legality, and the Transplant Effect", *European Economic Review*, Vol. 47 Issue 1, Feb. 2003, pp. 165-195.

Boot, A.,"Relationship Banking : What Do We Know?", *Journal of Financial Intermediation*, Vol. 9 Issue 1, Jan. 2000, pp. 7-25.

――― and Thakor, A.,"Moral Hazard and Secured Lending in an Infinitely Repeated Credit Market Game", *International Economic Review*, Vol. 35 No. 4, Nov. 1994, pp. 899-920.

――― and ―――,"Can Relationship Banking Survive Competition?", *Journal of Finance*, Vol. 55 Issue 2, April. 2000, pp. 679-713.

Buchanan, J. M.,"An Economic Theory of Clubs", *Economica*,Vol. 32 Isuue 125, Feb. 1965, pp. 1-14.

―――, *The Demand and Supply of Public Goods*, Rand McNally, 1971. (山之内光躬・日向寺純雄訳『公共財の理論』文真堂、1974年)

Calomiris, C., Kahn, C. and Longhofer, S.,"Housing—Finance Intervention and Private Incentives : Helping Minorities and the Poor", *Journal of Money, Credit,and Banking*, Vol. 26 Issue 3, Aug. 1994, pp. 634-674.

Caves, W., Chrisyensen, R. and Tretheway, W.,"Economies of Density versus Economies of Scale : Why Trunk and Local Service Airline Costs Differ?", *Rand Journal of Economics*, Vol. 15 No. 4, Winter 1984, pp. 471-489.

Cornes, R. and Sandler, T., *The Theory of Externalities, Public Goods, and Club Goods*, 1986 (2nd edition 1996), Cambridge University Press.

Dees, J. and Anderson, B.,"The Meaning of 'Social Entrepreneurship'", Kauffman Center for Entrepreneurial Leadership, 1998. (www.caseatduke.org)

Degryse, H. and Ongena, S., "The Impact of Technology and Regulation on the

Geographical Scope of Banking," *Oxford Review of Economic Policy*, Vol. 20 No. 4, Winter 2004, pp. 571-590.

Demirgüç-Kunt, Asli and Levine, Ross, "Bank-based and Market-based financial Systems-cross-country comparisons," Policy Research Working Paper Series 2143, The World Bank, 1999.

―― and Huizinga, Harry, "Financial structure and bank profitability", Policy Research Working Paper Series 2430, The World Bank, 2000.

―― and Maksimovic, Vojislav, "Funding growth in Bank-based and Market-based financial Systems: evidence from firm level data", Policy Research Working Paper Series 2432, The World Bank, 2000.

―― and Levine, R. (eds.), *Financial Structure and Economic Growth: A Cross-country Comparison of Banks, Markets, and Development*, MIT Press, 2001.

DMSTI, *Intellectual capital statements-the new guideline*, Danish Ministry of Science, Technology and Innovation, Copenhagen, 2003.

Dore, R., *Stock Market Capitalism: Welfare Capitalism―Japan and Germany versus the Anglo-Saxons*, Oxford Univ. Press, 2000.（藤井眞人訳『日本型資本主義と市場主義の衝突』東洋経済新報社、2001年12月）

Eatwell, J. and Taylor, L., *Global Finance at Risk*, 2000.（岩本武和・伊豆久訳『金融グローバル化の危機―国際金融規制の経済学』岩波書店、2001年12月）

Edvinsson, L. and Malone, M. S., *Realizing your Company's True Value by Finding Its Hidden Brainpower*, Harper Business, 1997.（高橋透訳『インテレクチュアル・キャピタル―企業の知力を測るナレッジ・マネジメントの新財務指標』日本能率協会マネジメントセンター、1999年）

Eichengreen, B., *Globalizing Capital*, Princeton Univ. Press, 1996.

Eichler, N., *The Thrift Debacle*, Univ. of California Press, 1989.（柿崎映次・呉天降訳『アメリカの貯蓄貸付組合―その発展と崩壊―』御茶ノ水書房、1994年）

European Commission, *RICARDIS (Reporting Intellectual Capital to Augment Research, Development and Innovation in SMEs) Report*, June. 2006.

Faulhaber, G., "Cross-Subsidization: Pricing in Public Enterprises", *American Economic Review*, Vol. 65 Issue 5, Dec. 1975, pp. 966-977.

Fauvarque-Cosson, B. and Kerhuel, A-J., "Is Law an Economic Contest? French Reactions to the *Doing Business*, World Bank Reports and Economic Analysis of the Law", Georgetown Business. Economics & Regulatory Law Research Paper No. 10-10, June. 2010.（*American Journal of Comparative Law*, Vol. 57, Issue 4, Fall 2009, pp. 811-829.）

Frumkin, P., *On Being Nonprofit: A Conceptual and Policy Primer*, Harvard Univ. Press, 2002.

Giddens, A., *Runaway World: How Globalisation is Reshaping Our Lives*, 1999.

(佐和隆光訳『暴走する世界』ダイヤモンド社、2001年10月)
Gilpin, R., *The Challenge of Global Capitalism : The World Economy in the 21st Century*, 2000. (古城佳子訳『グローバル資本主義—危機か繁栄か』東洋経済新報社、2001年11月)
Glaeser, E. and Shleifer, A.,"Legal Origins", *Quarterly Journal of Economics*, Vol. 117 No. 4, Nov. 2002, pp. 1193-1229.
Greenbaum, S., Kanatas, G. and Venezia, I., "Equilibrium Loan Pricing Under the Bank-client Relationships," *Journal of Banking and Finance*, Vol. 13 Issue 2, May 1989.
Helleiner, E.,"Globalization and Haute Finance", in MaRobbie, K. and Levitt, K.P. (eds.), *K Polanyi in Vienna : The Contemporary Significance of the Great Tansformation*, Black Rose Bppks, 2000.
Hillman, A.,"The Theory of Clubs : A Technological Formulation", in Sandmo, A. (ed.), *Essays in Public Economics*, Lexington, 1978.
—, *Public Finance and Public Policy : Responsibilities and Limitations of Government*, Cambridge Univ. Press, 2003. (井堀利宏監訳『入門　財政・公共政策』勁草書房、2006年4月)
Hoshi, T. and Kashyap, A.,"The Japanese Banking Crisis: Where Did it Come from and How will it End?", in Bernanke, B. and Rotemberg, J., *NBER Macroeconomics Annual* 14, Cambridge, 2000 (NBER Working Paper No. 7250, July, 1999).
Huntinton, S., *The Crash of Civilizations and the Remarking of World Order*, 1996. (鈴木主税訳『文明の衝突』集英社、1998年6月)
—, *Japan's Choice in the 21st Century*, 1998. (鈴木主税訳『文明の衝突と21世紀の日本』集英社新書、2000年1月)
Kaplan, R. and Norton, D., *The balanced scorecard: translating strategy into action*. Harvard Business School Press, 1996.
Katz,L. and Shapiro, C.,"Network Externalities,Competition and Compatibility", *American Economic Review*, Vol. 75 No. 3, June. 1985, pp. 424-440.
Laffont, J. and Tirole, J., *A Theory of Incentives in Procurement and Regulation*, MIT Press, 1993.
La Porta, R., Lopez-de-Silanes, F., Shleifer, A. and Vishny., R. "Legal Determinants of External Finance," *Journal of Finance*, Vol. 52 Issue 3, July. 1997, pp. 1131-1150.
—, —, — and —, "Law and Finance", *Journal of Political Economy*, Vol. 106 No. 66, December. 1998, pp. 1113-1155.
—, —, — and —, "The Quality of Government", *Journal of Law, Economics and Organization*, Vol. 15 No. 1, April. 1999, pp. 222-279.

La Porta, R., Lopez-de-Silanes, F. and Shleifer, A., "The Economic Consequences of Legal Origins," *Journal of Economic Literature*, Vol. 46 No. 2, June. 2008 pp. 285-332.

Levine, R., "The Legal Environment, Banks, and Long-Run Economic Growth", *Journal of Money Credit and Banking*, Vol. 30 Issue 3, Aug. 1998, pp. 596-620.

Lev, B., *Intangibles : Management, Measurement and Reporting*, Brookings Institution, 2001.

Mayers, D. and Smith, C., "Ownership Structure and Control : The Mutualization of Stock Life Insurance Industry", *Journal of Financial Economics*, Vol. 16 Issue 1, May. 1986, pp. 73-98.

―― and ――, "Executive Compensation in the Life Insurance Industry", *Journal of Business*, Vol. 65, 1992, pp. 51-74.

――, Shivdasani, A. and Smith, C., "Board Composition and Corporate Control : Evidence from the Insurance Industry", *Journal of Business*, Vol. 70, 1997, pp. 33-62.

MERITUM, *Guideline for Managing and Reporting on Intangibles*, 2002.

Merton, R., "Financial innovation and economic performance", *Journal of Applied Corporate Finance*, Vol. 4 No. 4, Winter 1992, pp. 12-22.

Mishkin, F., "Financial consolidation : Dangers and opportunities", *Journal of Banking and Finance*, Vol. 23 Issues 2-4, Feb. 1999, pp. 675-691.

Ng, Yew-Kwang, "The Economic Theory of Clubs : Pareto Optimality Conditions", *Economica*, Vol. 40 Issue 159, Aug. 1973, pp. 291-198.

OECD, *Banks under Stress*, 1992.

――, *National Systems for Financial Innovation*, 1995.

――, *The Battle against Exclusion*, Vol. Ⅰ-Ⅲ, 1998-1999.

Pablo de Andres-Aloso, V. Azofra-Palenzuela, Iturriaga, F. and Rodriguez-Fernandez, M., "The Effects of Alternative Financial System Models on Corporative Governance", in E. Gardener and J. Falzon (eds.), *Strategic Challenges in European Banking*, Macmillan, 1999.

Phills, J. A., Deiglmeier, K. and Miller, D. T., "Rediscovering Social Innovation", *Stanford Social Innovation Review*, Vol. 6 No. 4 Fall 2008, pp. 34-43.

Pistor, K., Keinan, Y., Kleinheisterkamp, J. and West, M., "Evolution of Corporate Law and the Transplant Effect : Lessons from Six Countries", *The World Bank Research Observer*, Vol. 18 No. 1, Spring 2003, pp. 89-112.

Polanyi, K., *The Great Transformation : The Political and Economic Origins of Our Time*, Farra & Rinehart, 1944. (Foreword by Joseph Stiglitz and Introduction by Fred Block, Boston, Beacon Press, 2001.) (野口建彦・栖原学訳『大転換―市場社会の形成と崩壊―』東洋経済新報社、2009年7月)

Pottier, S. and Sommer, D.,"Agency Theory and Life Insurer Ownership Structure", *Journal of Risk and Insurance,* Vol. 64 No. 3, Sep. 1997, pp. 529-543.

Putnum, R., *Making Democracy Work*, 1993.

――, *Bowling Alone, The Collapse and revival of American Community*, Simon & Schuster, 2000.（柴内康文訳『孤独なボウリング』柏書房、2006年4月）

Rawls, J., *A Theory of Justice*, 1971.（矢島鈞次監訳『正義論』紀伊国屋書店、1979年8月）

Rajan, R. and Zingales, L.,"Financial Dependence and Growth", *American Economic Review,* Vol. 88 Issue 3, June 1998, pp. 559-586.

―― and ――,"The great reversals: the politics of financial development in the twenties century", *Journal of Financial Economics,* Vol. 69 Issue 1, 2003, pp. 5-50.

Reich, R., *Supercapitalism*：*The Transformation of Business, Democracy, and Everday Life*, 2007.（雨宮寛・今井章子訳『暴走する資本主義』東洋経済新報社、2008年6月）

Roos, J., Roos, G., Dragonetti, N. C. and Edvinsson, L., *Intellectual Capital*：*Navigating in the New Business Landscape,* Macmillan, 1997.

Sandler, T. and Tschirhart, J.,"The Economic Theory of Clubs：An Evaluative Survey", *Journal of Economic Literature,* Vol. 18 No. 4, Dec. 1980, pp. 1481-1521.

―― and ――,"Club Theory：Thirty Years Later", *Public Choice,* Vol. 93 Nos. 3-4, Feb. 1997, pp. 335-355.

Schmidt, R., A. Hackethal, and Tyrell, M.,"Disintermediation and the Role of Banks in Europe：An International Comparison", *Journal of Financial Intermediation*, Vol. 8, 1999.（Working Paper Series：Finance and Accounting No. 10, Johann Wolfgang Goethe-Universitat, Jan. 1998.）

――,"Differences between Financial Systems in European Countries: Consequences for EMU", Working Paper Series：Finance and Accounting No. 35, Johann Wolfgang Goethe-Universitat, Apr. 1999.

Schumpeter, J., *Theorie Der Wirtschaftlichen Entwicklung*, 1912.（2 Aufl., 1926）（塩野谷祐一・中山伊知郎・東畑精一訳『経済発展の理論』岩波書店〔文庫版〕1977年7月、〔上巻〕、11月〔下巻〕岩波書店〔机上版〕1980年9月）

――, *Business Cycles: A Theoretical, Historical, and Statistical Analysis of the Capitalist Process,* Vol. 1 & 2, McGraw-Hill, 1939.（吉田昇三監修、金融経済研究所訳『景気循環論―資本主義過程の理論的・歴史的・統計的分析―』Ⅰ～Ⅴ巻、有斐閣、1958年12月～64年12月）

――, *Capitalism, Socialism and Democracy,* 1942.（中山伊知郎・東畑精一訳『資本主義・社会主義・民主主義』東洋経済新報社、1962年（新装版〔合冊本〕1995

年6月))
Skandia Insurance Company, *Visualizing Intellectual Capital in Skandia*：*Supplement to Skandia's 1994 Annual Reports*, Skandia Insurance Company, 1995.
Soros, G., *The Crisis of Global Capitalism*, 1998.（大原進訳『グローバル資本主義の危機』日本経済新聞社、1999年1月）
Stewart, T. A., *Intellectual Capital*：*The New Wealth of Organizations,* Doubleday/ Currency, 1997, New York.
Stigliz, J., *Globalization and its Discontents*, 2002.（鈴木主税訳『世界を不幸にしたグローバリズムの正体』徳間書店、2002年5月）
── and Greenwald, B., *Toward a New Paradigm in Monetary Economics*, Cambridge University Press, 2003.（内藤純一・家森信善訳『新しい金融論──信用と情報の経済学──』東京大学出版会、2003年10月）
Strange, S., *Casino Capitalism*, Blackwell, 1986.（小林襄治訳『カジノ資本主義』岩波現代文庫、2007年3月）
Sullivan, P., *Value-driven Intellectual Capital. How to convert intangible corporate assets into market value,* Wiley, 2000.（水谷孝三訳『知的経営の真髄──知的資本を資本市場に転換させる方法』東洋経済新報社、2002年4月）
Sveiby, K. E., T*he new organizational wealth-Managing & Measuring Knowledge-Based Assets,* Berret-Koehler Publishers, 1997.
Tiebout, C.,"A Pure Theory of Local Expenditures", *Journal of Political Economy*, Vol. 64 No. 5, Oct. 1956, pp. 416-424.
Zugehör, R., Die Zukunft des rheinischen Kapitalismus, 2003.（風間信隆監訳、風間信隆・松田健・清水一之訳『ライン型資本主義の将来──資本市場・共同決定・企業統治──』文眞堂、2008年9月）
青木武「米国におけるコーポレートガバナンス」『信金中金月報』第2巻第11号（通巻365号）16～31頁、2003年9月
──「米国における金融監督と検査手法とその潮流」『信金中金月報』第2巻第13号（通巻368号）22～39頁、2003年12月
──「米国における金融危機と地域金融機関のサバイバル」『信金中金月報』第3巻第4号（通巻372号）69～130頁、2004年3月
青木昌彦・奥野正寛編『経済システムの比較制度分析』東京大学出版会、1996年4月
安孫子勇一「沖縄県の相対的な高金利──全国との比較による定量分析」RIETI Discussion Paper Series 06-J-041、2006年8月31日
──「沖縄県の相対的な高金利──全国との比較による定量分析」筒井義郎・植村修一編『リレーションシップバンキングと地域金融』161～191頁、日本経済新聞社、2007年5月
五十嵐清「比較法と経済学─『法的起源説（Legal Origin Thesis）』を中心に(1)─」

『札幌法学』第22巻第1号145～169頁、2010年6月　＝五十嵐〔2010①〕
── 『比較法ハンドブック』勁草書房、2010年12月　＝五十嵐〔2010②〕
── 「比較法と経済学─『法的起源説（Legal Origin Thesis）』を中心に(2)─」『札幌法学』第23巻第1号211～245頁、2011年
伊丹敬之『人本主義企業─変わる経営変わらぬ原理─』筑摩書房、1987年12月（ちくま学芸文庫1993年6月）、日経ビジネス人文庫（2001年2月）
井出一郎・林敏彦「金融仲介における公的部門の役割」堀内昭義・吉野直行編『現代日本の金融分析』221～254頁、東京大学出版会、1992年
── 「公的金融の理論分析Ⅱ」金融学会報告（神戸大学）、1995年10月29日
稲葉陽二・松山健士編『日本経済と信頼の経済学』東洋経済新報社、2002年6月
井上有弘「信用金庫の規模の経済性と合併効果─生産関数の推計と合併事例による分析─」『信金中金月報』2003年2月増刊号81～108頁
── 「欧州ソーシャルバンクの現状と信用金庫への示唆─「意思あるお金」を機能させる金融の仕組みとして─」『信金中金月報』第7巻第7号（通巻第427号）56～73頁、2008年7月
井堀利宏『ゼミナール　公共経済学入門』日本経済新聞社、2005年6月
岩井克人『会社はこれからどうなるのか』平凡社、2003年2月
── 『会社はだれのものか』平凡社、2005年6月
岩坪加紋「平均費用における信用金庫の合併効果」『国民経済雑誌』第187巻第4号1～15頁、2003年4月
── 「信用組合間合併における規模の経済性の有用性」『金融経済研究』第21号13～29頁、2004年12月
岩村充『銀行の経営革新』東洋経済新報社、1995年9月
植草益『公的規制の経済学』筑摩書房、1991年2月
── 『公的規制の経済学』NTT出版、2000年7月
植村修一「株式市場での評価を意識する地銀経営を」『週刊金融財政事情』2006年1月23日号32～39頁
植村修一・筒井義郎『リレーションシップバンキングと地域金融』日本経済新聞社、2007年5月
内田聡「銀行・事業会社の分離と結合─英米における展開─」日本金融学会2000年度春季大会報告（中央大学）、2000年5月27日
── 『アメリカ金融システムの再構築』昭和堂、2009年4月
落合誠一・大塚龍児・山下友信『商法Ⅰ──総則〔第5版〕』有斐閣、2013年3月
大久保和正「ロンドン：インサイド・アウト（その5）日本型金融とアメリカ型金融の特殊性」『月刊　資本市場』No.124、1995年12月、53～56頁
大原一三「株式会社化による中小金融機関の統廃合を」『週刊金融財政事情』2001年1月22日号16～17頁
大滝雅之「クラブ財としての公的金融と『民営化』問題─日本政策投資銀行をモデ

ルとして―」『社会科学研究』第57巻第2号141～157頁、2006年1月
小野有人「21世紀の銀行経営」『金融ジャーナル』1996年1月
――『新時代の中小企業論』東洋経済新報社、2007年6月
――「金融規制とプロシクリカリティ―G20における金融規制改革論の現状と今後の課題―」『みずほ総研論集』2009年Ⅳ号29～69頁
折谷吉治「中央銀行のガバナンス・ストラクチャー」『明大商学論叢』第86巻第4号75～95頁、2004年3月
粕谷宗久『日本の金融機関経営――範囲の経済性、非効率性、技術進歩』東洋経済新報社、1993年6月
川田剛『基本法人税法』大蔵財務協会、2002年6月
神田秀樹「協同組織制度 見直しの視点――「組織形態の規制」と「業務の規制」の分離を」『週刊金融財政事情』2007年6月11日号23～26頁
神吉正三「協同組織金融機関の「地区」に関する考察」RIETIポリシー・ディスカッション・ペーパー06-P-001、2006年6月
――「協同組織金融機関の「地区」に関する考察」筒井義郎・植村修一編『リレーションシップバンキングと地域金融』249～275頁、日本経済新聞社、2007年5月
菊澤研宗『組織の経済学入門』有斐閣、2006年10月
金融審議会金融分科会第二部会「保険相互会社の株式会社に関するレポート」1999年7月6日
――『中期的に展望した我が国金融システムの将来ビジョン』報告、2002年9月30日
――『リレーションシップバンキングの機能強化に向けて』報告、2003年3月27日
――『地域密着型金融の取組みについての評価と今後の対応について』2007年4月5日
――協同組織金融機関のあり方に関するワーキング・グループ『中間論点整理報告書』2009年6月
朽木昭文「農協理論に対する公共経済学的接近」『農林業問題研究』No. 47、83～89頁、1977年
――「プラント・プールの経済理論―協同利用財と不分割財―」『農林業問題研究』No. 51、78～84頁、1978年
――「農協機能の公共経済学的解釈―擬似公共財提供論―」『農業経済研究』第51巻第4号85～190頁、1980年
工藤智朗「カナダ生保相互会社の株式会社化」『生命保険経営』第68巻第3号、2000年5月
グラス=スティーガル法研究会編『業際問題を超えて―日米金融制度改革の研究―』日本証券経済研究所、1998年1月
古賀智敏『知的資産の会計』東洋経済新報社、2005年9月
――・榊原茂樹・興三野禎倫編著『知的資産ファイナンスの探求』中央経済社、

2007年1月

小平裕「労働金庫の組織の非効率性について」首都圏労金経営研究所『労働金庫における「適切な合併」の経済効果等に関する研究』2～55頁、1995年8月

──「金融機関のX非効率性の計測」『成城大学経済研究所研究報告』No.10、1997年2月

後藤玲子『正義の経済哲学──ロールズとセン』東洋経済新報社、2002年6月

小西大「銀行の合併と経営効果」全国銀行協会連合会(現・全国銀行協会)金融調査研究会報告書(20)『金融の安定性と金融制度』第7章103～121頁、1998年12月

小林伸「地域の活力を発掘・育成する試み──英国の「金融サービスからの疎外」(Financial Exclusion) 対策を題材に」日本銀行海外事務所ワーキングペーパーシリーズ 2002-3、2002年12月

小宮隆太郎「企業としての生保」今井賢一・小宮隆太郎編『日本の企業』東京大学出版会、1989年10月

坂戸俊夫「事業対象に専門性をもつ協同組織の存在意義は不変」『週刊金融財政事情』2001年1月22日号12～15頁

佐和隆光『資本主義は何処へ行く』NTT出版、2002年11月

澤野孝一朗「地方自治と市町村合併に関する実証分析とその議論──財政・分権・住民自治─」『オイコノミカ』第42巻第4号219～249頁、2006年3月

塩澤修平「中堅中小企業ファイナンスに関する理論的分析の視点」日本銀行『金融市場局ワーキングペーパーシリーズ』2000-J-11、2000年7月26日

鹿野嘉昭「CRDデータベースからみた日本の中小企業金融の姿」同志社大学ワーキングペーパーNo.27、2006年12月

──「CRDデータベースからみた日本の中小企業金融の収益性」(未発表)、2007年1月

──『日本の中小企業──CRDデータにみる経営と財務の実像』東洋経済新報社、2008年2月

──『日本の金融制度〔第3版〕』東洋経済新報社、2013年5月

鹿谷賢一・神崎公伸「魅力的投資機会を提供しうる巨大セクターが誕生:ダイナミックに生保経営を改革する契機に」『週刊金融財政事情』1999年8月23日号16～20頁

宍戸善一・常木淳『法と経済学』有斐閣、2004年4月

柴田武男「アメリカにおける金融機関破綻のケーススタディ─S&L問題を中心にして─」『アメリカの金融・証券制度の現状と課題Ⅰ』(証券資料No.117)、1992年4月

柴田弘文・柴田愛子『公共経済学』東洋経済新報社、1988年12月4月

清水克俊・家森信善「長期的貸出関係に関する理論と実証:展望」『金融経済研究』第28号23～46頁、2009年4月

信金中央金庫『全国信用金庫連合会五十年史』2001年9月

信金中央金庫『信金中央金庫六十年史』2011年9月
杉山敏啓『金融の基本教科書』日本能率協会マネジメントセンター、2006年10月
鈴木三郎「リレーションシップバンキングはなぜ大銀行に対抗できるのか」『週刊金融財政事情』2003年10月6日号22〜29頁
鈴村興太郎「銀行業における競争・規制・経済厚生」『金融研究』第9巻第3号17〜39頁、1990年10月
──「異なる行動原理を有する競争者の存在の厚生効果と郵便貯金」郵政省貯金局『21世紀の郵便貯金に関する調査研究会資料』215〜231頁、1996年5月
須田昌弥・依田高典「民営化後のJR6社の密度・範囲の経済性ならびに地域間費用格差」『運輸政策研究』Vol.7 第1号（通巻No.024）2〜10頁、2004年Spring
首藤保「新たな理論武装に努めネットワークの経済性を発揮せよ」『週刊金融財政事情』2001年1月22日号18〜21頁
全国信用金庫協会編『信用金庫読本』金融財政事情研究会、1997年〔第6版〕、2003年〔第7版〕
──新長期経営計画策定要綱「しんきん「つなぐ力」発揮2009〜新たな価値の創造と地域の持続的発展をめざして〜」2008年11月
──『信用金庫40年史』1992年12月
──『信用金庫50年史』2002年12月
──『信用金庫60年史』2012年6月
全国信用金庫連合会『全国信用金庫連合会二十年史』1971年12月
──『全国信用金庫連合会三十年史』1981年3月
──『全国信用金庫連合会四十年史』1991年3月
ソーシャルビジネス研究会『ソーシャルビジネス研究会報告書』2008年4月
高木仁「アメリカ銀行産業衰退論の展望」『金融経済研究』第9号、1995年7月
──『アメリカ1999年金融制度改革法』『金融』2000年2月
──『アメリカの金融制度〔改訂版〕』東洋経済新報社、2006年6月
高田しのぶ・茂野隆一「水道事業における規模の経済性と密度の経済」『公益事業研究』（公益事業学会）、第50巻第1号（通巻第127号）37〜44頁、1998年10月
高月昭年「S&Lの現況と新たな展開」日本金融学会2000年度春季大会報告（中央大学）2000年5月27日
高橋望「航空・空港をめぐる諸問題とその考え方」『運輸と経済』第52巻第5号48〜55頁、1992年5月
高橋愛典『地域交通政策の新展開』白桃書房、2006年3月
滝川好夫『信用金庫のアイデンティティと役割』千倉書房、2014年4月
田尻嗣夫「リテール・バンキング戦略における顧客選別と金融排除」『東京国際大学論叢 経済学部編』第22巻、2000年3月
橘木俊詔・木村俊夫「品質理論の金融資産選択行動への応用」証券市場実態調査分析研究会『日本の証券市場の実態調査と分析　II』資本市場研究会、1991年3月

──・植松千裕「生命保険相互会社のコーポレートガバナンスを巡る問題について」『文研論集』第123号1～47頁、1998年6月

──「生保の再生・再編には株式会社化が第一歩」『エコノミスト』1999年2月8日

──・深尾光洋・ニッセイ基礎研究所「生命保険会社のコーポレートガバナンス」『ニッセイ基礎研所報』Vol.10、1999年Summer（6月）　＝橘木・深尾・ニッセイ基礎研〔1999①〕

──・──・──「機関投資家のコーポレートガバナンス」『ニッセイ基礎研所報』Vol.10、1999年Summer（6月）　＝橘木・深尾・ニッセイ基礎研〔1999②〕

田中廣滋・御船洋・横山彰・飯島大邦『公共経済学』東洋経済新報社、1999年6月

田中政継（経済企画庁経済研究所編）『日本のコーポレートガバナンス―構造分析の視点から―』（経済分析 政策研究の視点シリーズ 12）1998年5月

谷本寛治「ソーシャルビジネスとソーシャル・イノベーション」『一橋ビジネスレビュー』第57巻第1号26～41頁、2009年夏

多和田眞・家森信善『東海地域の産業クラスターと金融構造―躍進する名古屋経済の強さを探る―』中央経済社、2005年3月

多和田眞・家森信善編『関西地域の産業クラスターと金融構造―経済の活性化を探る』中央経済社、2008年4月

近見正彦・吉澤卓哉・高尾厚・甘利公人・久保英也『新・保険学』有斐閣、2006年12月

中小企業庁『新しい中小企業金融研究会報告』2006年7月25日

中小企業基盤整備機構『中小企業知的資産経営報告書』2006年3月

──『中小企業のための知的資産経営マニュアル』2007年3月

──『中小企業のための知的資産経営実践の指針』2008年10月

筒井義郎「信用金庫の経営効率性」『信金中金月報』第3巻第9号（通巻377号）2～22頁、2004年8月

──「信用金庫と効率性仮説」『大阪大学社会経済研究所』Discussion Paper No.62、Feb. 2005

──・植村修一編『リレーションシップバンキングと地域金融』日本経済新聞出版社、2007年5月

東京郵政局貯金部委託研究報告書『金融排除問題の研究』2002年3月

刀禰俊雄・北野実『現代の生命保険』東京大学出版会、1993年6月

冨田洋三「ポスト資本主義に向けて」『実践女子大学　生活科学部紀要』第4号47～72頁、2007年4月

ドーア，R.『誰のための会社にするか』岩波新書、2006年7月

長濱守信「新相互会社論」『保険学雑誌』第538号47～68頁、1992年9月

中尾彰彦「ニュージーランドの郵政金融の分析―キウィバンクと国有企業のガバナンス改革との関係を中心に―」『国際公共経済研究』第24巻90～103頁、2013年10

月

日本銀行調査局『わが国の金融制度』日本銀行、1966年1月〔第1版〕:日本信用調査、1971年9月〔第7版〕

──『新版 わが国の金融制度』日本信用調査(ときわ総合サービス)、1986年8月、1995年4月

──「海外における協同組織金融機関の現状」『日本銀行調査季報』43～71頁、2004年(秋)10月

日本政策投資銀行「米国のコミュニティ開発金融機関の支援の仕組み─欧米地域金融調査①(米国編)─」『地域レポート』Vol. 12、2005年3月

──「カナダの地域金融とクレジットユニオン─欧米地域金融調査②(カナダ編)─」『地域レポート』Vol. 13、2005年3月

──「イタリアの地域金融と相互保証システム─欧米地域金融調査③(イタリア編)─」『地域レポート』Vol. 14、2005年3月

日経産業消費研究所(ベンチャー投融資問題研究会)『リスクマネー供給の実態と課題─ベンチャー金融の活性化に向けて─』日本経済新聞社・日経産業消費研究所、1996年6月

根本忠宣「諸外国の協同組織金融機関にみる改革の方向」『信用金庫』2～9頁、2003年2月

──「イタリアの中小企業金融」国民生活金融公庫総合研究所『調査季報』第70号1～25頁、2004年8月

野口悠紀雄『公共政策』岩波書店、1984年11月

馬場直彦・久田高正「わが国金融システムの将来像──変革の圧力と金融当局の役割」日本銀行金融研究所Discussion Paper No. 2001-J-22、2001年7月

半田剛「実務知識 金融機関と印紙税(二)」『金融法務事情』1954年6月25日号(第38号)、8～9頁

文研欧州調査団報告書『ヨーロッパ金融持株会社の実態』生命保険文化研究所、1996年7月

播磨谷浩三「信用金庫の効率性の計測」『金融経済研究』第21号92～111頁、2004年12月

平田東助『産業組合法要義』大日本産業組合中央会、1900年(本位田祥夫・東畑精一・川野重任監修『協同組合の名著 第1巻』家の光協会、1970年10月所収)

──・杉山孝平『信用組合論』楽善堂、1891年(本位田祥夫・東畑精一・川野重任監修『協同組合の名著 第1巻』家の光協会、1970年10月所収)

廣住亮「協同組織金融機関のコーポレートガバナンスに関する一考察」『信金中金月報』第3巻第4号(通巻372号)2～68頁、2004年3月

──「欧州協同組織金融機関の現状と考察─信用金庫が環境変化に対応するための参考として─」『信金中金月報』第4巻第5号(通巻386号)2～28頁、2005年5月増刊号

――「欧州協同組織金融機関における競争力強化への方策―ドイツ、オランダ協同組織金融機関における諸施策からの考察―」『信金中金月報』第6巻第4号（通巻411号）73〜98頁、2007年3月
深尾光洋『コーポレートガバナンス入門』筑摩書房（ちくま新書）、1999年4月
――・森田泰子『企業ガバナンス構造の国際比較』日本経済新聞社、1997年5月
福島清彦『ヨーロッパ型資本主義―アメリカ市場原理主義との決別―』講談社新書、2002年10月
――『アメリカ型資本主義を嫌悪するヨーロッパ』亜紀書房、2006年3月
藤野次雄「協同組織金融機関の意義と課題」『信金中金月報』第1巻第14号（通巻354号）2〜3頁、2002年12月
――「地方銀行の効率性分析―確率的フロンティア生産関数による実証分析―」『信金中金月報』第3巻第3号（通巻371号）27〜48頁、2004年3月
藤原康史「北米協同組織金融の源流を探る―カナダのデジャルダン・グループの経営戦略から信用金庫の戦略を考える―」『信金中金月報』第2巻第5号（通巻359号）2〜34頁、2003年3月
堀田一吉『保険理論と保険政策』東洋経済新報社、2003年12月
堀敬一「銀行業の費用構造の実証研究」『金融経済研究』第15号24〜51頁、1998年10月
堀江康煕『銀行貸出の経済分析』東京大学出版会、2001年7月
――編著『地域金融と企業の再生』中央経済社、2005年5月　＝堀江〔2005①〕
――「地域銀行の経営と貸出行動」2005年日本金融学会春季大会報告　＝堀江〔2005②〕
――『地域金融機関の経営行動』勁草書房、2008年8月
堀内昭義「銀行危機と金融システムの再構築――融資取引関係の可能性」（2004年日本金融学会関東部会報告論文）、2004年9月4日　＝堀内〔2004①〕
――「金融システムにおける融資取引関係の可能性と限界」池尾和人・堀内昭義編『日本の産業システム9　金融サービス』100〜150頁、NTT出版、2004年11月　＝堀内〔2004②〕
益田安良『中小企業金融のマクロ経済分析』中央経済社、2006年7月
松尾弘「シビル・ローとコモン・ローの混合から融合へ―法改革のためのグローバル・モデルは成立可能か―(1)」『慶応法学』第19号179〜213頁、2011年3月　＝松尾〔2011①〕
――「シビル・ローとコモン・ローの混合から融合へ―法改革のためのグローバル・モデルは成立可能か―(2)」『慶応法学』第20号145〜185頁、2011年8月　＝松尾〔2011②〕
松尾逸朗「株式会社化時の剰余分配に関する法的問題―相互会社社員持ち分算定をめぐる一考察―」『生命保険経営』第66巻第6号、1998年11月
松岡博司「米英生保の株式会社化をめぐる動き」『ニッセイ基礎研REPORT』第

39号13〜20頁、2000年6月

三隅隆司「金融機関の企業形態と行動：展望(1)」『文研論集（生命保険文化研究所）』第131号87〜108頁、2000年6月　＝三隅〔2000①〕

――「相互会社形態と株式会社形態：生命保険会社の組織形態とリスク」（未発表論文）、2000年5月　＝三隅〔2000②〕

峯岸信哉「金融機関の組織形態の相違と地域金融―株式会社組織と協同組織の比較：X非効率性の計測―」『生活経済学研究』第18号71〜82頁、2003年3月

宮越龍義「信用金庫における範囲の経済性と規模の経済性―地域別検証―」『経済研究』第44巻第3号233〜242頁、1993年7月

宮村健一郎「信用金庫の費用と規模の経済性」『東洋大学経営論集』第38号63〜83頁、1992年3月

――「地域金融機関の地域金融機関性」『経営研究所論集』東洋大学経営研究所、2000年2月　＝宮村〔2000①〕

――「協同組織金融機関におけるコーポレートガバナンス―「世襲」と「長期政権」の問題―」『東洋大学経営論集』第51号149〜262頁、2000年3月　＝宮村〔2000②〕

――「協同組織のコーポレートガバナンス」プレゼンテーション、2002年度金融学会秋季大会（関西学院大学）、2002年11月24日

――「アンケート調査に基づく信用金庫の適正規模の推定」プレゼンテーション、2008年度生活経済学会全国大会（関西学院大学）、2008年6月8日　＝宮村〔2008①〕

――「信用金庫の営業戦略とパフォーマンスへの影響」『生活経済学研究』第28号1〜14頁、2008年9月　＝宮村〔2008②〕

村上英樹「低費用航空会社参入の市場効果の持続性：米国複占市場におけるケース」神戸大学経営管理大学院ディスカッションペーパー、2005年9月

村上博信「米国の持株相互会社」『ニッセイ基礎研REPORT』19〜24頁、1997年12月

――「金融サービス業界の再編と生保相互会社の株式会社化」『ニッセイ基礎研REPORT』21〜26頁、1999年1月

――「諸外国生保相互会社の株式会社化」『生命保険経営』第68巻第2号39〜58頁、2000年3月

村本孜「生命保険会社の競争力―計数分析を中心として：事業費の構造、規模・範囲の経済性―」『文研論集（生命保険文化研究所）』第105号141〜171頁、1993年12月

――『制度改革とリテール金融』有斐閣、1994年6月

――「日本の金融システムの問題性」『日本農業年鑑〔平成9年版〕』41〜50頁、1996年12月

――「協同組織金融機関としての農協の課題と展望」『農林金融』第50巻第4号

2～7頁、1997年4月
── ・小平裕「生命保険会社の効率性と非効率性」『文研論集（生命保険文化研究所）』第118号67～111頁、1997年3月
──「金融ビッグバンと生命保険事業」『文研論集（生命保険文化研究所）』第129号45～98頁、1999年12月
──「金融持株会社と生命保険会社」『文研論集（生命保険文化研究所）』第132号1～39頁、2000年9月
── ・小平裕「生命保険会社の効率性と非効率性」『文研論集（生命保険文化研究所）』第118号67～111頁、1997年3月
──「金融システムの国際比較分析─市場統合・通貨統合のもたらすもの─」『成城大学経済研究所研究報告』No.24、2000年3月
──「金融機関の組織形態の変換─相互組織・協同組織の株式組織化の問題─（Ⅰ）・（Ⅱ）」『成城大学経済研究』第150号31～54頁、2000年11月；第151・152合併号55～84頁、2001年3月
──「金融システムと中小企業金融（Ⅰ）・（Ⅱ）」『成城大学経済研究』第154号1～30頁、2001年10月；第155号119～143頁、2001年12月
──編『金融排除問題の研究』東京郵政局貯金部委託研究報告書、2002年4月
──「中小企業金融の理論的基礎と間接金融の新たな手法」『商工金融』第52巻第9号、16～25頁、2002年9月
──「リレーションシップバンキングと中小企業金融(1)・(2)・(3)」『成城大学経済研究』第162号255～277頁、2003年11月；第163号229～249頁、2003年12月；第164号1～27頁、2004年3月
──「中小企業金融の現状」衆議院調査局『中小企業金融の課題』62～72頁、2004年2月
──編『グローバリゼーションと地域経済統合』蒼天社、2004年3月
──「リレーションシップバンキング論」『信金中金月報』第3巻第12号3～27頁、2004年11月
──『リレーションシップバンキングと金融システム』東洋経済新報社、2005年2月　＝村本〔2005①〕
──「市場型間接金融を活用する中小企業金融」『商工金融』第55巻第2号5～19頁、2005年2月　＝村本〔2005②〕
──「イノベーションと中小企業金融」『中小企業総合研究』（中小企業金融公庫総合研究所）、第2号1～19頁、2005年11月　＝村本〔2005③〕
──「イノベーションを創造するリレーションシップバンキング」『成城大学社会イノベーション研究』第1巻第1号3～24頁、2005年11月
──「金融イノベーションとイノベーションの金融的側面」（未発表）成城大学社会イノベーション学部編『イノベーション・ダイナミックス』（近刊）に収録予定

――「リレーションシップバンキングのイノベーション―ソフト情報としての知的資産経営―」『成城大学社会イノベーション研究』第3巻第1号71～89頁、2007年11月

――「協同組織金融機関の理論的整理とガバナンス―内部補助理論、クラブ財理論などによる試み―」『成城大学社会イノベーション研究』第4巻第1号51～85頁、2009年1月

――『リレーションシップバンキングと知的資産』金融財政事情研究会、2010年12月

村田敏一「金融審部会報告をこう読む――有配当契約者保護のあり方等が課題に」『週刊金融財政事情』1999年8月23日号21～23頁

森下光雄「米国相互貯蓄金融機関の経営危機と相互主義理念」『生命保険経営』第62巻第4号、1994年9月

藪下史郎・武士俣友生『中小企業金融入門』東洋経済新報社、2002年8月〔第1版〕、2006年3月〔第2版〕

山村延郎「ドイツにおける預金保護・危機対応の制度―市場経済に立脚した金融システムの維持―」金融庁金融研修センター（現・金融研究センター）・ディスカッションペーパー、2003年5月28日（http://www.fsa.go.jp/frtc/seika/discussion/2003/20030528.pdf）

――「フランス・オランダの地域金融システム――欧州における「リレーションシップバンキング」の実態と日本への示唆」金融庁金融研修センター（現・金融研究センター）・ディスカッションペーパー、2003年12月9日（http://www.fsa.go.jp/frtc/seika/discussion/2003/20031209.pdf）

家森信善「地域金融における公的金融機関と民間金融機関の店舗配置」林敏彦・松浦克己・米澤康博編『日本の金融問題―検証から解決へ―』日本評論社、231～245頁、2003年3月

――「民間金融機関の経営計画と店舗ネットワークの変化」『貯蓄経済季報』平成16年秋号1～21頁、2004年10月

――「地域金融システムと中小企業金融」『（日本政策投資銀行）RPレビュー』17号14～18頁、2005年8月

――「企業が望む金融サービスと中小企業金融の課題―関西地域の企業金融に関する企業意識調査を中心に―」RIETI Discussion Paper 06-J-003, 2006年1月

――「リレーションシップバンキング機能は強化されたか？―関西地域企業アンケートに基づく分析―」筒井義郎・植村修一編著『リレーションシップバンキングと地域金融』47～80頁、日本経済新聞社、2007年5月

――・打田委千弘「信用金庫の経営と地域経済行動の関係について」『信金中金月報』第6巻第3号（通巻410号）38～65頁、2007年2月増刊号

――・近藤万峰「地域密着型金融推進計画の展開とリレーションシップバンキングの現実―愛知県アンケート調査に基づく中小企業と銀行のリレーションシップの

分析―」『金融構造研究』第29号37～44頁、2007年5月
――・冨村圭「信用金庫の理事会構成と経営の特徴―社外者理事の役割の検討―」『金融ジャーナル』83～86頁、2007年10月
――・――「協同組織金融機関におけるコーポレートガバナンスの課題」『ファイナンシャルコンプライアンス』25～28頁、2008年4月
――・齋藤有希子「信用金庫の地域密着経営と企業支援」『信用金庫』18～23頁、2008年4月
――・冨村圭「信用金庫のガバナンスと役員構成―非常勤理事と監事の役割の比較を中心に―」『生活経済学研究』第28巻15～25頁、2008年9月
――・西垣鳴人「ニュージーランド・キウィ銀行の市場競争への影響―わが国郵政金融事業民営化後への示唆―」『生活経済学研究』第30巻1～12頁、2009年9月
結城茂「信金合併は経営効率化等に大きな効果―初の合併調査結果を紹介する―」『週刊金融財政事情』1971年2月15日号41～45頁
由里宗之「アメリカのコミュニティ銀行に学ぶべき点」『週刊金融財政事情』2001年1月22日号22～26頁
預金保険機構『預金保険研究』第4号、2005年9月
吉野直行「寡占的金融市場における公的金融の役割」貝塚啓明・植田和男編『変革期の金融システム』119～141頁、東京大学出版会、1994年11月
――・藤田康範「公的金融と民間金融が併存する金融市場における競争と経済厚生」『経済研究』第47巻第4号313～323頁、1996年10月
米田健二「新保険業法下における相互会社のコーポレートガバナンス」『生命保険経営』第64巻第4号3～16頁、1996年7月
渡辺孝「ソーシャル・イノベーションとは何か」『一橋ビジネスレビュー』第57巻第1号14～25頁、2009年夏
渡辺努・植杉威一郎『検証 中小企業金融』日本経済新聞社、2008年9月
和辻哲郎『風土――人間学的考察』岩波書店、1935年（岩波文庫、1979年）

事項索引

【欧文】

bank-basd system ··· 306, 312
Bank Enterprise Act ······································· 56, 131
basic banking service ·· 59
Building Society ································· 34, 181, 295, 315
CDFI ··· 132, 133
Consumer Checking AccountAct ································ 57
CRA ·· 131
Doing Business Report ······················· 299, 303, 304
LLS ·· 306
LLSV ··· 305
market-based system ··· 306
MSB ·· 145
One for all,all for one. ·· 32
RIETI ··· 198
social banking ··· 59

【あ】

愛知文書 ·· 76
足の金融機関 ··· 49, 295
温かい心と冷静な頭脳 ·· 257
新しい金融制度について答申 ······················· 105, 112
アメリカ型システム ·· 290
アングロアメリカン型の金融システム ···················· 180

【い】

EU諸国の協同組織金融機関 ························· 180, 182
イギリス型システム ·· 290
イギリス法由来 ··· 309, 311
移植効果 ··· 304, 305

【う】

ウィンドフォール ··· 160

──の発生 ……………………………………………… 159

【え】

LLSV仮説 ……………………………………………………… 303
　　──に対する反論 …………………………………… 304
　　──の再反論 ………………………………………… 305
NPO法人 …………………………………………………………… 28
S&L ………………………………………… 145, 146, 289, 295, 315
　　──の株式会社化 …………………………………… 161
　　──の仕組み ………………………………………… 145
　　──の相互持株会社 ………………………………… 146
　　──の組織変更 ……………………………………… 145
Sコーポレーション ……………………………………… 131, 132
英米法（コモンロー）…………………… 300〜302, 306, 309
　　──由来 …………………………………… 299, 309, 317, 318
営利目的が株式会社の目的 ……………………………………… 26

【お】

オペレーショナル・リスク ……………………………………… 284

【か】

カーペットバガー ……………………………………………… 160
会　員 ………………………………………………………………… 274
　　──外預金 ………………………………………… ⅰ, 194
　　──資格 ………………………………………………… 208
　　信用金庫の会員の資格 ………………… 98, 103, 109, 294
　　──や顧客を意識した仕組み ……………………… 194
　　──数の変化 ………………………………………… 276
会員制度 ……………………………………… ⅰ, 274, 279, 294
　　──によらないガバナンス ………………………… 280
　　──によるガバナンス ……………………………… 276
　　──の活用 …………………………………………… 275
　　──の希薄化 ………………………………………………… ⅴ
　　──の形骸化 ………………………………… 272, 274, 275
　　──の実態 …………………………………………… 274
会社法 ………………………………………………………………… 26
　　──の株式会社 ……………………………………… 141
下位遷移率 ……………………………………………………… 200

外部からのチェック機能	168, 170, 176
格付	248
合転法	99, 100
株式会社化の課題	159
株式組織金融機関	5, 8, 172
株主主権	175
株主総会の役割（監視機能）	170
ガバナンス	28, 166, 168, 316
――・システム	179
――の強化	193
――の変化	159
――の問題	191, 200
株式組織の――	167
協同組織と株式組織の――の相違	178, 179
協同組織の――	32, 167, 176, 316
信金の――	177, 179
相互会社の――	166
相互会社の――構造	168
川上株式会社	148, 154
川口試案	94, 96
川下株式会社	148, 154
神吉の所論	213
監事	204
――機能の強化	203
員外――	203, 206
監事会制度	206, 280
神田の所説	312

【き】

キウィバンク	59
機関委任事務	113
規制改革・民間開放推進会議	5, 7, 24, 312
――の検討事項	7
――の第3次答申	5
規制緩和要望	211
規制上の負担	249
基礎的金融サービス	59, 60
ギデンズの整理	260

規模の経済	47, 48, 93, 95, 102, 122
逆選択	41
給付反対給付金均等の原則	33
狭域高密度経営	32, 48, 49, 226
業態別預金・貸出	ii
協調的行動の重要性	54
協同銀行法	77
──案要綱	77
協同組合	63
──原則	20
──の株式会社化	146
──の適用除外規定	19
純粋の──	i
協同組合による金融事業に関する法律	80
協同組織から株式組織への転換	159
協同組織金融機関	i, iii, 2, 5, 6, 9, 16, 17, 23, 34, 37, 39, 40, 107, 122, 167, 221～223, 226, 286, 289, 292
──と金融システム	288
──のあり方をめぐる議論	iii
──の意義	16, 287
「──の業務及組織のあり方について」報告	110
──の適用除外規定	19～21
──の統合	291
──の破綻要因分析	250, 251
──のメンバー	40
「──の優先出資について」報告	111
──の4業態	110
地域金融機関としての──	3
(補論)──について	23, 123, 223
協同組織金融機関法	252
協同組織性	iv, 4, 5, 177, 227, 312, 313
──制度の形骸化	93
協同の思想	318
業務方法書	212
寄与分基準	151
銀行型システム	299, 311, 318
銀行型資本主義	181
銀行行政の自由化・効率化	89

銀行代理業（契約）	249
銀行法	26
——第1条	26
——でいう「公共性」	21
金融過疎	251
——地における地域金融の確保	189
金融機関のミッション	2
金融規制のタイプ	290
金融機能強化法	7
金融業法案	78
——要綱	73
金融構造と法制度	310
金融効率化	9, 10, 88, 97
——行政	ⅲ, 89
——論	272
金融再生プログラム	113, 123
金融審議会	5, 7, 21
協同組織金融機関のあり方に関するワーキング・グループ	ⅴ, 7, 189, 195, 209, 233, 251, 266, 275, 316
「協同組織金融機関のあり方に関するワーキング・グループ」中間論点整理報告書	7, 17, 23, 24, 124, 248, 251, 253
「地域密着型金融の取り組みについての評価と今後の対応について」報告	223
中長期的に展望した我が国金融システムの将来ビジョン答申	113, 119
「「リレーションシップバンキングの機能強化に関するアクションプログラム」の実績等の評価等に関する議論の整理」	123
「リレーションシップバンキングの機能強化に向けて」報告	16, 123
金融制度改革と協同組織	105
金融制度改革論議	273
金融制度再編成	101
金融制度調査会	ⅲ, 10, 73, 87, 88, 90, 272
「一般民間金融機関のあり方等について」答申	101
「協同組織形態の金融機関のあり方」中間報告	16, 23, 108, 209, 210, 212
金融システム安定のための諸施策	113
今後の金融をめぐる環境報告	101
「地域金融のあり方について」報告	97, 209, 214, 261
金融庁	142
金融二法の制定	87, 99
——後の金融再編成	102

──と信用金庫 …………………………………………………… 99
金融の二重構造 …………………………………………………… 94
金融排除（問題）………………………… 53, 54, 56, 57, 59, 60, 260, 297

【く】

クラブ財 …………………………………………… 32, 39, 41, 42, 316
　　協同組織という── ………………………………………… 42
　　準公共財である── ………………………………………… 43
　　信金の──性 ………………………………………………… 43
クレジットユニオン ……………………………… 60, 64, 131, 146, 180, 289
クレディ・アグリコール …………………………………………… 146, 249
グローバリズム ……………………………………………………… 258
　　──・スタンダード ………………………………………… 259
　　──への懐疑 ………………………………………………… 259
　　──への批判 ………………………………………………… 258
グローバリゼーション ……………………………………………… 185
　　金融── ……………………………………………………… 260
　　グローバル化 ………………………………………………… 259
　　グローバル資本主義 ……………………………………… 181, 258

【け】

経営改善支援とアドバイス提供の能力 ……………………………… 199
経営者に対する規律付け ……………………………………… 176, 179
軽減税率 ……………………………………………………………… 126
　　固定資産税の── …………………………………………… 128
経済思想の系譜 ……………………………………………………… 257
経済思想の嚆矢 ……………………………………………………… 256
経済的資本（エコノミック・キャピタル）………………………… 133, 283
経済的自由（主義）………………………………………………… 257
経路依存性 ………………………………………… 50, 52, 53, 268, 269, 311
ケース・ポピュレール ………………………………………………… 69, 70
ゲーム理論 …………………………………………………… 162, 291, 317
　　──による説明 ……………………………………………… 287
牽制機能 ……………………………………………………………… 166
現代の経済思想 ……………………………………………………… 258

【こ】

講（頼母子・無尽）…………………………………………………… 62

国際協同組合同盟（ICA）·· 65
国民生活金融公庫・総合研究所の調査·································· 45
五常講··· 63, 317
コミュニティバンク·· 261, 262
『雇用・利子・及び貨幣の一般理論』······································ 258

【さ】

最高裁判決（1977年6月）·· 22
最小最適規模··· 48
サブプライム問題··· 284
産業金融モデル·· 114, 119, 120, 122
産業組合··· 72, 227
　　——に対する非課税措置··· 128
　　——法··· 72, 82, 209, 210, 252
　　——法第6条（税制上の恩典）······································ 127
3試案に対する信用金庫業界の対応·································· 96
3種類説··· 96

【し】

CRD··· 35, 36
　　——データ·· 44
市街地信用組合··· 72, 74～78, 227
資金調達弱者··· 189
自己資本充実策··· 111, 129, 296
自己資本比率··· 283, 284
　　——規制·· 282, 283
市場（型）金融モデル·· 114, 116, 119, 120, 122
市場型システム··· 52, 296, 297, 299
市場主義··· 51, 187, 256, 258
　　——を埋めるもの··· 54
市場による監視··· 204
市場の失敗··· 4
　　——の補完·· 4
執行役員制度··· 280
実費主義··· 141, 142, 169
市民バンク··· 291
地元回帰··· 3
地元経済の疲弊··· 4

社員自治による経営チェック機能	169
社員総会	141
社外（者）取締役	201
社会排除	260
従業員別貸出先	11
18－65法	56, 60
自由放任主義（レッセフェール）	256
シュタッケルベルグ均衡	288
シュタッケルベルグ・リーダー	287, 292
小規模企業の借入残高	44
――の特性	46
証券化	116, 120
商　法	26, 27
――上の商人	28
情報生産機能	11, 223, 262
情報の非対称性	13, 40, 60, 196, 199
『昭和財政史』	76
諸外国の税制	130
諸外国の生保会社の組織形態	150
『諸国民の富』	257
所有権の補償	152
人縁・地縁	294
――というヒューマン・リレーションシップ	293
進化ゲーム理論	50, 52, 53
新規資本の調達	262
信金中央金庫（信金中金・全信連）	134, 227～229, 233, 234, 237, 246～248, 251
――個別信金の業務補完	228
（――の）業界の信用力の維持・向上	229
――の経営力強化制度	233, 240, 243, 244, 246～248, 296
（――の）資金運用機能	227
――の市場関連子会社	229
（――の）資本増強制度	233, 243, 244, 246, 247
（――の）信用金庫の決済機能	227
（――の）セーフティネット機能	229, 233
――の余資運用	230
個別金庫と――の関係	249
15％ルール	247
信金の考え方―2グループ化―	191

信金と地域経済	196
信金の課題	199
——の最適規模	189
——の再編	205
——の不良債権	204
新自由主義	258
人的結合	210, 214, 216, 217, 219〜221
——体	107, 210
——の確保	217
人本主義	318
信用金庫	106, 192, 266
——に改組	83
——の格付	179
——の貸出構造	45
——の貸出先	12
——の貸出先融資対象の特性	11, 273
——の株式会社化（論）	10, 108
——の機関数	iv
——の軽減税制	128, 129
——の経済的基礎	32
——の自己資本充実	129, 133, 240, 296
——の自己資本比率	iii
——の商人性	27
——の店舗数	iv
——の内部統制	179
——のネットワーク	39, 229
——の不良債権比率	iv
——の預貸率	190
——のリレーションシップバンキング	293, 294
信用銀行法案要綱	79
信用金庫制度の議論	86
信用金庫法（案）	19, 27, 79〜81, 208, 227, 279, 280, 314
——案の胚胎	89
——施行法案	80, 81
——第7条	20
——第23条	208
——第49条	280
——第53条	208

事項索引　347

| ——の制定 · 74, 75
信用組合 · 27, 82, 99, 106, 251, 252
 ——の所管 · 82
 ——法 · 71
 産業組合法に基づく—— · 74
信用保証協会 · 36, 44
信用リスク · 38
 ——算出方法 · 284

【す】

末松試案 · 10, 91, 93〜95, 98, 101, 273
スコアリング活用ローン（クイックローン） · 45

【せ】

生活協同組合 · 63
税制上の軽減（優遇）措置 · · · · · · · · · 4, 6, 10, 17, 107, 126, 127, 130, 209, 213, 273, 315
税制優遇のケース · 133
制度改善に関する3試案 · 91
制度研究委員会の中間答申 · 89
制度補完性 · 50〜53
制度問題研究会 · 105
 専門金融機関制度のあり方について報告 · · · · · · · · · · · · · · · · · · · 105
生保株式会社の存在の意義 · 161
世界銀行の研究 · 299, 306
世界的金融危機 · 282, 284
全国信用協同組合中央協会（全信中協） · 77
全国信用金庫協会（全信協） · 11,
      12, 78〜80, 82, 134, 226, 244, 267, 268, 274, 277, 279
先祖株組合 · 63, 317

【そ】

相互援助制度 · 233, 234, 240, 241
 ——の縮小・廃止 · 240, 242, 244
 新しい—— · 234
 信金の—— · 233, 235
相互会社 · 32, 36, 141, 143, 162
 ——形態 · 140, 147, 172
 ——のエンティティ・キャピタル · 155, 160

――の機関	143
――の基本的属性	142
――の社員	143
――の税制	143
――の相互扶助性	36
――の法人税率	144
――の目的の範囲	143
株式会社と――の比較	142
生保――の組織変更	147
相互組織	140, 146, 226, 296
――と株式組織	170, 313
――の株式会社化（ディミューチャアリゼーション）	144, 173
――の株式会社化との関連	170
――の株式組織への転換	147
相互扶助（性）	16～18, 21, 22, 24, 32, 33, 43, 74, 188, 202, 226
――の金融の仕組み	62
協同組織金融機関の――	18, 21, 26, 112
信用金庫の――	31
保険における――	33
協同組織金融は相互扶助を実現するシステム	187, 221
相互扶助・非営利	16, 17, 23～25, 32, 108, 129, 133, 187
総　代	141, 170, 172, 194
――候補者選考	279
――選出方法	194
――の選考基準	200
――の選任	100
――の選任立候補制	195, 276
信任投票制度	195, 276
非会員からの選出	195
総代会	141, 179, 314
――制度の機能強化（の状況）	176, 202, 205, 280
――などの取組状況	278
――の活性化	170, 276
――の問題	193
組織形態の規制	312
業務の規制	312
組織の規制	314

【た】

退出：Exit ……………………………………………………………… 176
対象の専門性 …………………………………… 10, 16, 107, 108, 264, 273
大数の法則 ……………………………………………………………… 33
第2地方銀行（相互銀行） ………………………… ⅱ, 10, 92, 94, 98, 293
　　──の普銀転換 ………………………………………………… 105
　　相互銀行制度のあり方について答申 ………………………… 105
　　普通銀行への転換論 …………………………………………… ⅲ
大陸法（シビルロー） ……………………… 300〜302, 304, 306, 309
　　──由来 ………………………………………… 299, 309, 317, 318
滝口試案 ……………………………… 10, 92, 93, 95, 96, 98, 101, 273
多重債務問題 …………………………………………………………… 8
短期的利益 …………………………………………………………… 262
　　──よりも長期的利益の追求 ……………………………… 38, 133

【ち】

地域銀行 ……………………………………………………… 2〜4, 25
地域金融機関 ………………………………… 2, 214, 261, 292, 293
　　──タイプ1 …………………………………………… 261, 262
　　──タイプ2 …………………………………………… 261, 262
　　──の課題 …………………………………………………… 117
　　──の将来像 ……………………………………………… 117, 121
　　──の中小企業向け貸出の実態 …………………………… 9
地域金融の担い手 …………………………………………………… 292
地域集中リスク ……………………… 10, 130, 132, 209, 224, 226, 273
地域信用組合 …………………………………………………… 192, 252
　　業域信組・職域信組 ………………………………………… 253
地域というコモンボンド …………………………………………… 189
地域との運命共同体（使命共同体） ……… 130, 209, 261, 263, 273, 293
地域内資金循環 ……………………………………………………… 208
地域密着 ………………………………………………………………… 5
　　──型金融 ……………………………………… 129, 223, 268, 313
地縁・人縁・知縁 ………………………………………… 5, 213, 217
地区、区域 ……………………… 208, 210, 211, 214, 215, 217〜222, 224
　　──重視 …………………………………………………………… 212
　　──制限 ……………………………………… 208, 209, 223, 315
　　──制限が協同組織金融機関の経営上の制約 …………… 215

──制度 …………………………………………………………… 209
　　──と運命共同体 ……………………………… 10, 130, 209, 261, 293
　　──に関する議論 ………………………………………………… 213
　　──の範囲 ……………………………………… 109, 209～211, 227
　　──を定めることのメリット・デメリット ………………………… 220
　　協同組織金融機関の── ……………………… 213, 216, 218～220, 224
　　協同組織金融機関の──の必要性 ………………………… 216, 222
　　協同組織金融機関と銀行の──の違い ………………………… 216
　　金融機関の── …………………………………………………… 216
　　事業──の重なり ……………………………………………… 209
中央銀行のガバナンス・ストラクチャー ……………………………… 41
中央組織 …………………………………………… 226, 228, 231, 296
　　──による規模の利益の実現 …………………………………… 226
　　──のあり方をめぐる経営的課題 ……………………………… 248
中央組織・中央機関の存在 ………………………………………… 226
中間法人 ………………………………………………………… 28, 169
中小企業基本法 ……………………………………………………… 103
中小企業銀行法 ……………………………………………………… 92
　　──案 ……………………………………………………………… 78
中小企業金融機関 …………………………………………………… 264
中小企業金融制度のあり方 …………………………………………… 272
中小企業金融制度の整備に関する答申 ……………………………… 103
「中小企業金融専門機関等のあり方と制度の改正について」答申 …… 104
中小企業金融の円滑化 ……………………………………………… 212
中小企業金融問題特別委員会 …………………………… 90, 91, 101
中小企業等協同組合 ……………………………………………… 22, 81
　　中小企業等協同組合法 ………………………… 18, 27, 72, 73, 76～79
中小企業白書2006年版 ……………………………………………… 45
　　──2008年版 ……………………………………………… 209, 272
中小企業向け公的金融制度の整備 ……………………………… 221, 224
中小金融機関 ………………………………………………… 262, 263
中小金融の新制度確立に関する要望書 ……………………………… 80
長期在職・世襲 ………………………………………………… 192, 193
長期的関係のメリット ……………………………………………… 199
長期的な信頼関係（リレーションシップ） …………………………… 40
貯蓄貸付組合（S&L） ………………………………………… 53, 181

事項索引　351

【つ】

つながり力 ……………………………………………………………… 184
つなぐ力 ………………………………………………………… 184, 267

【て】

定　款 ………………………………………………………………… 211
定性的な情報 ……………………………………………………… 217, 218
ディミューチャリゼーション（脱相互化・株式会社化）…………… 295
定量的な情報 ……………………………………………………… 217, 218
適正規模 …………………………………………………………… 5, 93
適正利潤と内部留保 ………………………………………………… 29
店舗規制 …………………………………………………………… 211

【と】

ドイツの基金 ………………………………………………………… 226
ドイツの信用組合 ………………………………………………… 66, 209
ドイツ法由来 ………………………………………………………… 311
ドイツポスト ………………………………………………………… 58
同質化（論）……………………… 8, 10, 86〜88, 92, 94, 107, 197, 272, 273
　　繰り返される── ……………………………………………… 8
　　信用金庫の── ……………… v, 8, 10, 86, 87, 107〜109, 135, 195, 197, 272, 273
　　普通銀行との── ……………………………………………… v
独占禁止法 ………………………………………………………… 19, 21
　　──第22条 …………………………………………………… 20, 127
都市銀行（主要行）…………………………………………… i, ii, 2, 10
ドッジライン（安定化政策）……………………………………… 76

【な】

内部補助 ……………………………………………………… 32〜35, 37
　　──の理論 ………………………………………………… 32, 316
　　異時点間の── ……………………………………………… 38
　　協同組織金融機関の── …………………………………… 36
　　信用金庫の── ……………………………………………… 38
内部留保の安定 …………………………………………………… 129
ナッシュ均衡 ………………………………………………… 287, 288, 291

【に】

2種類説 …………………………………………………………… 91〜93
2信組問題 ………………………………………………………… 82, 113
日本型企業システム ……………………………………………… 52, 53, 166
日本型金融システムと行政の将来ビジョン懇談会報告 ………… 114
日本で最初の信用組合 …………………………………………… 71
日本での株式会社化 ……………………………………………… 156
日本の協同組織金融機関の株式会社化 ………………………… 157
　　――八千代銀行へのヒアリング ……………………………… 157, 158
日本の金融システム ……………………………………………… 289, 311

【ね】

ネットワーク経済（性）…………………………………………… 32, 48, 49, 316

【の】

農業協同組合 ……………………………………………………… 42, 64
　　――法 …………………………………………………………… 18

【は】

バーゼル合意 ……………………………………………………… 282, 283, 285
　　新しい―― ……………………………………………………… 285
　　バーゼルⅡ ……………………………………………………… 283, 285
　　バーゼルⅢ ……………………………………………………… 285
端株の買取請求 …………………………………………………… 158
発言：Voice ……………………………………………………… 176
範囲の経済 ………………………………………………………… 47
バンドワゴン効果 ………………………………………………… 49

【ひ】

非営利（性）……………………………………………………… 16, 26, 27, 29, 107
　　――活動の整理 ………………………………………………… 267
　　――機関 ………………………………………………………… 8, 53, 197
　　――法人の税制 ………………………………………………… 136
非会員の利益 ……………………………………………………… 178
比較制度論 ………………………………………………………… 50, 317
非競合性 …………………………………………………………… 42, 43
非効率性 …………………………………………………………… 292

信金の―― ………………………………………………………… 297, 298
　　信金の――効率性の分析 ……………………………………… 298
ビッグバン ………………………………………………………………… 148

【ふ】

『風土　人間的考察』……………………………………………………… 317
複線型システム …………………………………… 52, 114, 119, 120, 122
復興金融金庫 ……………………………………………………………… 76
プライベートバンキング ………………………………………………… 56
フランスの農業協同組合 ………………………………………………… 64
プラント・プール理論 …………………………………………………… 42
フリーライド問題 ………………………………………………………… 201
不良債権の開示とその後の破綻の有無 ………………………………… 204
プロシクリカリティ …………………………………………… 282, 285, 317
　　――の問題 ……………………………………………………… 282, 286
　　協同組織金融機関と―― ……………………………………… 286
分類別（規模別）にみた信金の特徴 …………………………………… 190

【へ】

ベンチャー企業 …………………………………………………………… 120
ベンチャーキャピタル …………………………………………………… 121

【ほ】

法人税制・法人税法 ………………………………………………… 126, 128
　　――第66条 …………………………………………………… 126, 143
法的起源論 ………………………………………… 299, 300, 303, 317, 318
　　金融システムと―― …………………………………………… 309
報徳社 ………………………………………………………………… 62, 63
保険（共済） ……………………………………………… 34, 36, 140, 170
　　――原理（共済原理） ………………………………………… 33
　　――の理論 ……………………………………………………… 32
保険業法 ……………………………………………………… 141, 143, 169
　　――の改正 ……………………………………………………… 149
　　新―― …………………………………………………………… 153
保険契約者の権利保護 …………………………………………………… 152
保険事業 …………………………………………… 141, 143, 154, 168, 169
保険相互会社の株式会社化 ……………………………………………… 149
　　――に関するワーキング・グループ ………………………… 149, 153

——ワーキング・グループレポート ················· 149, 153

【ま】

マクロ・プルーデンス ···························· 285, 286
ミクロ・プルーデンス ···························· 285, 286

【み】

密度の経済（性）······················ 32, 47, 48, 316
宮村（所）説 ······································ 189
　——へのコメント ································ 195

【め】

メインバンク ······································ 166
　——の長期取引によるメリット ···················· 198
　業態別の——の満足度 ···························· 199
目利き ·· 297

【も】

模　合 ·· 62
持株会社方式 ······································ 149
持株相互会社 ······················· 153〜156, 175
　——の課題 ······································ 155

【や】

役員の専業化 ······································ 201
家森（諸）説 ······································ 195
　——へのコメント ································ 205

【ゆ】

優先出資制度 ································ 111, 112
ゆうちょ銀行 ······································ 189
有配当保険 ································· 173, 174
ユニバーサルバンク ································ 289

【よ】

預金保険制度 ···························· 92, 234, 239
　——の運用を前提とした破綻処理 ·················· 234
　——の適用 ······································ 239

事項索引　355

預金保険法に基づく資金援助 …………………………………………… 240
予定調和 …………………………………………………………………… 257

【ら】

ライン型資本主義 ……………………………… 180, 181, 184, 268, 270
　　協同組織金融と―― ……………………………………………… 180
ラ・ポスト ………………………………………………………………… 58

【り】

リーマン・ショック …………………………………………………… 7, 284
利益相反 ……………………………… 152, 153, 156, 163, 173, 174, 175
利益対立 …………………………………………………………………… 28
　　出資者と利用者の―― …………………………………………… 28
利害関係者（ステークホルダー） ………………………… 166, 168, 171
　　――間の利害衝突問題 ……………… 166, 170, 172, 173, 174, 176
　　――の選任方法相対的位置 …………………………………… 174
　　会員等の―― ……………………………………………………… 176
　　協同組織金融機関の―― ………………………………………… 168
　　生保会社の―― …………………………………………… 170, 171
利害対立の回避 ………………………………………………………… 168
理　　事 ………………… 67, 92, 93, 192, 193, 201, 202, 205, 218, 249, 280
　　――の選任方法 ………………………………………………… 193
　　社外―― ……………………………… 201, 202, 205, 280, 316
　　　非常勤理事の数 ……………………………………………… 204
　　　非常勤理事の経歴別内訳 …………………………………… 203
　　　非常勤理事の動向 …………………………………………… 201
　　　非常勤理事の比率 …………………………………………… 204
理事会 …………………………………………… 112, 178, 201, 205, 280
　　信金の理事会の実情 …………………………………………… 200
リスク・アセット ……………………………………………… 283, 284
リスクシェアリング ……………………………………… 36, 38, 118
利用者ニーズへの的確かつきめ細やかな対応 ……………………… 212
リレーションシップ ……………… 40, 115, 116, 119〜121, 181, 184, 223
リレーションシップバンキング ………… 4, 11, 115, 223, 264, 297
　　「――あり方に関するワーキング・グループ」報告 ……… 23, 123
　　――と信金 ……………………………………………… 198, 292〜294

【れ】

劣後ローン ………………………………………………… 246, 248
レッドライニング ………………………………………… 56
連合組織の役割 …………………………………………… 110

【ろ】

労働金庫 …………………………………………………… 40, 106
　——法 ……………………………………………………… 18
ローンポートフォリオ …………………………………… 37, 38
ロッチデール公正先駆者組合 …………………………… 22, 62〜65
　——原則 …………………………………………………… 65, 66

人名索引

【外国人名】

Adam Smith（スミス） 257
Albert（アルベール） 181, 184
Allen 299
Beck 306, 309
Buchanan 39
Caves et al. 47
Cavet（カベー） 65
Dees 265
Degryse & Orgena 196
Demirgüç-Kunt .... 307〜309, 311
Des Jardins（デジャルダン） ... 64, 69
Eichengreen 184
Eichler 161
Gale 299
Giddens（ギデンズ） 259
Gilpin（ギルピン） 260
Greembaum 38
Greenwald 196
Heilleiner 184
Holyoke（ホリヨーク） 65
Hoshi and Kashyap 312
Huntington（ハンチントン） 260
Jevons（ジェボンズ） 257
Katz and Stepiro 49
Keynes（ケインズ） 257, 258
La Porta et al. 300,
                301, 303, 306, 309, 310
Leibenstein 49
Levine 307, 308, 309, 310, 311
Malthus（マルサス） 257
Manes 32, 33
Marshall（マーシャル） 257, 258
Marx（マルクス） 257
Menger（メンガー） 257
Mill, J.S.（ミル） 257
Owen（オーエン） 63, 64
Phills 265
Pister 304
Polanyi（ポラニー） .... 184〜188
Putnum（パットナム） 54, 260
Raiffeisen（ライファイゼン） 64,
                               66〜69, 210
Rajan 305
Ricardo（リカード） 257
Samuelson 258
Sandler .... 38〜40
Say, J.B.（セイ） 257
Schulze-Delitzsch（シュルツェ） ... 64,
                                66〜69, 210
Soros 184
Stiglitz 185, 196, 259, 260
Tiebout 39
Tschirhart .... 38〜40
Zingales 305
ジョージ・ソロス 259
フランソワ・ケネー 257
フリードリッヒ・リスト 257
フレッド・ブロック 185
ライベンシュタイン 298
ルツァッティ 70
レオン・ワルラス 257, 258

【日本人名】

安孫子勇一 36, 35
安藤昌益 317
五十嵐清 300, 303, 304
伊丹敬之 318
井出一郎・林敏彦 287

井上有弘	269	橘木俊詔	148, 151〜153, 155, 170
井堀利宏	39	田中廣滋	39
植草益	33	谷本寛治	265
植松千裕	148, 152, 155	多和田眞	196
打田委千弘	196	近見正彦	32, 33
内田滋	132, 181	筒井義郎	209, 298
大久保和正	290	刀禰俊雄	169
大滝雅之	42	冨村圭	201
大原幽学	63, 318	長濱守信	37, 162
岡田良一郎	71	二宮尊徳	62, 63, 71, 318
小野有人	285	馬場直彦	312
小原鐵五郎	97, 101	播磨谷浩三	298
折谷吉治	41	半田剛	135
川口弘	91, 96	久田高正	312
川田剛	127	平田東助	71, 72
神吉正三	213, 223	深尾光洋	152, 153, 170, 174, 175
神田秀樹	313	藤田康行	287
北野実	169	堀田一吉	33, 34
清田匡	253	堀江康熙	3
朽木昭文	42	松尾弘	300, 301
小平裕	169	松岡博司	160
齋藤有希子	197	三隅隆司	162, 170〜172, 174
澤野孝一朗	39	峯岸信哉	298
塩澤修平	40, 43	宮村健一郎	189, 192, 193, 194, 195
鹿野嘉昭	9, 43	村上英樹	47
品川弥二郎	71, 72	村上博信	150, 156, 161
柴田武男	39, 161	村本孜	55, 144, 147, 153, 162, 169, 171, 172, 181, 259, 299, 306
末松玄六	91, 96	家森信善	195〜197, 201, 286
杉山敏啓	9	結城茂	103
鈴村興太郎	287	吉野直行	287
須田昌弥・依田高典	47	米田健二	169
高田しのぶ・茂野隆一	47	渡辺孝	266, 267
高橋愛典	47	和辻哲郎	317
滝川芳夫	29		
滝口吉亮	91		

■著者略歴■

村本　孜（むらもと　つとむ）

1945年神奈川県生まれ。73年一橋大学大学院博士課程修了後、成城大学に勤務。専任講師、助教授を経て、1984年教授。
過去に独立行政法人中小企業基盤整備機構副理事長、金融審議会「協同組織金融機関のあり方に関するワーキング・グループ」座長代理。現在、一般社団法人全国信用金庫協会員外監事、日本知的資産経営学会副会長などを務める。
著書に『制度改革とリテール金融』（有斐閣、1994年6月）、『日本人の金融資産選択』（編著、東洋経済新報社、1998年3月）、『リレーションシップ・バンキングと金融システム』（東洋経済新報社、2005年1月）、『リレーションシップバンキングと知的資産』（金融財政事情研究会、2010年12月）など多数。

信用金庫論──制度論としての整理

平成27年2月18日　第1刷発行

　　　　　　　　　　　　著　者　村　本　　　孜
　　　　　　　　　　　　発行者　小　田　　　徹
　　　　　　　　　　　　印刷所　株式会社太平印刷社

〒160-8520　東京都新宿区南元町19
発　行　所　一般社団法人 金融財政事情研究会
　　編　集　部　　TEL 03(3355)2251　FAX 03(3357)7416
販　　売　株式会社きんざい
　　販売受付　　TEL 03(3358)2891　FAX 03(3358)0037
　　　　　　　URL http://www.kinzai.jp/

・本書の内容の一部あるいは全部を無断で複写・複製・転訳載すること、および磁気または光記録媒体、コンピュータネットワーク上等へ入力することは、法律で認められた場合を除き、著作者および出版社の権利の侵害となります。
・落丁・乱丁本はお取替えいたします。定価はカバーに表示してあります。

ISBN978-4-322-12608-2